Fanny Lewald

Erzählungen eines alten Tanzmeisters

Fanny Lewald

Erzählungen eines alten Tanzmeisters

ISBN/EAN: 9783743366046

Hergestellt in Europa, USA, Kanada, Australien, Japan

Cover: Foto ©ninafisch / pixelio.de

Manufactured and distributed by brebook publishing software (www.brebook.com)

Fanny Lewald

Erzählungen eines alten Tanzmeisters

Villa Riunione.

Erzählungen eines alten Tanzmeisters

von

Fanny Lewald.

Zweiter Band.

Das Recht der Uebersetzung ist vorbehalten.

Berlin, 1869.
Druck und Verlag von Otto Janke.

Inhalt des zweiten Bandes.

                                                        Seite

Ein Schiff aus Cuba. 1
Domenico. 83

Ein Schiff aus Cuba.

Einleitung.

Wir hatten an einem Abende in Villa Riunione lange über die Charakter-Eigenthümlichkeiten der verschiedenen Völker und der verschiedenen Stände gesprochen, und Signor Cesare hatte scherzend der Gefühlsschwärmerei gedacht, welcher er in früheren Jahren in Deutschland mannichfach begegnet war.

Es hatte für mich, meinte er, seine komische Seite, wenn ich bei meinem herumziehenden Leben mich oft in sehr kurzen Zwischenräumen, aus einem äußersten in das andere versetzt fand; wenn ich heute die sogenannten Herzensangelegenheiten rein mit dem Verstande und morgen die geschäftlichen Dinge halbwegs als Gefühlssachen behandeln sah. Den meisten Spaß aber hat es mir doch immer gemacht, wenn den Leuten, welche Alles mit der kalten Berechnung erzwingen zu können glaubten, diese Berechnungen durch irgend eine, recht außer ihren Berechnungen liegende Liebesgeschichte zu Schanden gemacht wurden, oder wenn der Zufall es ihnen einmal recht sonnenklar bewies, daß alle ihre Voraussicht gegen seine Launen nicht Stich zu halten vermochte.

Ich habe einmal in dem ziemlich spießbürgerlichen Flandern, im Hause eines reichen Rheders, mitten in den regelmäßigsten Verhältnissen, einen kleinen Roman spielen sehen, an dessen Ausgang ich immer noch mit Vergnügen und nicht ohne Lachen denke, einmal, weil mein braver Freund Dekanter, in dessen Familie diese Liebesgeschichte sich ereignete, auf Nichts weniger als auf die Rolle eines zärtlichen Vaters angelegt war, die zu spielen er sich schließlich genöthigt fand; und zweitens, weil der Zufall, der diese glückliche Wendung herbeiführte, recht eigentlich in den Rahmen der Geschichte hineingehörte, denn es war

Ein Schiff aus Cuba,

an das sich die Verwicklung und die ihr folgende befriedigende Lösung derselben knüpften.

Erstes Capitel.

Herr Jakob Dekanter war armer Leute Kind in einer flandrischen Hafenstadt. Vom Laufburschen eines begüterten Schiffsmaklers war er dessen Gehülfe und mit zweiunddreißig Jahren dessen Compagnon geworden. Als er zu einem selbstständigen Vermögen gelangt war, hatte er die jüngste Tochter seines Compagnons geheirathet, und weil er in seinem Geschäfte und in seiner Ehe Herr und unabhängig sein wollte, hatte er sich von seinem Schwiegervater und Compagnon getrennt. Damals warf die Rhederei bedeutenden Gewinn ab; Herr Dekanter verlegte sich also auf die Rhederei und diese machte ihn allmälig zu einem der reichsten, wenn nicht zu dem reichsten Manne des Ortes, in dem er lebte. Es war ihm Alles gut eingeschlagen, was er unternommen; er war also äußerst wohl mit sich zufrieden und liebte es, nach Art der Glücklichen, sich seiner Einsicht und seiner Berechnungen, seiner Vorsicht und seiner Welt- und seiner Menschenkenntniß zu rühmen, die ihn befähigt hatten, den Standpunkt zu erreichen, auf dem er sich befand.

mich machen, sagte sie, und hing die bescheidene schwarze Mantille um, die ihre kleine, traurige Gestalt verhüllte.

Es war gegen Abend, als sie ihren Weg antrat, und schon im Beginn des Herbstes. Ihr Bruder gab ihr den Arm, sie nach dem Dekanter'schen Hause zu geleiten. Als sie vor die Thür desselben gelangt waren, hielt Eduard sie bei der Hand zurück. Sie merkte, daß er ihr Etwas sagen wolle, und daß er zögerte. Wünschest Du noch Etwas? fragte sie und sah freundlich zu ihm hinauf.

Ja, entgegnete er, ich wünsche, daß Du mir die Zusage für die Sitzungen zurückbringst, denn mir liegt Alles, Alles daran, Edmee zu malen! — Sieh! fuhr er fort und zog aus seiner Brieftasche ein kleines Blatt hervor, das er der Schwester hinreichte, gieb ihr dies, zeige ihr dies Bild und sage ihr, daß sie sich meines Werkes nicht zu schämen haben soll.

Das ist Edmee! rief Louise aus. Und aus dem Gedächtniß hast Du das gemalt?

Sage aus dem Herzen! verbesserte der Bruder, denn Du weißt es ja, Louise —

Ja! ich weiß es, unterbrach sie ihn, auch ohne daß Du mir es sagtest; Du liebst Edmee! — und sie wurde roth, als mache sie das Geständniß der eigenen Liebe, da sie diese Worte sprach. Statt der Antwort küßte sie der Bruder auf die Stirn — und sie ging in's Haus hinein.

Zweites Capitel.

Ohne anzufragen, führte sie der Diener zu Edmée hinauf. Man war gewohnt, Louise alle Tage und zu jeder ihr beliebigen Zeit kommen zu sehen und zu empfangen.

Es war Besuch zu Mittag da gewesen, ein reicher Geschäftsfreund von Herrn Dekanter, ein Rheder wie er, Chef der ältesten Firma der Stadt, das Haupt einer der ältesten bürgerlichen Familien des Landes. Herr Dekanter und Herr Bechart hatten sich nach der Tafel gleich zurückgezogen, Madame Dekanter ruhte in einem der Sessel am Kamine, dessen Feuer freundlich brannte, Edmée saß am Klavier und sang. Ein junger Mann, des Gastes Sohn, stand hinter ihrem Stuhl.

Er war nicht übel, dieser junge Mann, ja, er war hübsch zu nennen, wenn Gesundheit und der Ausdruck der vollkommensten Selbstzufriedenheit dazu genügen, das Aeußere eines Menschen angenehm zu machen. Denn zufrieden war Philibert Bechart in diesem Augenblicke gerade im allerhöchsten Maße.

Wußte er doch, weßhalb er heute mit seinem Vater die Aufforderung zu einem Mittagsbrod bei Herrn Jakob Dekanter erhalten und wovon jetzt zwischen den beiden Vätern allein die Rede sein konnte.

Schweigend und in den Vorgenuß des einstigen Besitzes versunken, betrachtete er die herrliche Gestalt, die vor ihm am Flügel saß. Blendend weiß war der Nacken, von dessen Ansatz die schönsten Schultern sich ausbreiteten. Wie ein Kranz umschlossen die blonden, reichen Flechten das feine Ohr; und die kleinen reizenden Löckchen ringelten sich zierlich an den feingeäderten Schläfen. Und wie vortrefflich sie sang, diese Edmee Dekanter, wie unbefangen sie ihr Gefühl verrieth. Solch' schnellen Erfolg hatte er nicht erwartet, obwohl er sicher war, daß er gefallen mußte, obschon er erwog und schätzte, was seines Vaters Sohn in der Gesellschaft werth sei.

Edmee's Lied war nicht neu, er kannte es lange. Aller Orten hatte man die Marguerite von Beauplan gesungen. Er hatte es oftmals gehört, das: Je t'aime, un peu, beaucoup, à la folie! ce doux serment je le fais pour la vie! — aber so wie von den Lippen dieses Mädchens hatten die Worte ihm nie geklungen, und in diesem Augenblicke dämmerte ihm zum ersten Male die Vorstellung auf, daß es auf der Welt wohl noch etwas Besseres geben könne, als das Anhäufen von Besitz und den leichtsinnigen Verkehr mit den Frauen, mit denen er bis dahin seine Mußestunden hingebracht.

Selbst er hörte es, daß die ganze Seele Edmee's in ihrem Gesange lag, und er war unwillig über die Störung, als die Thür eines Nebenzimmers sich öffnete und durch die zurückgeschlagenen Vorhänge die kleine, unscheinbare Louise eintrat.

Edmee erhob sich vom Flügel und eilte ihr entgegen. Als sie sich zu Louise herabneigte, sie zu umarmen, flüsterte diese: Mache, daß ich Dich allein sprechen kann, ich habe Dir etwas zu sagen. Dann ging sie, wie sie es seit ihrer Kindheit gethan, Madame Dekanter die Hand zu küssen und diese stellte ihr den jungen Rheder vor.

Philibert beachtete Louise nicht, kaum daß er ihr die unerläßliche Verbeugung machte, aber Louise sah ihn um so fester an, und es war etwas in dem sichern Blicke, mit dem er Edmee betrachtete, in der bequemen Weise, mit welcher er sich an ihrer Seite niederließ, das Louise mißfiel und sie beunruhigte. Zum Glück unterhielt sich Madame Dekanter mit ihm. Das gab Edmee die Zeit, zu fragen, was Louise wünsche?

Du sollst meinem Bruder einen großen Gefallen thun, sagte Louise; Du kannst ihm einen Dienst leisten, der für ihn von der größten Wichtigkeit ist.

So nenne ihn mir! rief Edmee, während ihre Wangen sich färbten, Du weißt, wie viel Freundschaft ich für ihn habe.

Fordere von Deinen Eltern, antwortete die zärt=

liche und eifrige Schwester, daß sie Dein Bild von
Eduard machen lassen.

Mein Bild? — von Eduard? wiederholte Edmee,
und die Röthe stieg ihr bis unter die Augen. Aber
wozu das?

Er muß einen Anhalt haben, er muß ein Bild
ausstellen können, das Aufsehen macht; mit Deinem
Bilde wird er das erreichen, und er, das begreifst
Du wohl, er kann Deine Eltern nicht darum an=
gehen!

Schnell wie Edmee's Wangen sich gefärbt hatten,
erbleichten sie auch wieder. Das hatte sie nicht er=
wartet, einen solchen Zweck hatte sie bei Eduard nicht
vorausgesetzt, als Louise ihr das Verlangen ihres
Bruders ausgesprochen hatte. Aber auch diese war
betroffen, denn sie hatte nicht gedacht, daß Edmee sie
mißverstehen könne; und um ihren Fehler gut zu
machen, um der Freundin den flüchtigen Schmerz zu
vergüten, den sie ihr unwillkürlich zugefügt, ging sie
in das offene Nebenzimmer, als wolle sie die Kupfer=
werke besehen, die dort auf dem Mitteltische auf=
gestapelt lagen, und nöthigte Edmee damit, ihr zu
folgen.

Als sie sich dort allein befanden, zog sie aus ihrer
Tasche das kleine Pergament hervor, und es der Freun=
din hinreichend, sagte sie: Daß er Dich treffen würde,
kannst Du sehen!

Edmee war keiner Antwort fähig, sie wußte nicht,

was sie that. O mein Gott! rief sie und küßte ihr eigenes Bild und küßte die lächelnde Louise.

Sage ihm — sage ihm — ach! sage ihm nichts! sage ihm nichts! — und die Thränen traten ihr in die Augen, und ohne ein Wort weiter hervorzubringen, eilte sie zum Zimmer hinaus.

* * *

Jakob, sagte an einem der folgenden Tage Madame Dekanter zu ihrem Mann, als sie sich mit ihm nach dem Frühstück allein befand, hätteſt Du etwas dagegen, wenn ich Ebmee malen laſſen würde?

Ebmee malen laſſen? wiederholte Herr Dekanter; wozu das?

Sie wünſcht es, und man kann ihr's nicht verdenken, denn sie ist so schön. Daneben, glaube ich, möchte sie dem jungen Preval auch etwas zu verdienen geben.

Herr Dekanter überlegte die Sache einen Augenblick, dann sagte er: Kann geschehen, kommt mir sogar recht!

Dir? fragte Madame Dekanter, — und wie das?

Herr Dekanter sah sich um, ob die Thüren zu wären, und versetzte darauf: Ebmee soll heirathen!

Heirathen? rief die Mutter, offenbar betroffen,

aus, und das sagst Du mir so plötzlich, Edmee soll heirathen?

Den Sohn von Bechart, fügte er hinzu, ohne auf die Bestürzung seiner Frau zu achten.

Das dachte ich! rief diese.

War auch nicht schwer zu denken! meinte der Vater.

Und erst jetzt, erst zufällig erfahre ich von diesem Plane? sagte sie im Tone der Kränkung.

Plane? — Von meinen Planen pflege ich nicht zu sprechen. Die Sache ist ein Faktum. Der Alte gibt dem Sohne viermalhunderttausend Franken und nimmt ihn damit zum Compagnon. Edmee bekommt dieselbe Summe. Damit soll sie für den Anfang wohl zufrieden sein.

Mit dem Gelde wohl, mit dem Manne nicht.

Mit dem Manne nicht? Mit dem Sohne von Adolf Bechart nicht?

Nein! Gewiß nicht! Edmee kann einen andern Mann verlangen, als einen bloßen Rheder, als diesen Philibert!

Als einen bloßen Rheder! fuhr der Vater auf. Ich meine, Madame Dekanter, Sie hätten sich nicht schlecht befunden als eines Rheders Frau und —

Das sage ich auch nicht, nahm die Mutter das Wort, die, wie die meisten Frauen, immer vor dem

Punkte umzulenken pflegte, an welchem der Eigensinn ihres Mannes zu entschiedenem Widerstande herausgefordert werden konnte, — das sage ich auch nicht, im Gegentheile, aber —

Und was fehlt Philibert? wendete Herr Dekanter ein, nun wieder seiner Frau in die Rede fallend, denn sie waren Beide heftig geworden. — Philibert ist für seine fünfundzwanzig Jahre ein tüchtiger Geschäftsmann, er ist gesund, er sieht gut aus, und mit einem Worte, er gefällt mir!

Dir, lieber Jakob, Dir! bedeutete die Mutter, die wieder zur Besinnung und damit zu der Einsicht gekommen war, daß auszubiegen sicherer sei, als Sturm zu laufen.

Er wird auch Edmee gefallen, wenn sie verständig ist. Philibert ist die beste Partie der Stadt. Eine hundertundfünfzigjährige Firma! Eine durch die ganze Welt geehrte Firma! Eine alte Familie, ein reicher Mann! Er muß Edmee gefallen!

Die Mutter zuckte die Schultern. Vielleicht, wenn sie ihn näher kennen lernt!

Dazu wird sie Zeit haben in der Ehe! meinte Herr Dekanter.

Jakob! — versetzte die Mutter, indem sie den Arm auf seine Schulter legte; — wir haben uns lange und genau gekannt, ehe Du um mich geworben hast, und Du hast Dich oft genug gerühmt, daß

Deine Vorsicht in diesem Punkte Dir den guten
Erfolg Deiner Wahl gesichert hat. Dein ruhiges
Ueberlegen hat Dich zu dem Manne gemacht, der Du
jetzt bist —

Ich habe Alles überlegt, versicherte Herr De=
kanter, wesentlich begütigt.

So gönne auch Edmee zum Ueberlegen Zeit! bat
die Mutter freundlich. Gönne mir Zeit, mich an den
Gedanken zu gewöhnen, daß ein fremder Mann, daß
eben dieser junge Philibert künftig über das Schicksal
meiner Tochter zu bestimmen haben wird, und wenn
sie dann —

Kein Wenn, kein Aber! rief der Vater, unter
der Bedingung gebe ich nach. Sage Edmee, denn
das ist Deine Sache, was ich mit den Becharts ab=
gemacht, und daß sie acht Wochen Zeit haben soll,
ihren künftigen Gatten kennen zu lernen. Von heute
in acht Wochen fahren wir auf die Mairie. Die Aus=
stattung besorge Du inzwischen und die Verlobung
publizire ich!

Ist Edmee verheirathet, so suche ich die Frau
für unsern Jakob und Du bekommst dann wieder eine
Tochter und auch Enkel in das Haus.

Er gab der Frau die Hand, das kam nicht oft=
mals vor, und sie hielt ihm die Wange zum Kusse
hin; aber ihr Auge war unruhig, und obschon sie sich
bemühte, eine freundliche Miene zu zeigen, zuckten

Verdruß und Aufregung um ihren Mund. Herr Dekanter bemerkte es nicht. Die Uhr auf dem Simse des Kamins schlug elf. Das war die Stunde, in welcher er Vormittags in den Cercle zu gehen pflegte. Er zog die eigene Uhr mechanisch aus der Tasche, sie zeigte die gleiche Stunde, er mußte fort, und es war Madame Dekanter nicht darum zu thun, ihn zu halten.

Drittes Capitel.

Nun war sie allein, und ein Entschluß mußte gefaßt, es mußte etwas gethan werden; aber sie wußte sich keinen Rath, denn im Grunde war gegen die Verbindung mit Philibert Bechart nichts einzuwenden. Madame Dekanter war ja auch die Tochter eines Kaufmanns und hatte ein sorgenfreies Leben als Frau eines solchen gefunden; aber was ihr genügte, was sie befriedigt hatte, das konnte und brauchte ihrer Tochter nicht mehr zu genügen, die reicher war, als sie es ihrer Zeit gewesen, und gebildeter und schöner; o, viel schöner als sie. Was hatte die Mutter denn von dem Besitze, welchen ihr Mann erworben, wenn er ihr nicht Befriedigung ihrer Eitelkeit und ihres Ehrgeizes gewährte? Und Ehrgeiz und Eitelkeit hatte Madame Dekanter! Nicht für sich! O nein! Sie machte keine neuen Ansprüche an das Leben, aber für Edmee, für ihre Tochter hatte sie Ehrgeiz, für diese hatte sie viel unbestimmte Hoffnungen, viel lebhafte Wünsche, zu deren Erfüllung die Heirath mit Philibert Bechart freilich keine Aussicht darbot.

Sie hatte sich es oftmals vorgestellt, wie einst Edmee verheirathet sein würde, und immer hatte sie sie dann in Paris, an der Seite eines jungen und eleganten Mannes gesehen, mit dem Edmee die Theater, die Säle der großen Welt, die Promenaden besuchte. Sie hatte an irgend einen alten aristokratischen oder an einen berühmten Namen für ihre Tochter gedacht. — Meine Tochter, die Marquise so und so; mein Schwiegersohn, Herr N., dessen Namen Sie ja kennen müssen, hatte sie sich oftmals vorgesagt, und zu allen diesen Voraussetzungen und Entwürfen wollte ihr der ganz bürgerliche Name Philibert Bechart nicht passen.

Was half es ihr, daß die ganze Handelswelt den Namen Bechart kannte; es war nicht die Handelswelt, auf die ihr Sinn gerichtet war; mochte ihr Sohn seine Zukunft in derselben behalten, Edmee sollte in die große Welt. Und daß ein Mann wie Philibert ihrer feinsinnigen, zartfühlenden Tochter nicht gefallen könne, davon war die Mutter obenein auf's Beste durchdrungen. Was konnte, was sollte also jetzt geschehen, wenn Herr Dekanter auf seinem Sinne beharrte?

Sie stand am Fenster und sah so ernsthaft in den Garten hinaus, als müsse der gute Rath da plötzlich die lange Allee heraufgegangen kommen oder aus dem Rasen vor der Thür emporsteigen. Indeß sie stand und stand, der gute Rath ließ sich nicht er-

blicken, und es fiel ihr auch nicht ein, wie sie ihrer
Tochter einen bessern Mann verschaffen könne, als
den, welchen der Vater für dieselbe ausgewählt hatte.
Aber die Herbstsonne schien so hell, der Duft der
letzten Blumen und des von der Sonne erwärmten
reifen Obstes stiegen so kräftig auf, daß auch sie sich
wieder ein Herz faßte, und ohne daß sie hätte sagen
können, woher er ihr gekommen war, stand ihr plötz=
lich der stete Begleiter der Rathlosigkeit, das Ver=
trauen auf des Zufalls Gunst, tröstend und ermuthi=
gend zur Seite.

Sie verließ das Frühstückszimmer und begab sich
zu ihrer Tochter. Edmee saß an ihrem Arbeitstische
und schob eilig ein Blatt in eins der untern Fächer,
als die Mutter bei ihr eintrat.

Nun, liebe Mutter! rief sie derselben entgegen,
willigt der Vater darein, daß ich mich von Eduard
malen lassen darf?

Davon nachher, mein Kind! erwiderte Madame
Dekanter, denn ich habe Wichtiges mit Dir zu sprechen.
Komm, setze Dich her zu mir.

Edmee leistete der Weisung Folge, und mit Er=
staunen und mit Schrecken erfuhr sie, was der Vater
über sie beschlossen habe. Klagend, weinend, bittend
warf sie sich der Mutter an die Brust. Sie be=
schwor dieselbe, nicht zuzugeben, daß man ihre ein=
zige Tochter gegen ihren Willen einem Manne ver=
lobe, den sie niemals lieben werde, sie versicherte,

eher sterben, als die Frau des jungen Bechart werden zu wollen, und wie oft Madame Dekanter die Schilderung ähnlicher Scenen auch gelesen hatte, so meinte sie heute doch, nie etwas so Rührendes erlebt zu haben, denn Eigenliebe und Mutterliebe verstehen es vortrefflich, das Gewöhnlichste als ein ganz Besonderes zu betrachten und es so geschickt zu beleuchten und von dem Allgemeinen abzusondern, daß ihnen das Alltägliche bald als ein Außerordentliches und Niedagewesenes erscheint.

Mutter und Tochter sanken einander in die Arme, sie hatten sich nie unauflöslicher verbunden gefühlt, als in dieser Stunde des Schmerzes und der Sorge. Sie klagten Beide die Tyrannei des Vaters an; sie weinten Beide um die Zerstörung ihrer süßesten Hoffnungen, und Edmee hatte dabei vor Madame Dekanter den großen Vorzug voraus, daß ihre Hoffnungen eine bestimmte Gestalt und ein bestimmtes Ziel besaßen. Indeß wie vereinigt sie sich fanden, hielt Edmee es doch für rathsam, der Mutter nicht zu enthüllen, was ihr in diesem Augenblicke das Herz zerriß und wessen Hoffnungen des Vaters Machtspruch zugleich mit den ihren zu zerstören drohte; denn Eduard war kein Marquis, er hatte noch keinen großen Namen, was konnte er also, wie gut, wie edel und wie geistreich er auch war, für Madame Dekanter sein, deren Wünsche und Plane nach einer ganz andern Seite gerichtet waren?

Aber Edmee war jung und liebte, der Augenblick war ihr Alles. Sie mußte Eduard sprechen, ihn sehen, so oft als möglich sehen, und dazu lag das Mittel in ihrer Hand. Die Mutter selbst hatte sie zur Unterwerfung unter den väterlichen Willen ermahnt, aber ihr doch zu verstehen gegeben, daß eine Heirath nicht immer zu geschehen brauche, wenn sie auch beschlossen sei, daß man sie hinausschieben, daß man nie wissen könne, welche Laune und welche Gunst des Zufalls Wunder thue; und Edmee war gelehrig genug, sich diese Ansicht und diesen Rath der Mutter zu Nutzen zu machen.

Weine nicht, liebe Mutter! sagte sie nach langem Schweigen und Ueberlegen endlich; weine nicht und laß uns Muth behalten. Ich selbst will mich an den Vater wenden. Ich will ihm sagen, daß ich bereit sei, seinem Willen mich zu fügen, und wenn es mir möglich ist, Herrn Philibert zu lieben. Das zu erproben, muß ich ihn aber um einen Aufschub der Verlobung bitten, denn er kann nicht fordern, daß ich mit Widerwillen in die Ehe trete.

Die Mutter schüttelte zweifelnd das Haupt. Er wird den Aufschub nicht bewilligen! sagte sie.

Er wird es thun! gewiß, er muß es thun! versicherte Edmee, denn nicht einen Aufschub der Hochzeit fordere ich, nur die Verlobung soll nicht erklärt werden, ehe ich mein Herz geprüft habe. Finde ich nach vier Wochen, daß ich den Herrn

Philibert zu achten, zu lieben vermag, nun so mag vier Wochen später meine Hochzeit sein. Das kann der Vater mir nicht verweigern, und inzwischen kann ja Herr Preval immer anfangen, mein Bild zu malen.

———

Viertes Capitel.

Edmee erreichte in der That, was sie verlangte, ihr Vater gestand ihr zu, daß sie Herrn Philibert erst näher kennen lernen sollte, denn er war überzeugt, daß der künftige Chef des Hauses Bechart ihr nothwendig gefallen müsse, und auch Herr Philibert zweifelte an seinem Erfolge keineswegs. Er besuchte täglich das Haus seines künftigen Schwiegervaters, er brachte Edmee täglich das pflichtmäßige Bouquet, er trug beständig einen schwarzen Hut und Handschuhe, was er bis dahin im Eifer seiner Geschäftsthätigkeit nicht immer für nöthig erachtet hatte, sein Scheitel zeigte die tadelloseste Linie, sein Bart war wohlgepflegt, und er fing an, sich in der Rolle eines Mannes nach der Mode wohl zu gefallen. Sein gewohnter Platz im Cercle blieb jetzt Abends immer leer, die Kohlen in seiner Chaufferette verglühten unbenützt, seine Cannette wurde nicht gebracht, und obschon in seines Vaters großem Hause Raum genug für den Sohn vorhanden war, kaufte Herr Philibert für sich ein anderes Haus, das weit ab von dem Hafen, in dem vornehmsten, stillsten Theile der Stadt, in einem Garten gelegen war, und begann es auf das Kostbarste ausschmücken und einrichten zu lassen.

Jedermann besprach diese Dinge, die Meisten belächelten die Veränderung, die sich an ihm vollzog, denn die Menschen lieben es, daß bei ihren Bekannten alles hübsch im gewohnten Geleise bleibe, und es war doch Niemand, der sich das Wunder nicht zu deuten gewußt hätte. Philibert sagte freilich nicht, daß er Bräutigam sei, denn er war ein zu vorsichtiger Geschäftsmann, als daß er gegen Fremde von einem Geschäfte geredet hätte, das noch nicht vollzogen war; aber er versprach sich wohl bisweilen, und antwortete auf die Frage, weßhalb er da oder dort nicht unter seinen alten Bekannten erschienen sei: Ich bin mit meinem Schwager ausgegangen! oder: Ich bin bei meinem Schwiegervater gewesen! — und wirklich brachte er auch alle seine Abende in dessen Hause zu, wenngleich Herr Dekanter dort nicht anwesend war, sondern sich, wie seit zwanzig Jahren regelmäßig, in dem Cercle auf seinem Platze befand.

Indeß Herr Philibert war deshalb nicht allein mit Madame Dekanter und mit deren Tochter. Man lud, damit sein Kommen nicht zu sehr auffalle, noch immer andere Gäste ein, und unter diesen fehlten Madame Preval mit ihrem Sohne und ihrer Tochter jetzt fast nie.

Eduard hatte Edmee's Porträt schon lange be=

gonnen und es trat täglich lebendiger und sprechender aus der Leinwand hervor; aber je leuchtender es wurde, um so bleicher wurde Edmee, je freundlicher ihre Lippen auf dem Bilde lächelten, um so fester schloß sich ihr Mund, und wer sie genau beobachtete, wenn sie allein war, der konnte oftmals Thränen in ihren Augen und ihren Mund in Schmerz zusammenzucken sehen.

Schon war die Zeit bis auf wenige Tage verstrichen, welche Edmee sich zur Prüfung ihres Herzens ausbedungen hatte, und sie wußte jetzt nur deutlicher noch als früher, daß sie Eduard liebte und daß sie eben deshalb Philiberts Frau nicht werden möge; aber Eduard schwieg und Philibert wurde immer sicherer und vertraulicher in seiner Haltung und in seinem Betragen, und der hülfreiche Zufall, auf den Mutter und Tochter, jede auf ihre Weise, sich vertröstet hatten, wollte und wollte nicht kommen. Madame Dekanter war verstimmt, Edmee niedergeschlagen, und in der kleinen Wohnung von Madame Preval sah es noch viel trauriger aus.

Eduard saß an seiner Staffelei und malte, und was er auch unternahm, alle seine Köpfe trugen die Züge von Edmee. Es waren ihre Augen, ihre Grübchen in den Wangen, die überall zum Vorschein kamen. Die Mutter bemerkte es und sagte es nicht, und Louise sah es und seufzte; denn auch Eduard hatte seine ganze Heiterkeit verloren, und wenn man mit ihm von den

Planen für seine Zukunft sprach, in denen er sich sonst zu ergehen geliebt, so schien er sie vergessen zu haben oder doch keinen Werth mehr auf sie zu legen.

Ich bitte Dich, Louise, sagte er eines Tages, als diese es ihm ausmalte, wie er einst ein Meister in seiner Kunst werden und Reichthum, Ansehen, Ehre ihm nicht fehlen würden; ich bitte Dich, Louise, sprich mir davon nicht! Es kann sein, es kann werden, wie Du mir es schilderst, und ich habe Tage, in denen ich selbst es glaube; aber was soll mir der Erfolg, was soll mir das Glück, wenn sie zu spät kommen? — Er lachte bitter. — Ich werde reich sein, Ansehen und Ruhm besitzen, um — mir Edmee's Tochter einst zur Frau zu fordern.

Louise trat leise zu ihm heran. Sie war nur groß genug, ihre Hand dem Bruder auf die Schulter zu legen, wenn sie neben dem Sitzenden stand; aber sie liebte es, ihm dann den Arm um den Nacken zu schlingen und ihren Kopf an seine Schulter zu ziehen, und zärtlich an ihn geschmiegt, fragte sie: Und warum forderst Du sie nicht selbst zur Frau?

Er zuckte die Schultern, und als sie ihre Worte wiederholte, entgegnete er ihr: Du würdest das nicht fragen, wenn Du kein Frauenzimmer wärest.

Ich würde um sie werben, wäre ich ein Mann! versicherte sie ihm zuversichtlich.

Gewiß nicht! rief Eduard, denn Du hast Ehrgefühl!

Ehrgefühl? — Was hat das mit der Liebe gemein?

Es giebt für mich keine Liebe, die nicht auf dem Gefühl der eigenen Ehrenhaftigkeit beruht! sagte Eduard lebhaft und fest. Es ist wahr, ich liebe Edmee; ich liebe sie sehr, und ich würde glücklich sein, sie zur Frau zu haben. Aber kann ich hintreten vor den Mann, der nichts kennt als sein Geld, vor diesen Herrn Dekanter, der den Werth des Menschen nur nach seinem Reichthum schätzt, und ihm sagen: Geben Sie mir, dem mittellosen Maler, dessen ganzer Besitz in diesem Kasten voll Farben besteht, mir, der Ihrer Tochter nichts zu bieten hat als Hoffnungen, welche auf meinem Glauben an mich selbst beruhen, geben Sie mir Edmee zur Frau? — Er würde dies so thöricht, so unbegreiflich finden, daß er schon um meines Mangels an Einsicht willen sich berechtigt halten würde, mich abzuweisen. Und Edmee selbst — hat sie nicht darein gewilligt, die Braut Philibert Becharts zu werden? Es ist nur zu wahr; es liegt im Reichthum etwas, das die Herzen austrocknet und den Sinn verengt — aber ich wollte viel darum geben, wäre es nicht Edmee gewesen, welche mir diese Erfahrung bestätigt hätte.

Er erhob sich, es war Zeit, zu der letzten Sitzung zu gehen. Louise beobachtete, wie er die Pinsel säuberte, die Farben auf der Palette zusammentrieb, um sie zu reinigen; sie ließ ihn still gewähren. Als Eduard fertig war, wendete er sich nach ihr um. Es verdroß ihn, daß sie schwieg. Er war in jener unmuthigen Verfassung, in welcher man eine Lust darin findet, seinem eigenen Glauben, seinem bessern Wissen Hohn zu sprechen, und in der man doch nichts sehnlicher verlangt, als eine Widerlegung seiner Behauptungen zu hören; aber selbst diese zu fordern, war sein Sinn zu verwirrt, und als könne er die eine Ungerechtigkeit sühnen, indem er eine zweite beging, sagte er: Hätte Dich selbst der Zauber des Reichthums nicht verblendet, Du würdest es längst gesehen haben, daß Edmee nicht zu lieben vermag; ja, hättest Du mich so geliebt, wie ich Dich liebe, Du würdest mir zugerufen haben: Halte ein! als Du sahest, wie mein Herz sich mehr und mehr Edmee zu eigen gab, und gewiß, ich weiß es Dir keinen Dank, daß Du mir die Gelegenheit verschafft, Edmee zu malen — für Herrn Philibert als Brautgeschenk zu malen.

Eduard erkannte sich in diesem Augenblicke, nach Männerweise, das traurige Vorrecht zu, gegen die Seinen hart und ungerecht zu werden, weil er mit sich selbst innerlich in Unfrieden war. Er, der sonst die lebhafteste Zärtlichkeit für seine Schwester hegte, beachtete es gar nicht, daß er sie in allen ihren Empfindungen verletzte; ja, selbst die Demuth und die Liebe rührte ihn nicht, mit denen sie seine ungerechten Vorwüfe über sich ergehen ließ; und ohne ihr ein Wort der Entschuldigung oder der Beruhigung zu gönnen, nahm er seinen Hut und verließ das Zimmer.

Fünftes Capitel.

Madame Dekanter hatte sich entfernt, um ihren Gatten zu rufen, denn Eduard hatte die letzten Pinselstriche gethan, sein Bild war fertig; und obschon Herr Dekanter nichts weniger als ein Kenner war, so forderte es doch der Anstand, daß man ihm die vollendete Arbeit zeigte.

Prüfend und vergleichend wanderte des Malers Auge in Abwesenheit der Mutter noch einmal von dem Gemälde zu dem Originale, von dem Originale zu dem Gemälde zurück, und je länger er sich damit beschäftigte, je schwerer wurde ihm das Herz. Noch einmal stand sie vor ihm, die Geliebte, in aller ihrer Schönheit; tief und tiefer hatte sich ihr Bild in seiner Seele festgesetzt, und liebend, wie er es dort hegte, hatte er es der Leinwand übergeben — um das Bild und das Original für immer zu verlieren.

Nicht er, nicht Edmee vermochten zu sprechen, aber gerade die Stille lastete auf Beiden, denn sie lasen Eines in des Andern Herzen.

Von draußen schien die kalte Herbstsonne hell in die Fenster hinein, im Kamine brannte leise knisternd das Feuer. Sie hörten die einzelnen Kohlen vom Roste fallen und die Asche niederrieseln; die Uhr tickte gleichmäßig und leise, Sekunde um Sekunde. Edmee sah die Traurigkeit in des Geliebten Augen und vermochte ihre Thränen kaum zurückzuhalten.

Er hat Mitleid mit mir, sagte sie sich, aber die rechte Liebe für mich fühlt er nicht. Wie könnte er schweigen, wenn er mich wirklich liebte?

Eduard aber dachte wie sie. Wenn sie ein Herz hätte, meinte er, müßte sie ja Alles wissen, Alles sehen und begreifen, daß ich nicht sprechen darf und kann. —

Wie konnte Louise behaupten, daß er mich liebt? fragte sich Edmee. Wie konnte Louise behaupten, daß sie meine Liebe erwiedert? fragte sich Eduard — und weil sie in diesem Augenblicke nicht zu einander zu kommen wußten, waren sie auf dem besten Wege, weit von einander abzukommen. Da schlug die Uhr auf dem Kamine zwei.

Edmee fühlte sich dadurch erleichtert. Es geschah doch etwas; es bot sich ihr doch ein Gedanke dar. Schon zwei Uhr, sagte sie; — wie die Zeit vergeht!

— und es war ihr lieb, daß nun dies herzbeklemmende Schweigen, daß die martervolle Stille unterbrochen waren; sie meinte etwas Wichtiges gesagt, etwas Entscheidendes gethan zu haben.

Und Eduard empfand wie sie. Das lebendige Wort, der Ton ihrer Stimme waren der Zauber, der den Bann von seiner Seele löste. Ja, rief er, die Zeit vergeht! Nur wenig Minuten, nur Sekunden vielleicht, sind unser! Hören Sie denn, Edmee, was ich Ihnen heute noch sagen darf — denn heute sind Sie noch frei — daß ich Sie liebe, daß ich Sie geliebt habe, seit meiner frühesten Jugend. Sie waren mein Ideal, meine Begeisterung, Edmee! Was ich erstrebte, was ich erreichte — an Sie habe ich dabei gedacht! Ich habe meine Kunst geliebt, weil ich Sie zu malen vermochte, und nun — nun ich Ihr Bild vollendet, nun —

Er mochte das Wort nicht aussprechen, es schien ihm eine Entweihung zu sein. Er wendete sich ab, Edmee hatte die Hände gefaltet und trat an ihn heran. Die Thränen rollten ihr über die Wangen; er sah es nicht. Da legte sie ihre Hand auf seinen Arm und mit bebender Stimme fragte sie: Eduard, was soll ich denn thun?

Das Wort halten, das Sie zu geben versprochen haben! entgegnete er bitter. Sie schreckte zusammen, sein Vorwurf traf sie tief, aber sie achtete das nicht, und kaum hörbar sagte sie: Auch wenn ich Sie liebe?

Was sagst Du? — was sagst Du? — rief er aus, und schon lag sie in seinen Armen, schon bat er ihr sein Unrecht ab und sühnte es mit seinen Küssen, als Madame Dekanter, welche ihren Gatten nicht in seinem Comptoir gefunden hatte, in das Zimmer trat.

Wenige Worte reichten hin, ihr zu erklären, was der erste Blick ihr verrathen hatte, aber sie war weit davon entfernt, das Entzücken ihrer Tochter zu theilen oder in dieser Wendung der Verhältnisse den glücklichen Zufall zu sehen, auf dessen mögliches Dazwischentreten sie die Tochter anfangs tröstend hingewiesen hatte. Romantisch war dieses Ereigniß allerdings, rührend war es auch, und Madame Dekanter liebte Rührung und Romantik; aber bei einem romantischen Ereigniß, das ihr gefallen sollte, hätte, wie gesagt, ein junger schöner Herzog oder mindestens ein Marquis derjenige sein müssen, um dessentwillen ihre Tochter sich weigerte, Philiberts Frau zu werden, und die Mutter fühlte sich so jung und so poetisch, daß sie in solchem Falle selbst vor einer heimlichen Verbindung, ja vor einer Entführung nicht zurückgeschaudert haben würde.

Indeß Philibert Bechart abweisen, eine reiche Partie ausschlagen, um einen armen Maler, um Eduard Preval zu heirathen, das war mehr als romantisch, das war thöricht; und wäre Herr Dekanter in diesem Augenblicke Zeuge der ruhigen Festigkeit und Mutterwürde gewesen, mit welcher Madame Dekanter ihrer Tochter ihre Ueberspannung und dem armen Eduard seine Verblendung zu Herzen führte, er würde sich auf's Neue zu der Einsicht Glück gewünscht haben, mit der er einst seine Gattin gewählt.

Sechstes Capitel.

Aufgelöst in Thränen wurde Edmee von ihrer Mutter aus dem Zimmer entfernt, brütend und finster verließ der junge Mann das Haus, und Edmee hatte Zeit genug, sich Vorwürfe über den strafbaren Leicht= sinn zu machen, mit welchem sie das Glück ihrer gan= zen Zukunft an eine augenblickliche Befriedigung ihrer Sehnsucht gesetzt und ihre Einwilligung zu einer Ver= bindung in Aussicht gestellt hatte, die nicht einzugehen sie eigentlich entschlossen gewesen war.

Vergebens nahm die Tochter die Zärtlichkeit und das Mitgefühl ihrer Mutter in Anspruch, vergebens beschwor sie dieselbe, ihr noch einen neuen Aufschub ihrer Verlobung zu erwirken, damit sie sich fassen, sich beruhigen könne; Madame Dekanter wußte jetzt, was sie von der Fügsamkeit Edmee's zu halten und was sie zu thun hatte. Sie verbot der Tochter jede Mit= theilung des Geschehenen an den Vater, sie schrieb an Madame Preval, daß sie sich unter den obwaltenden

Verhältnissen zu ihrem Bedauern genöthigt sähe, auf ihre und ihrer Kinder Besuche vorläufig zu verzichten, und es blieb Edmee jetzt überlassen, sich so gut sie konnte in das Unabänderliche zu fügen. Denn seit Madame Dekanter zu der Einsicht gelangt war, daß ihre Tochter die Romantik anders verstehe, als sie, wünschte sie nichts lebhafter, als allen romantischen Grillen derselben ein für allemal eine Schranke entgegenzustellen, und in dem Maße, in welchem die Romantik bei ihr an Geltung verlor, stiegen in ihren Augen die Aktien Philiberts.

Sie für ihr Theil war nun völlig mit dem künftigen Loose ihrer Tochter ausgesöhnt, und daß man auf deren Willen und Wünsche kein Gewicht zu legen habe, davon hatte die Mutter sich jetzt nur zu deutlich überzeugt.

Edmee selbst war jedoch noch nicht entmuthigt und fest entschlossen, Alles zu versuchen, ehe sie einem Glücke entsagte, das ihr jetzt doppelt groß erschien. Sobald sie sich allein fand, schrieb sie an Philibert. Sie gestand ihm, daß sie ihn nicht liebe, daß ein Anderer ihr Herz besitze, sie nahm sein Ehrgefühl, seine Großmuth, ja selbst seine Liebe für sie in Anspruch, sie gelobte ihm ewige Dankbarkeit, lebenslängliche Achtung und Freundschaft, sie machte und schrieb es ganz so, wie sie es in allen Romanen gelesen hatte und wie sie es empfand, und sie zweifelte keinen Augenblick an dem Erfolge ihres Meisterstücks. Es war ein ganz vortrefflicher

Brief, schade nur, daß Edmee nicht in Betracht gezogen hatte, wer der Empfänger desselben sein sollte.

Philibert Bechart hatte sich mit der Romantik und mit den feinen Empfindungen niemals abgegeben. Er hatte selten einmal einen Roman gelesen und er hatte aus denselben hauptsächlich ersehen, daß die sogenannte Liebe eine flüchtige Leidenschaft sei, die mehr Qualen als Glück bereite und der man entsage, um eine vernünftige Heirath zu schließen. Er hatte allerdings auch seine Zeiten gehabt! Aber wie er entschlossen war, seiner bisherigen kleinen Freundin, die er übrigens sehr gern hatte, den Laufpaß zu geben, da er sich jetzt verheirathen wollte, so mußte auch Edmee ihre romanhaften Grillen fahren lassen, und sie konnten dann, das war er sicher, ganz glücklich mit einander leben. Edmee war schön und reich, und eine schöne und reiche Frau war Alles, was er sich wünschte. Er hätte ein Thor sein müssen, auf solchen Besitz zu verzichten, weil das Herz der Frau noch nicht gleich dabei war. Er dachte: Eines nach dem andern! — erst die Frau und dann das Herz! — Er fand es sogar angenehm, nicht gleich Alles auf einmal zu bekommen, und dieser Einfall schien ihm so witzig, daß er herzlich darüber lachte. Erst als er sich erinnerte, daß der Brief, den er von Edmee erhalten, eine Erwiderung verlange, wurde er nachdenklich.

Eine Antwort zu schreiben, fühlte er sich nicht geneigt. Was sollte er den überspannten Ideen eines solchen jungen Mädchens entgegensetzen? Er hatte in seinem Leben keine Liebesbriefe geschrieben. Aber er war gewandt im Verkehr mit Menschen, eine richtige Antwort fehlte ihm im Gespräche selten, es setzte ihn auch nicht leicht etwas außer Fassung, und er beschloß also, seiner künftigen Frau lieber mündlich zu sagen, daß er durchaus nicht daran denke, auf ihren Besitz zu verzichten.

Am Abende, als er sich wie gewöhnlich im Salon seiner künftigen Schwiegermutter einfand, begrüßte ihn diese mit verdoppelter Freundlichkeit, und da man ihm seit Wochen alle Rechte und alle Freiheit eines Bewerbers eingeräumt, so hatte er es leicht, Edmee in eines der offenstehenden Nebenzimmer zu führen, ohne daß es auffiel. Sie war den ganzen Abend über still und befangen gewesen; sie hatte ihr Auge nicht zu Philibert erheben können und die Farbe gewechselt, so oft er sie angeredet; nun sie sich mit ihm allein befand, kamen eine solche Unruhe, eine solche Verwirrung über sie, daß sie es nicht abzuwarten vermochte, was Philibert ihr sagen würde, und hastig und ohne ihn anzusehen, sagte sie: Ich weiß nicht, Herr Philibert, was Sie von mir denken mögen, aber ich bitte Sie, mißkennen Sie mich nicht und täuschen Sie die Hoffnungen nicht, die ich auf Ihre Freundschaft für mich baue.

Philibert hätte es gar nicht besser verlangen können. Nur um den Anfang seiner Rede war er in einer

gewissen Verlegenheit gewesen und über diese war ihm
durch Edmee's Aufregung und Ungeduld jetzt fortge-
holfen. Er nahm also, was er bisher niemals gethan,
die Hand des jungen Mädchens in die seine, zog es
damit unmerklich an sich heran und sagte: Ihr Vertrauen, Mademoiselle, hat mich lebhaft gerührt. Glauben Sie mir, ich werde es zu verdienen wissen.

O, Herr Philibert! rief sie voll Entzücken aus,
indem sie ihn mit freudestrahlenden Augen betrachtete.

Er ergriff auch ihre andere Hand und hielt sie
fest. Ich bin Ihr Freund, Mademoiselle, sagte er
selbstzufrieden; — und, nicht wahr, Ihr Freund muß
Ihnen die Wahrheit sagen.

Sie nickte zustimmend. Nun denn, fuhr er fort,
glauben Sie mir, Mademoiselle, daß mir für Sie kein
Opfer zu schwer sein würde, außer dem einen, Ihrem
Besitze zu entsagen, denn auch ich liebe Sie, Mademoiselle Edmee.

Auf diese Wendung war sie nicht gefaßt gewesen.
Sie wollte sich von ihm losmachen, aber er pflegte
nicht aufzugeben, was er gewonnen hatte, und ohne
ihre Hände frei zu lassen, sagte er: Und wenn ich es
thäte, wenn ich zurücktreten wollte, glauben Sie, daß
Ihr Herr Vater Sie deshalb einem armen Maler,
einem Manne ohne Stand, ohne Vermögen, ohne Namen zur Frau geben würde? Gewiß nicht! Er hat
mir und meinem Vater sein Wort verpfändet, er hat
das unsere, und wie ich ihm mein Wort gehalten haben

würde, selbst wenn ich für Sie noch nicht die Liebe gehegt hätte, welche Sie mir einflößen, so ist es an Ihnen, theuerste Edmee!

Ich habe kein Versprechen geleistet! rief sie hastig aus; ich habe —

Verzeihen Sie mir, unterbrach er sie, wenn ich Sie daran erinnere, daß Sie auch keines zu leisten hatten, denn, Mademoiselle! Sie sind in Ihres Herrn Vaters Gewalt und Hand und ich kenne Herrn Jakob Dekanter darauf, daß er seine Zusage erfüllen wird —

Philibert war weiter gegangen, als er beabsichtigt hatte und Edmee's Wangen brannten vor Zorn. Er fühlte, daß er einlenken mußte, und mit ganz verändertem Tone bat er: Vergeben Sie mir, wenn das Verlangen, Sie zu besitzen, mich den rechten Ausdruck und die Weise nicht finden ließ, Ihnen Zutrauen zu meiner Liebe einzuflößen. Aber ich kann nicht anders! Und obschon ich weiß, daß Sie nicht aus Neigung, ja gegen Ihre Neigung die Meine werden, halte ich mich überzeugt, daß ich und Sie dies nicht bereuen werden. Das ist mein Zutrauen zu Ihnen, und ich hoffe, Mademoiselle, Sie werden diese Art von Zutrauen auch zu würdigen wissen!

Er verneigte sich, küßte Edmee die Hand, und es war in seinen Worten etwas, das ihr einen Eindruck gemacht, ihr eine Art von Achtung eingeflößt haben würde, hätte sie nicht das selbstgefällige, siegesgewisse Lächeln um seine Lippen spielen sehen. Indeß, es blieb ihr keine Zeit zum Nachdenken und zum Entgegnen übrig, denn es kamen dritte Personen hinzu und sie sprach Philibert, der sich gegen sie, wie immer, heiter und aufmerksam bezeigte, an dem Abende nicht mehr allein.

Die Nacht verging Edmee schlaflos. Für den nächsten Abend war ihre Verlobung festgesetzt und ihre Phantasie erschöpfte sich darin, Mittel und Wege zu suchen, durch welche sie sich der verhaßten Verbindung entziehen könne. Sie dachte an den Tod, aber sie liebte das Leben; sie dachte an Flucht, indeß sie kannte die strenge Ehrenhaftigkeit ihres Geliebten. Eduard Preval war nicht der Mann, welcher das Mädchen, das er liebte, aus dem Vaterhause zu entführen und es dem spöttelnden Tadel der Welt auszusetzen vermochte; und als der Morgen gekommen war, wußte Edmee nichts mehr und nichts Besseres zu thun, als sich im Beisein ihrer Mutter dem Vater zu Füßen zu werfen und ihn zu beschwören, daß er davon abstehen möge, sie Herrn Philibert Bechart zur Frau zu geben.

Dies heroische Unternehmen hatte jedoch keine andere Folge, als eine unangenehme Scene, bei welcher die Mutter die harten Vorwürfe des Vaters gegen die Tochter zu theilen hatte, und es ward darnach beiden Frauen überlassen, sich auf die Haltung vorzubereiten, welche sie am Abende bei der nun unumstößlich feststehenden Verlobung zu behaupten dachten.

———

Siebentes Capitel.

Herr Dekanter und der alte Bechart waren nach vollzogener Verlobung ihrer Kinder sehr zufrieden. Sie hatten Beide ihren Willen, es kamen ein paar schöne Vermögen zusammen, Herr Dekanter hatte jetzt nur noch für seines Jakobs passende Verheirathung zu sorgen, Philiberts sichtliche Behaglichkeit mußte dem jungen Dekanter Lust zur Ehe machen, und der Vater hatte seine Wahl auch für diesen heimlich schon getroffen. Herr Philibert war in der allerbesten Laune. Seine Bekannten beglückwünschten ihn, man beneidete ihm die schöne Braut, die reiche Frau, und sich beneiden zu lassen war ihm äußerst angenehm, da er sich beneidenswerth erschien.

Freilich war Edmee meist still und niedergeschlagen, aber das beunruhigte ihn nicht. Er war gewohnt, die oft wechselnden Stimmungen und den gelegentlichen Mißmuth seines Vaters gelassen hinzunehmen und auch nicht abgeneigt, den Launen seiner Braut und künftigen

Frau bis zu einem gewissen Grade nachzugeben, wenn sie ihm sonst das Leben angenehm machen und dazwischen, wie auch sein Vater gethan, gelegentlich durch die Finger sehen wollte. Er war nicht sentimental und war kein Schwärmer; er meinte, so viel Liebe, als ein verständiger Ehemann von seiner Frau verlange, werde sich für ihn bei Edmee schon finden, und da er auch nicht leicht verzagt und kein Knauser war, sondern die nöthigen Mittel an den rechten Zweck zu setzen wußte, so ließ er es sich etwas kosten, ihr auf seine Weise Vergnügen zu machen und sich vor den Leuten als einen freigebigen Bräutigam zu zeigen. Auf Edmee jedoch machte seine Großmuth keinen Eindruck. Sie legte freilich, weil man es ihr befahl, den Schmuck an, den er ihr überreichte, sie trug das Bouquet, das er ihr brachte, sie duldete den Papagei in ihrem Zimmer, den er ihr gesendet; aber ihre Wangen wurden bleich wie die Perlen, welche sie an ihrem Halse trug, der Duft der Blumen erfrischte sie nicht, dem armen Vogel wurde kein freundlicher Blick zu Theil und Herrn Philibert erging es auch nicht besser. Ernst und schweigend saß seine Braut ihm an der Mutter Seite gegenüber, wenn er sie in seinem neuen Wagen spazieren fuhr, sie hörte kaum zu, wenn er sie von der Einrichtung ihres künftigen Hauses unterhielt, und wenn er ihren Rath und ihren Antheil dabei begehrte, versicherte sie ihm, daß sie Alles seinem Willen überlasse, daß sie in diesen Dingen keine Wünsche habe;

und sie sagte damit wirklich nur, was sie empfand. Aber ihrem Bräutigam war mit dieser unerfreulichen Wahrhaftigkeit natürlich nicht gedient.

Die gänzliche Willenlosigkeit meiner Braut macht mich ungeduldig, klagte er seinem Vater.

Thor! versetzte Herr Bechart, sie wird sich und Dich in der Ehe dafür zu entschädigen wissen; ihre vorgebliche Willenlosigkeit ist ja nichts als Eigenwille und Eigensinn! Du mußt ihn nur bei Zeiten zu brechen wissen.

Philibert ließ sich bedeuten, es war ihm recht, seine Braut eigensinnig zu finden, denn das Mädchen seines früheren Umganges war eigensinnig gewesen, und er hatte diesen Eigensinn, diesen launenhaften, fröhlichen, reizenden Eigensinn an ihr geliebt; er sehnte sich nach ihm, er hätte viel darum gegeben, wäre nur eine kleine Aber dieses fröhlichen Eigensinnes in Edmee gewesen. Alltäglich meinte er, daß heute ihr Eigenwille zum Ausbruch kommen, daß sie etwas verlangen, daß er es ihr werde gewähren können, daß sie ihm ein Unrecht thun und er ihr etwas zu verzeihen haben würde. Indeß ein Tag verging nach dem andern, seine Braut war und blieb höflich aber kalt gegen ihn, wie sie es seit ihrem Verlobungstage stets gewesen war, und Philibert glaubte jetzt einzusehen, daß er sich am Ende doch über ihren Charakter getäuscht, daß sein Vater Recht gehabt habe und daß es an der Zeit sei, seiner Braut zu beweisen, daß er nicht mit sich spielen lasse, daß er Philibert Bechart, Compagnon der Firma Adolf Bechart sei, und daß ein Mädchen, welches er sich zu seiner Frau ausgewählt, darauf stolz zu sein habe.

Edmee's Kälte hatte sein Begehren nach ihr nur gesteigert, er dachte also das gleiche Mittel anzuwenden, und er zweifelte nicht, daß der Gedanke, ihn zu verlieren, seine Braut einsehen machen werde, was sie an ihm besitze. Er wollte sie dahin bringen, sich nach ihm zu sehnen, sich über ihn zu beschweren, und der Weg, den er dazu wählte, war ihm ein sehr angenehmer.

Er war immer ein lustiger Gesellschafter, ein guter Kamerad seiner Freunde gewesen, und er hatte es auch nie anders gemeint, als daß er deren Umgang nach seiner Hochzeit wieder in gewohnter Weise suchen würde. Er hatte seine Genossen auch in der Nähe seiner Braut mehr, als er geglaubt, vermißt, und es kostete ihn daher kein großes Opfer, sich Abends wieder, wie früher, zu ihnen zu gesellen.

Natürlich empfingen sie ihn mit Jubel, sie waren die Alten geblieben, sie nannten es ein gutes Zeichen seiner Energie und Freiheit, daß sie ihn wieder unter sich sahen, und auch Philibert ward es wohl in ihrer Mitte. Es hatte immer volles Vertrauen unter ihnen geherrscht, Einer hatte die Liebeshändel des Andern wie seine eigenen gekannt und seine Freunde bedurften keines besonderen Scharfblicks, um es nach kurzer Zeit dem Bräutigam anzumerken, daß ihm nicht ganz wohl zu Muthe sei und daß er etwas vorhabe, was er ihnen mitzutheilen wünsche.

Sie neckten ihn, er wies sie ab, sie beklagten ihn, er stellte sich, als könne er ihnen seine Sorgen nicht eingestehen, indeß sie kannten einander, und wie eine Frage die andere, ein Wort das andere gab und nach sich zog, so erfuhren sie endlich seinen Verdruß und seine Plane, und es war Philibert leicht und wohl um's Herz, als er sich wieder in dem gewohnten Geleise des gegenseitigen Vertrauens unter seinen Freunden fand.

Erst hatte man ihn um seine Braut beneidet, jetzt war der Unwille gegen sie ein allgemeiner. Man konnte es nicht begreifen, wie Edmee Dekanter sich nicht glücklich fühle, des jungen Becharts Frau zu werden. Man dachte nicht daran, daß es um eine befohlene Verlobung ein mißlich Ding sei und daß Liebe sich nicht leicht angewöhnen lasse; vielmehr war man darin ganz einstimmig, daß Philibert seine Braut anders behandeln, daß er mit ihr die Komödie der bezähmten Widerspänstigen aufführen müsse, und als er sich erheitert und entschlossenen Sinnes von ihnen trennte, war er ihrer Freundschaft sicherer als je und hatte von ihnen die Zusage erhalten, daß sie schweigen und seine Geständnisse nicht verrathen würden.

Philiberts Freunde waren auch keine Schwätzer; dieser jedoch hatte eine Mutter, jener eine Schwester, und es war ja keine Unwahrheit, es gereichte ihrem Freunde auch nicht zum Nachtheil, wenn sie es ihren Müttern und Schwestern anvertrauten, wie es zwischen Philibert und seiner Verlobten eigentlich nicht stehe, wie es solle. Man war darüber verwundert, man fand es unbegreiflich, ganz unglaublich. Nur um sich zu versichern, ob es wahr sei, sprachen die erstaunten Frauen zu anderen Frauen von der Sache, und es währte gar nicht lange, so wußte die ganze Stadt um das Geheimniß, und alle Mütter erwachsener Töchter nahmen die Partei des armen Philibert, alle erklärten einstimmig, daß er ein Thor sein würde, ein Mädchen zur Frau zu wählen, welches sich so unverantwortlich gegen ihn betrage, und daß er gar nichts Klügeres thun könne, als sein Wort zurückzuziehen und die Widerspänstige ihrem Schicksale zu überlassen.

Philibert ward plötzlich der Held des Tages. Seine Freunde priesen ihn aller Orten, die Frauen wollten ihn gern trösten. Er sah es deutlicher als je, er hatte immer unter den schönsten und reichsten Mädchen nur zu wählen gehabt, und je mehr man ihn erhob, je tiefer setzte man Edmee herab. Philibert wußte sich das zu Nutze zu machen. Was er jetzt auch that, er hatte die Meinung der Leute für sich, er konnte auf eine allgemeine Zustimmung rechnen. Ueber das Mädchen, dessen Kälte ihn beleidigte, war er Herr, sei es, daß er es zu seinem Weibe machte, oder daß er es verließ, und er gab es seinen Bekann=

ten gelegentlich wohl zu verstehen, daß er sich am Ende zu dem letzteren Schritt entschließen könne, obschon er in seinem Innern nicht im entferntesten daran dachte. Ein Mädchen, das ihm viermalhunderttausend Franken mitzubringen hat, giebt ein guter Rechner nicht leicht auf, und ein guter Rechner war Philibert, so lange es sich nur um Gut und Geld und nicht um das Herz und die Empfindung eines Dritten, eines Mädchens, handelte.

Er hatte mit Zuversicht darauf gehofft, Edmee werde seine Vernachlässigungen schwer empfinden, sie werde es bemerken und tadeln, daß er die Abende jetzt öfter fortblieb, daß er in seinen Aufmerksamkeiten für sie nicht mehr so eifrig war als sonst, aber kein Blick, kein Wort verriethen es, daß sie ihn und seine Galanterie vermisse. Er mochte kommen oder fehlen, sie schien kein Auge, keine Empfindung dafür zu haben. Das hatte ihr Bräutigam nicht erwartet, für so beharrlich hatte er sie nicht gehalten und an seiner beleidigten Eitelkeit entzündete sich in ihm eine zornige Liebesleidenschaft, die Edmee um jeden Preis demüthigen und bestrafen und um jeden Preis ihre Liebe gewinnen wollte.

Während er vor seinen Freunden mit triumphirender Sicherheit von seiner beginnenden Herrschaft über seine Braut zu reden liebte, und die Leute davon sprachen, daß ihm seine Verlobung leid geworden sei, dachte er nur daran, wie er seine Braut dahin bringen könne, die Ehe mit ihm als ein Glück und als eine Ehre für sich zu betrachten; und mit der Gewissenlosigkeit, welche alle Eitlen besitzen, ließ er es gern geschehen, daß das Gerücht von der aufzuhebenden Verlobung zwischen ihm und seiner Braut mehr und mehr in der Stadt um sich griff.

Inzwischen erfuhren auch die beiderseitigen Eltern von den Gerüchten, welche in der Gesellschaft über ihre Kinder im Gange waren. Philiberts Vater hörte davon und Herr Dekanter, dem des künftigen Schwiegersohnes jetziges Betragen schon unangenehm auffiel, hörte es ebenfalls.

Was soll das? fragte der alte Bechart eines Tages seinen Sohn.

Eine Kriegslist! entgegnete ihm Philibert. Meine Sachen stehen gut. Ich bin ein begehrter Artikel und die Dekanters sollen mir es noch zweifach danken, daß sie mich haben können. Sekundiren Sie mich gut, lieber Vater, so werde ich sicher Herr in meinem Hause werden.

Der Vater lächelte. Das war wirklich und wahrhaftig sein Fleisch und Blut! Er hätte dem Sohne um den Hals fallen können vor Freude und Genugthuung; denn dem Dekanter'schen Hochmuth einmal beizukommen, es dem Manne, den er noch als Laufburschen gekannt, einmal fühlbar zu machen, welche Ehre für ihn die Verbindung mit den Bechart's sei, das hatte er sich schon lange gewünscht und die Gelegenheit bot sich jetzt von selbst.

Was ist's mit Ihrem Philibert? fragte Herr Dekanter den alten Bechart. Was soll es mit den Reden, die ich hören muß?

Herr Bechart zuckte die Achseln, zog die Augenbrauen in die Höhe und sagte zögernd: Sie kennen mich, mein Freund! Sie wissen, ich bin ein Mann von Wort und auch mein Sohn weiß seinen Verpflichtungen nachzukommen. Aber —

Aber! rief Herr Dekanter, dem das Blut zu Kopfe stieg, wie kann von einem Aber die Rede sein, wenn es sich um Edmee Dekanter, um meine Tochter handelt? Sie brauchen nur zu wollen, Bechart, und —

Ruhig, ruhig, alter Freund! unterbrach der Andere ihn. Wer denkt daran? Indeß jedes Uebereinkommen wird unter bestimmten Voraussetzungen getroffen, und mein Sohn hatte geglaubt, daß Ihre Tochter zum Gehorsam gegen ihre Eltern und in verständigen bürgerlichen Gesinnungen erzogen sei. Er hatte darauf gerechnet, sie also auch fügsam und gefällig gegen sich zu finden, wie jeder Mann dies von seiner künftigen Frau begehren muß und —

Und? fragte Herr Dekanter.

Mein Sohn findet seine Braut — verzeihen Sie, daß ich es sagen muß — nicht erzogen, wie er glaubte. Er findet sie etwas eigensinnig. Er beklagt sich, daß sie ihn nicht aufnimmt, wie wir es wünschen, wie er es vollauf verdient, und er hat mir erklärt, daß er nicht zu heirathen im Stande sei, wo er sich nicht geliebt fühle, wie er es werth sei.

Herr Dekanter biß sich in die Lippe. Er hätte den Bechart's gern den Stuhl vor die Thüre gestellt; aber es ist ein übel Ding um ein Mädchen, von dem der Bräutigam sich kurz vor der Hochzeit lossagt, und die Bechart's hatten Verwandte und Anhang in der ganzen Stadt, in der ganzen Provinz, im ganzen Lande. Was sollte man davon denken, wenn die Heirath rückgängig wurde? Wie konnte man wissen, welche Gründe die Bechart's angeben würden? — Es kam Herrn Dekanter sehr hart an, aber einlenken mußte er und sprach lächelnd: In Ihrem Sohne, Bechart, hätte ich solche romantische Grillen nicht gesucht.

Ich auch nicht! versicherte dieser, der seinen Platz wohl zu behaupten dachte. Ich auch nicht! Aber was wollen Sie? Mein Sohn ist Herr über sich und —

Herr Bechart zögerte zu sagen, was er dachte. Das wurde dem Andern zu viel und sich verneigend sagte er: Ihr Herr Sohn ist frei, wenn er es wünscht!

Nun hatte Herr Bechart seinen Selbstgenuß gehabt und sichtlich befriedigt rief er in ganz veränder=

tem Tone: Nicht doch! nicht doch! Ich sage Ihnen ja, er liebt seine Braut! Aber sehen Sie darauf, daß sie sich fügt, lieber Dekanter! Machen Sie es ihr begreiflich, daß wir Ansprüche an ein Mädchen zu machen haben, welches wir in unsere Familie aufnehmen sollen. Wir halten auf unsere Familie, lieber Dekanter! wir haben ein Recht dazu, und Edmee muß sich also ihrem Bräutigam angenehm zu zeigen suchen. Ist sie erst seine Frau — — er lachte und reichte dem alten Geschäftsfreunde die Hand und auch dieser zwang sich zum Lachen, so bitter es ihm auch ankam, — ist sie erst seine Frau, so findet sich das Uebrige.

Ja, natürlich! versicherte Dekanter, aber sprechen Sie mit Ihrem Sohne! Das Gerede muß ein Ende haben!

Es war ja auch nur ein unnützes Gerede! bedeutete der Andere, indeß sprechen auch Sie trotzdem mit Ihrer Tochter! — Sie schüttelten sich noch einmal und außerordentlich herzlich die Hände; sie lachten Beide, als sie von einander gingen, aber das Lachen hielt nur vor, so lange der Eine den Andern sehen konnte.

Der hat sein Theil! sagte Philiberts Vater.

Das werde ich ihm nicht vergessen! sagte sich Herr Dekanter, und die Laune des Letzteren war nicht die beste, wie heiter Herr Bechart auch nach Hause kam. Sie waren seit Jahren Freunde gewesen, wo der Vortheil es erheischte, und hatten Lust daran gehabt, einander zu kränken, wenn die Gelegenheit sich dazu bot. Jetzt war die Reihe an Herrn Bechart gewesen, und sein Freund Dekanter gelobte sich's, die nächste Gelegenheit nicht zu versäumen.

Achtes Capitel.

Der Hochzeitstag war da. Um sechs Uhr Abends wollte man auf die Mairie fahren, das junge Paar in die Ehestandsregister einzuzeichnen und von dem Maire das bindende conjungo zu erhalten. Um Mitternacht sollte dann, wie es in den reichen flandrischen Familien Sitte ist, die Trauung in der Kirche durch den Priester vollzogen werden und nach derselben die Abfahrt der Neuvermählten erfolgen, welche, wie es sich gebührt, den Honigmonat auf Reisen zuzubringen dachten.

Es war ein heller, milder Novembermorgen; die Sonne schien warm in die schönen Zimmer des Dekanter'schen Hauses hinein, aber sie lockte keinen Freudenstrahl in dem Auge der jungen Braut hervor, und sie verscheuchte die Spuren der durchtrauerten Tage und Nächte nicht von ihren Wangen.

Der Vater hatte ihr die Kränkung zur Last gelegt, welche er durch Herrn Bechart erfahren, die

Mutter hatte sie verantwortlich gemacht für die Vorwürfe, mit denen ihr Mann sie überhäuft, und Philibert fand seine Genugthuung daran, sie die Willkür fühlen zu lassen, welche die letzte Uebereinkunft der Väter ihm schon jetzt über sie eingeräumt hatte. Er kam oder blieb fort, wie es ihm gefiel, er huldigte ihr oder vernachläſſigte sie, wie er eben gelaunt war, und er rühmte es gegen seinen Vater und gegen seine Freunde, wie er Edmee allmälig unter seinen Willen beuge, wie er sich Mühe gebe, die schöne Eigensinnige fügsam zu machen, der er sich verlobt, obschon er in Paris wohl noch reichere Partien hätte machen können. Aber, sagte er, ich befinde mich in der Lage, mir meine Neigungen gestatten zu dürfen, und es reizt mich, gerade dieses Mädchen, wider seinen Willen, ganz nach meiner Weise glücklich zu machen. Denn eben weil ich ihr jetzt den Herrn zeige, weil ich ihr nicht mehr schmeichle, wird Edmee mich lieben, und mein angewendetes Mittel ist so unfehlbar, daß ich in der That ein Patent darauf nehmen möchte.

Er gefiel sich außerordentlich in der Rolle des Siegers und des Beglückers, und obschon Madame Dekanter schließlich auch für Edmee's Verbindung mit ihm gewesen war, fingen seine Eitelkeit und sein Hochmuth sie doch zu beleidigen an. Es wurde ihr schwer, ihm die Zuvorkommenheit zu zeigen, welche ihr Mann von ihr für Philibert begehrte, und schwerer noch wurde es ihr, die Tochter zu betrachten, die ein Bild des stillen Grames geworden war.

Ohne Freude sah daher die Mutter auf den Hochzeitstag, den Philibert, wie frei und leichtsinnig er sich auch bezeigte, doch mit großem Verlangen ersehnte. Er konnte die Stunde kaum erwarten, welche ihn für immer zum Herrn des schönen Mädchens machen sollte; aber darauf erpicht, seine Rolle sowohl gegen seine Braut, als gegen seine Freunde bis zum Ende durchzuführen, und es immer wieder von ihnen sagen zu hören, daß er anders als andere Leute, daß er ein wahres Beispiel sei, mit welcher Seelenfreiheit ein Mann in die Ehe treten müsse, hatte er für den Morgen seines Hochzeitstages ein Frühstück mit einigen seiner näheren und ferneren Bekannten verabredet. Noch einmal wollte er als Junggeselle mit ihnen bei dem Restaurant im Hafen fröhlich sein, und er hatte nichts gespart, was diese Fröhlichkeit befördern konnte.

Um zwölf Uhr war man zusammen gekommen, und man hatte vorgehabt, sich um zwei Uhr zu trennen. Doch diese Stunde war lange schon vorüber, die Gesellschaft befand sich in der ausgelassensten und tollsten Laune, der Champagner wurde immer schneller getrunken, und es war vergebens, daß die Besonnenen unter den Tischgenossen zum Aufbruch mahnten; Philibert lachte sie aus.

Ich komme zeitig genug! rief er; — und verlaßt

Euch darauf, man wird auf mich warten, wenn ich mich verspäten sollte!

Endlich erhob man sich von der Tafel. Die Gesellschaft trat zur Thüre hinaus, das weite Meer lag vor ihren Augen und auf den sonnenbeleuchteten Wogen schaukelte sich in ziemlicher Entfernung außerhalb des Hafens ein stattliches Briggschiff, welches dort während der Zeit des Frühstücks vor Anker gegangen war. Die Gesellschaft, welche aus lauter jungen Kaufleuten bestand, erkannte das Schiff augenblicklich; es war ein Bechart'sches Schiff, der Morgenstern, der, mit Rohzucker beladen, von Cuba wiederkehrte.

Das nenne ich Glück haben! rief Philibert; da kommt Charles Villier eben mit dem Morgenstern an diesem Tage heim. Den Jungen muß ich noch zu meiner Hochzeit haben! Macht das Segelboot fertig, wir wollen den Kapitän hereinholen! Wir haben zusammen auf der Schulbank gesessen, er soll auch an der Hochzeitstafel mit mir sitzen. Los das Boot!

Der Wirth, der sich in ihrer Nähe befand, meinte, daß der Kapitän bereits an Land gegangen sei, um die Meldung zu machen, ohne welche kein Schiff in einen Hafen einlaufen darf; Philiberts Genossen gaben ihm zu bedenken, daß es für ihn die höchste Zeit sei, in die Stadt zurückzukehren, und da er trotzdem auf seinem Vorsatze bestand, erklärten sie ihm einstimmig, daß sie seine Aufforderung nur als einen Scherz betrachteten und ihm die Thorheit nicht zutrauten, jetzt, so wenige Stunden vor dem Gange auf die Mairie, eine so unnütze Fahrt zu unternehmen. Niemand wollte ihn begleiten, selbst der Wirth redete ihm dringend ab, aber Philibert, dessen Selbstgefälligkeit in den letzten Wochen maßlos gestiegen war, fand ein Vergnügen darin, gerade dasjenige auszuführen, was Jedermann ihm widerrieth. Der Gedanke, alle seine Bekannten in Erstaunen zu setzen, von sich reden zu machen und sich eines solchen Geniestreiches rühmen zu können, gewann einen unwiderstehlichen Reiz für ihn.

Er sah nach der Uhr; es war drei Uhr vorüber. Sein kleines Boot, nur für eine Person gemacht, das wie ein Pfeil durch das Wasser schoß und das er geschickt genug zu führen wußte, lag vor dem Hause des Wirthes, bei dem der Segel- und der Ruderclub ihre Zusammenkünfte hatten, mit der ganzen kleinen Flotte unter einem Schirmdach angekettet. Philibert ließ es losmachen, und mit dem Ausruf: Jetzt ist's drei Uhr und zehn Minuten, um vier Uhr und zehn Minuten bin ich zurück, um sechs Uhr auf der Mairie und um ein Uhr Nachts mit meiner Frau auf dem Wege nach Paris! sprang er in das Boot und trieb es mit schnellen Ruderschlägen vorwärts.

Laute Zurufe, leichtfertige Worte, helles Lachen folgten ihm nach, und bald darauf verließ die ganze Gesellschaft den Restaurant und den Hafen und Alle kehrten in die Stadt und zu den Beschäftigungen des Werktages zurück, die den Einen hierhin, den Andern dorthin führten.

Neuntes Capitel.

Während dessen saß Edmee einsam in ihrem Zimmer. Sie hatte ihre Hochzeitstoilette zu machen. Das weiße Kleid, der Schleier und das Orangenbouquet der Braut lagen vor ihren Augen; der reiche Brillantschmuck, den ihr künftiger Schwiegervater ihr gesendet, funkelte auf dem Atlas, mit welchem das Sammetkästchen ausgeschlagen war; aber sie mochte das Alles nicht sehen, sie mochte auch die wenigen Zeilen nicht mehr lesen, welche sie heute in der Frühe empfangen hatte, und doch hielt sie das kleine Blatt in ihren Händen, doch blickte sie darauf hin, als müsse ihr aus demselben ein rettender Gedanke kommen.

Ihre Amme, welche man vom Lande, wie sich's gebührt, zur Hochzeit eingeladen, hatte ihr den Brief gebracht. Er enthielt nichts als die Worte: Lebe wohl, Edmee! Gott sei mit Dir, wie meine Liebe und meine Gedanken mit Dir sind. Du warst der Genius meiner Jugend, und was ich auch erreiche, es wird Dein Werk sein! Lebe wohl und erinnere Dich meiner! Eduard.

Eine geistige Erschöpfung war über sie gekommen, die Gedanken flossen ihr durcheinander, sie wußte sich selbst nicht mehr zurecht zu finden. Es dünkte sie ein Traum, daß Eduard ihr verloren, daß heute der Tag

gekommen sei, der sie für immer einem ungeliebten
Manne verbinden sollte. All' ihr Empfinden war wie
von ihr abgelöst, sie konnte selbst ihren Schmerz be=
trachten, als ob es nicht der ihre wäre, und wie eine
Windstille vor dem Sturme hatte sich eine Dämme=
rung über ihre müde Seele gelegt, als gegen den
Abend hin die Mutter zu ihr in's Zimmer trat.

Edmee fuhr empor. Es ist Zeit, Dich anzukleiden!
mahnte die Mutter, deren sorgenvolle Miene mit ihren
Festtagskleidern gleichfalls schlecht zusammenstimmte.

Lautlos warf die Tochter sich der Mutter in die
Arme. — Daß ich Dir helfen, daß ich Dich glücklich
sehen könnte! seufzte diese.

Edmee weinte still. Dann richtete sie sich auf,
reichte der Mutter den Brief, den sie am Morgen
empfangen, und sagte: Lies ihn und bewahre ihn mir
auf, theure Mutter! Ich habe abgeschlossen mit mei=
nem Hoffen. Aber wenn Du mich unglücklich sehen
wirst, dann erinnere mich daran, daß Eduard mich
liebte. Das soll mein Trost sein in der schweren
Zukunft, die ich vor mir sehe!

Mutter und Tochter schwiegen, während die Kam=
merjungfer und Milchschwester Edmee's ihr die Hochzeits=
gewänder anlegte. Trauriger hatte man nicht leicht den
Brautschleier in das Haar eines jungen Mädchens be=
festigt, bleicher und gramerfüllter nicht leicht einer Braut
das Bouquet an ihre Brust gesteckt. Für wen und wozu
hat man mich geschmückt? rief es in ihrem Herzen, als

5*

die Mutter sie noch einmal umarmte, ehe sie mit ihr das Gemach verließ, welches Edmee bisher bewohnt hatte und das sie jetzt für immer verlassen sollte.

Man umringte die schöne Braut, als sie, von der Mutter geführt, in den großen Saal eintrat. Alle Trauzeugen von Seite der Dekanter'schen Familie waren beisammen. Die Wagen standen in langer Reihe vor der Thüre, mit ihren Laternen schon weithin das ansehnliche Geleite verkündend, welches die Tochter des Hauses nach der Mairie geleiten sollte. Nur auf den Bräutigam und seine Zeugen wartete man noch, und je länger man ihn erwarten mußte, um so mehr fing man an, es auffallend zu finden, daß er auf sich warten ließ.

Darüber war es halb sechs und drei Viertel auf sechs Uhr geworden; die Erfrischungen, welche man für die Gäste vorbereitet, waren bereits herumgegeben, und man fing an, damit die Zeit nicht allzulang erscheine, sie zum zweiten Male anzubieten. Herr Dekanter, obschon er sich heiter mit seinen Gästen unterhielt, blickte trotzdem von Minute zu Minute nach der Thüre; auch die Gäste horchten, ob sich noch nicht das Rollen der Wagen hören ließe, welche den Bräutigam nebst dessen Eltern und den übrigen Zeugen bringen sollte; aber wenn auch ein Wagen hörbar wurde, so hielt er nicht an dem Dekanter'schen Hause, und die Unruhe, die Verlegenheit wurden immer allgemeiner.

Herr Dekanter, der sich immer seiner Erfolge und des Gelingens seiner Pläne rühmte, war erhitzt und konnte seinen Zorn kaum noch verbergen. Madame Dekanter gab verwirrte Antworten und sah bald nach ihrem Manne, bald nach ihrer Tochter hinüber, deren müdes Lächeln allein keine Veränderung erlitten hatte. Was kümmerte es sie, wie man in der Stadt über sie gesprochen und wie man jetzt das Gerücht bestätigt zu sehen glaubte, daß Philibert's Neigung für sie wankend geworden sei, und daß er also wohl noch in der letzten Stunde von der beabsichtigten Verbindung zurücktreten könne. Es wäre ja ihr größtes Glück gewesen, hätte er diesen Gedanken ausgeführt; denn was war die sogenannte Schande, von einem Verlobten aufgegeben zu werden, neben dem Schicksal, zu welchem der Wille ihres Vaters sie verdammte, neben dem Unglück, welches ihr heute noch bevorstand? Ihr allein verging die Zeit nicht langsam; der Augenblick, in dem sie mit einem Federzuge über ihre Zukunft zu entscheiden hatte, kam ihr immer noch zu früh.

Nur noch wenige Minuten fehlten bis zur sechsten Stunde, da hörte man wieder einen Wagen rollen. Er fuhr schnell, sehr schnell; er hielt vor dem Hause. Edmee wurde bleich und kalt — das war ihr Bräutigam. — Es kam eilig die Treppe herauf, die Thüre öffnete sich, aber nicht Philibert, nur der Dekanter'sche Diener trat herein, sprach leise mit dem Herrn des Hauses, und sichtlich betroffen verließ derselbe den Saal und seine Gäste. Einige Minuten später rief man auch die Hausfrau ab.

Zehntes Capitel.

Solch' eine Hochzeit hatte Niemand noch erlebt. Man trat zusammen, man sprach leise mit einander; die nächsten Verwandten, die jungen Freundinnen der Braut suchten diese zu unterhalten, aber es war Allen nicht wohl in der Ungewißheit und Herrn und Madame Dekanter war es in dem Kabinete, in das sie sich zurückgezogen hatten, noch weit weniger wohl.

Unerhört! unerhört! rief Herr Dekanter, als seine Frau zu ihm in das Seitenzimmer kam, und reichte ihr mit einer Hand, welche der Zorn erbeben machte, ein Blatt Papier, das er eben erhalten hatte. Lies! lies! das war Alles, was er sagen konnte.

Der alte Buchhalter des Bechart'schen Hauses, der vieljährige Vertraute seines Principals, hatte den Brief gebracht. — Ich schreibe Ihnen in der größten Aufregung, hieß es in demselben. Herr Moria wird Ihnen das Nähere sagen. Noch gebe ich die Hoffnung nicht auf, Alles in Ordnung zu bringen. Der Maire hat zugesagt, aus Freundschaft für mich den Akt eine Stunde später, als verabredet, zu vollziehen. Mißlingen meine Bemühungen, so muß die Hochzeit eben drei Wochen später vor sich gehen.

Reden Sie! Reden Sie! — verlangte Madame Dekanter. Was ist geschehen?

Herr Moria verneigte sich höflich und gelassen und sagte: Herr Philibert hat heute seinen Freunden im Hafenhotel ein kleines Frühstück gegeben. Die jungen Herren waren guter Laune, und da unser Morgenstern eben von Cuba auf die Rhede gekommen war, so wünschte Herr Philibert den Kapitain, der unseres Herrn Philiberts Freund ist, zur Hochzeit einzuladen.

Nun? — Weiter, weiter! drängten die Eltern der Braut.

Nun, nahm Herr Moria wieder das Wort, ohne sich durch die ungeduldigen Anmahnungen seiner Hörer zu größerer Eile antreiben zu lassen; — nun, unser Herr Philibert nahm dann sein Segelboot und fuhr hinaus.

Und was ist ihm geschehen? rief Madame Dekanter.

Nichts Uebles, Madame, nichts Uebles! beruhigte der alte Buchhalter. Herr Philibert ist glücklich auf dem Morgenstern angelangt und befindet sich auch jetzt noch dort.

Auf dem Morgenstern! Wie ist das möglich? riefen Mann und Frau.

Das ist eben das Bedenkliche, entgegnete der Alte. Es fügte sich, daß der Kapitän schon an Land gegangen war, seine Meldung zu machen, und seine Papiere waren nicht in Ordnung. Weil der Wind ihn die letzten Tage stark nordwärts getrieben, war er über die Sanitätsstation hinausgekommen. Er hat also kein Sanitätsvisum und es ist ihm obendrein auf der Reise sein Steuermann am gelben Fieber draufgangen. Das hat er heute pflichtschuldig gemeldet und die Sanitätsbehörde hat ihn dann gleich unter Bewachung auf sein Schiff geschickt, der Morgenstern muß nach der Sanitätsstation zurück, muß einundzwanzig Tage Quarantäne halten.

Und Philibert? — unterbrach ihn Herr Dekanter.

Herr Philibert ist auf dem Morgenstern. Die Erlaubniß zu seiner Heimkehr ist noch nicht ertheilt! — schloß der Buchhalter mit neuer, höflicher Verbeugung.

Herr Dekanter stampfte mit dem Fuße heftig auf den Boden. — Es ist zum Rasendwerden! rief er; er wird die Erlaubniß nicht erhalten!

Nein! entgegnete Herr Moria mit gewohnter Ehrlichkeit. Nein, er kann sie nicht erhalten.

Aber was hat er auf dem Morgenstern zu suchen! Was, zum Teufel hat er dort zu holen? Es ist beispiellos, es ist unerhört! Am Hochzeitstage solche Thorheit! Da sitzen unsere Gäste, da sitzt die Braut! Und warten sollen wir? warten soll meine Tochter? rief Herr Dekanter mit einem höhnischen Lachen, das ihm in der Kehle stecken blieb; warten, bis es Herrn Philibert gefallen wird, sie abzuholen?

Er konnte nicht weiter sprechen, mit raschen Schritten, die Hände über der Brust zusammengeschlagen, ging er im Zimmer auf und nieder. Der Bechart'sche Vertrauensmann stand verlegen auf seinem Platze, Madame Dekanter hatte bis jetzt in ihrer Bestürzung, in ihrem Schreck ganz und gar geschwiegen. Indeß der letzte Ausruf ihres Mannes war wie ein Lichtstrahl in ihre Seele gefallen, Edmee's Verzweiflung hatte ihr heute das Herz zerrissen, und rasch entschlossen sich ihrem Manne nähernd, sagte die Mutter leise: Siehst Du denn die Absicht nicht, Dekanter? Siehst Du nicht, wie der freche Philibert dies Alles geflissentlich herbeigeführt hat?

Herr Dekanter stutzte. Was willst Du damit sagen? fragte er.

Mehr, als ich Dir in Moria's Beisein erklären kann! gäb sie ihm zur Antwort. Aber komm, ich habe mit Dir zu sprechen. — Sie nahm seinen Arm, nöthigte den Buchhalter, sich zu setzen und einen Augenblick zu warten, und führte ihren Mann in das Nebenzimmer, dessen Thüre sie sorgfältig hinter sich zuzog.

Dann, als sie sich mit ihm allein sah, ging sie mit ihm an die der Thüre entgegengesetzte Seite der Stube und sagte, schnell und leise sprechend: Du fragst mich, was ich meine? Ich habe es Dir immer gesagt, aber Du hast es nicht sehen und nicht glauben wollen, daß die Becharts von Anfang an sich benahmen, als erzeigten sie Dir, der Du nicht unter ihnen geboren bist, eine Ehre durch Edmee's Verlobung mit Philibert. Und welch' ein Loos steht unserer armen Edmee mit ihm bevor? Hast Du es denn schon vergessen, wie Philibert sich nach seiner Verlobung über dieselbe geäußert hat? Ein Bräutigam, der zwei Stunden vor der Hochzeit sich auf

Trinkgelage einläßt; der, ohne an seine Braut zu denken, den Renommisten spielt! O, ich kenne ihn, ich kenne sie Alle! Ihnen ist's ganz recht, wie es gekommen ist, sie verlangen es gar nicht besser. Ich höre es, wie sie sich darüber belustigen werden, daß sie uns hier mit unserer Hochzeit warten lassen! Und Edmee, die ihren Schleier und ihr Bouquet jetzt in Gegenwart aller ihrer Freunde ablegen soll, um es wieder anzulegen, wenn es Herrn Philibert und Herrn Bechart gefällig sein wird! — Es ist beispiellos, ganz beispiellos! — Einem aus ihrer Familie sollte das geschehen! Einem Bechart! einem Vilmot! Ich möchte sehen, was sie thun würden?

Madame Defanter wußte, was sie sagte, denn jedes ihrer Worte traf ihren Mann an seiner empfindlichsten Stelle. Er hatte sonst kaltes Blut genug und keine Vorurtheile, er gab nichts auf Rang und Titel, nur das Wirkliche, nur Hab und Gut hatten für ihn Werth; aber einer Schwäche konnte er nicht Meister werden: er mochte: obschon er selbst sich dessen gelegentlich rühmte, von Dritten nicht daran erinnert werden, daß er armer Leute Kind, daß er ein Emporkömmling sei; denn er wußte, daß die angeborene Kaufmannsaristokratie ihm dies noch nicht vergessen habe.

Ja, ja! rief er bitter, so sind sie! Und wenn ich wüßte —

Was? fragte die Mutter, ihm schnell in die Rede fallend.

Wenn ich wüßte, sagte er, und er wurde blaß und roth vor Zorn und Grimm, wenn ich wüßte, wie ich es ihnen vergelten, wie ich ihnen die Kränkung wett machen könnte, welche dieser Philibert uns anthut.

Das liegt in Deiner Hand! rief die Mutter. Thue, was sie nicht erwarten: tritt zurück!

Herr Dekanter sah sie mit großen Augen an. Es war ein Gewaltstreich, zu dem die Frau ihm rieth, aber er war eine despotische Natur und schnelles, eigenmächtiges Entscheiden lag deshalb sehr in seiner Art. Indeß, was gewann er mit solchem Entschlusse? welchen Erfolg erzielte er damit? Und einen Erfolg, den mußte er jetzt nothwendig haben.

Er ging mit sich zu Rathe, er überlegte.— die Mutter jedoch war lange schon mit sich einig, was geschehen solle, geschehen müsse. Jetzt war der romantische Augenblick gekommen, nach dem sie sich ihr ganzes Leben hindurch gesehnt hatte, jetzt konnte um sie und um ihre Tochter der Glorienschein der Poesie gebreitet werden, in welchen sie sich in ihren Träumen oftmals eingehüllt, und mit einer Zärtlichkeit des Tones, den ihre Stimme sonst schon lange nicht mehr hatte, wenn sie zu ihrem Manne sprach, sagte sie: Jakob! der Himmel selber zeigt Dir, was Du thun mußt. Ich habe Deinem Befehle gehorcht und auch Edmee ist Dir ein gehorsames Kind gewesen, denn

Du bist der Vater und bist der Herr in Deinem Hause. Aber sieh Edmee an, sieh ihre blassen Wangen, ihre mattgeweinten Augen! Und nicht sie allein hat geweint. Auch ich — und ihre Thränen fingen zu fließen an — auch ich habe die Nächte im Bette gesessen und geweint und mich gehärmt, wenn ich meine einzige Tochter so verblühen sah, mitten in ihrer Jugend und Schönheit. Mache uns Alle glücklich, indem Du den Becharts ihren Hochmuth vergiltst. Rühme Dich dessen, was sie Dir zum Vorwurf machen möchten, daß Du ein Emporkömmling bist, der nichts auf die Verbindung mit ihrer alten Firma und ihren Namen giebt. Mag Philibert zusehen, ob er in seiner Patriziersippschaft ein Mädchen wie Deine Tochter findet; beweise ihnen Allen, daß Dir in der entscheidenden Stunde das Glück Deines Kindes und der Mann, den sie mit richtigem Gefühl sich auserwählt, mehr werth sind, als der Name Bechart und als des herzlosen, leichtsinnigen Philibert's Vermögen, dessen Deine Tochter nicht bedarf.

Herr Dekanter fing an, langsamer auf und nieder zu gehen, er hob den Kopf wieder hoch in die Höhe. Er hatte die Arme nicht mehr über die Brust zusammengeschlagen, sondern die Hände in die Hosentaschen gesteckt. Das war ein sicheres Zeichen, daß er wieder sein Gleichgewicht gefunden. Seine Augenlider kniffen sich leise zusammen, um seine Mundwinkel zuckte es fortwährend, und vor seiner Frau stehen bleibend, sagte er: Du bist also der Meinung —

Sie ließ ihn nicht aussprechen, welcher Meinung sie sei. — Sieh, Jakob! rief sie und schlang ihre Arme um seinen Hals, wenn Du mir die Genugthuung bereitetest, daß ich den Becharts sagen könnte: wir, die Jakob Dekanters, brauchen Euch nicht, wir sind uns selbst genug, wenn Euer Sohn es sich nicht zur höchsten Ehre rechnet, unser Schwiegersohn zu werden — ich würde die Stunde noch zehnfach mehr segnen, in der ich Deine Frau geworden bin.

Herr Dekanter lächelte und klopfte ihr auf die Wange. Sie sah noch sehr schön aus in dem Kleide von violettem Sammt, mit den Perlen um den vollen Nacken und den weißen Federn in dem braunen Haar.

Der alte Moria wartet, sagte er zu ihr.

So schreibe und schicke ihn fort! mahnte sie ihn bringend.

Er zauderte noch einen Augenblick. Dann rief er: Sei es denn! — ging an den Schreibtisch, setzte sich nieder und schrieb: Geehrter Herr und Freund! Ihr Herr Sohn hat seine Zusage nicht erfüllt und sich heute zur Feier seiner Hochzeit nicht rechtzeitig bei uns eingestellt. Dadurch bin ich meiner Verpflichtungen gegen ihn und Sie ebenfalls quitt; da ich aber meine Tochter darauf vorbereitet habe, daß ich sie heute verheirathen würde, so bin ich gesonnen, ihr mein Wort zu halten und ihr einen andern Mann zu geben, was Sie und Ihr Herr Sohn sicherlich in der Ordnung finden werden. Mich Ihrer bisherigen Freundschaft empfehlend, zeichne ich mit besonderer Hochachtung, geehrter Herr und Freund, als Ihr ganz ergebener Jakob Dekanter.

Er schrieb Tag und Stunde ordentlich darunter, siegelte den Brief gehörig zu, ging in das Cabinet, wo Herr Moria seiner Entscheidung wartete, und händigte ihm das Schreiben ein. — Meine Empfehlung an die Herren Bechart, Vater und Sohn, sagte er, indem er den Alten entließ; und besten Dank für Ihre Mühwaltung, mein lieber Herr Moria!

Und als er darnach zu seiner Frau zurückkehrte, warf sich Madame Dekanter ihm noch einmal mit beiden Armen um den Hals, und mit einer Freude und Wärme, die sie schön erscheinen ließen wie an ihrem Hochzeitstage, rief sie: Nun laß mich auch zwei Zeilen schreiben, lieber Jakob, und gönne mir eine Stunde Zeit, die Stunde Zeit, welche die Becharts sich auf der Mairie ausbedungen haben. Und gewiß, Jakob, gewiß, Du sollst es heute noch empfinden lernen, was es heißt, zwei Menschen glücklich zu machen und glückliche Menschen um sich zu sehen!

Herr Dekanter widersetzte sich ihrem Willen nicht. Er war aus seinem gewohnten Geleise gekommen und wußte sich auf dem ihm fremden Pfade der Empfindung, auf welchen seine Frau ihn hingelockt, nicht gleich mit Sicherheit zu bewegen. Die Freude und die Schönheit seiner Frau behagten ihm, der Gedanke an die Bestürzung und den Aerger seines Freundes Bechart that ihm äußerst wohl, und wenn er bisher auch nicht viel auf die Traurigkeit seiner Tochter gegeben hatte, so dachte er doch mit einer gewissen Befriedigung daran, wie er jetzt ihre Trauer in Freude wandeln, wie er sie, seine Gäste und die ganze Stadt in Staunen und in Verwunderung versetzen würde.

Seine Frau am Arme, kehrte er völlig aufgeheitert in den Saal zurück, um sowohl die Tochter als die Gäste von dem unglücklichen Zufall zu unterrichten, der den Bräutigam auf dem Morgenstern festhalte, und sie darauf vorzubereiten, daß man möglicher Weise genöthigt sein werde, auf das Erscheinen Philiberts ganz zu verzichten, wenn er innerhalb einer Stunde sich nicht einstellen sollte.

Damit wurde die Sache immer sonderbarer, und vollends die sichtlich erheiterte Stimmung der Eltern mußten sich weder Edmee noch die Gäste zu deuten.

Eilftes Capitel.

Eduard Prevals Koffer stand gepackt. Seine Staffelei lehnte zusammengeschlagen in der Ecke, er hatte das Bild der Geliebten, das er für sich gemalt, von dem Blendrahmen losgemacht, es aufgerollt und in eine Blechkapsel gesteckt. Die Mutter saß, halb im Schatten, auf dem Sopha und sah dem Sohne zu, der nun wieder von ihr gehen sollte und dessen Herz sie von Kummer belastet wußte; Luise aber kramte in ihren Schiebladen, um nachzusehen, ob sie nichts darin fände, was sie ihrem Bruder anbieten und was ihm wünschenswerth erscheinen könnte.

Niemand sprach ein Wort. Es hatte eben sechs Uhr geschlagen, sie wußten Alle, jetzt war es geschehen, Edmee hatte sich in das Civilregister eingezeichnet und war Madame Philibert Bechart geworden.

Da fuhr ein Wagen mit ungewöhnlicher Schnelle durch die langsame, entlegene Straße. Das geschah sehr selten um diese Zeit. Luise trat an das Fenster. Laternenschein leuchtete zu ihr empor, der Wagen hielt vor der Thüre, sie kannte ihn.

Was ist das? rief sie erschrocken aus.

Was? fragten die beiden Anderen, denen ihr Erschrecken auffiel.

Der Dekanter'sche Wagen! sagte Luise. In demselben Augenblicke schellte es an der Thüre und in seiner Gallalivree trat der wohlbekannte Diener ein.

Was bringen Sie? riefen Mutter und Kinder wie aus einem Munde.

Ich weiß es nicht! entgegnete der Diener, ich habe dies Billet hier abzuliefern. — Es war an Madame Preval gerichtet.

Meine Freundin! schrieb Madame Dekanter, es geschehen noch Wunder, schöne Wunder in dieser Welt, und ich bin glücklich, die Verkünderin eines solchen schönen Wunders zu sein. Fragen Sie nichts, vertrauen Sie mir! Der Wagen wartet auf Sie! Kleiden Sie sich schnell und festlich an, wir erwarten Sie und Ihre Kinder mit Ungeduld! Ich sehne mich, Sie zu umarmen! Fragen Sie nichts, eilen Sie! —

Als wäre die Sonne um Mitternacht aufgegangen, so überrascht, so geblendet standen die Dreie sich gegenüber. Hätten sie auch gewollt, sie hätten nicht zu fragen vermocht, sie waren zu sehr von ihren Gedanken, von ihren Vermuthungen und Hoffnungen bestürmt.

Mit fliegender Hast riß Eduard seinen Koffer auf, schneller als sie es für möglich gehalten, waren sie Alle bereit, und noch war die Stunde Aufschub nicht verflossen, auf welche Herr Dekanter seine Gäste vorbereitet hatte, als Madame Preval mit ihren Kindern das Dekanter'sche Haus betrat.

Schon im Vorsaal kam Madame Dekanter ihnen

entgegen, denn sie hatte es sich ausbedungen, für Eduard der Bote des ungehofften Glückes zu sein; und gefolgt von Madame Preval und Luise ging sie, Eduard an ihrer Hand haltend, in den Saal zurück.

Gott im Himmel! rief Edmee, als sie ihn erblickte, und sie erhob sich, aber ihre Kniee wankten, sie drohte zu sinken. Da stürzte Eduard sich ihr zu Füßen, und sie mit seinen Armen haltend und umschlingend rief er: Edmee! — Meine Edmee! ist es denn möglich?!

Sie hing an seinem Halse und weinte. Madame Preval, Luise, ihre eigene Mutter umringten sie, das Erstaunen, das Fragen schienen kein Ende nehmen zu wollen. Aber die Erklärung der beiden Mütter, die Berichte der kleinen Luise, die so stolz aussah, daß sie gewachsen zu sein schien, brachten die Geister schnell zur Ruhe, und die Freude, die Rührung waren allgemein. Selbst Herr Dekanter und sein Sohn fühlten eine gewisse Wärme in der Brust und wider ihr Erwarten quoll es ihnen feucht im Auge. Sie sahen einander ganz verwundert an.

Vater, ich glaube Du weinst! fragte der Sohn.

Unsinn! entgegnete der Vater; aber es ist doch sonderbar!

Ja, sie freuen sich Alle, auch die Gäste! meinte der junge Jacob. Ich glaube, es ist doch Etwas um die Liebe!

Nicht doch! erwiderte der Vater, sie gönnen es nur dem alten hochmüthigen Bechart und dem eitlen Narren, dem Philibert!

Sieh! rief die Mutter dazwischen, indem sie das junge, schöne Paar zu dem Vater hinführte; sieh, wie glücklich Du sie gemacht hast!

Herr Dekanter lächelte. Ja, sagte er, gegen das Brautpaar und gegen seine Gäste gewendet; das kann nicht Jeder thun! Aber Jakob Dekanter ist nicht der Mann, der Rücksichten zu nehmen hat, der sich und seinem Kinde etwas bieten läßt! Er hat von Jugend an auf eigenen Füßen stehen müssen und steht auch jetzt auf seinen Füßen! Darum unbesorgt, mein lieber Eduard! es ist kein armes Mädchen, das Sie heirathen! Es soll an Haus und Hof nicht fehlen! — Nun aber fort, fort zur Mairie, ehe der Maire uns am Ende gar davon geht! Madame Preval, Ihren Arm, Jakob, führe Deine Mutter! In sechs Monaten fährst Du auch auf die Mairie!

Als man von der Mairie heimkehrte, war ein Brief des alten Bechart angelangt. Herr Dekanter öffnete ihn und sagte lächelnd: Das ist nun Ihre Sache, Madame Eduard Preval! Herr Bechart glaubt es nicht, daß Sie sich einem andern als seinem Philibert verbinden könnten.

Statt aller Antwort schmiegte sich Edmee an den Mann, dessen Namen sie mit so viel Freude trug, und kaum war Mitternacht vorüber, so fuhren die Neuvermählten aus der Kirche nach dem Dekanter'schen Landhause hinaus, von wo sie sich am nächsten Tage auf die Reise begeben sollten.

Drei Wochen später, als Philibert mit dem Morgenstern aus der Quarantäne wiederkehrte, wandelten Herr und Frau Preval schon seit vielen Tagen am Gestade des blauen Mittelländischen Meeres, und es blieb Philibert unbenommen, sich auch jetzt wieder zu erheben und Edmee herabzusetzen, wie er es vorher gethan hatte.

Doch fand er kein so günstiges Gehör mehr wie früher; denn je nüchterner und je selbstsüchtiger ein großer Theil der Menschen war, unter welchen er lebte, um so größer und nachhaltiger war der Eindruck gewesen, welchen die romantische Heirath der schönen Edmee gemacht hatte, und die öffentliche Meinung wendete sich auch hier wieder einmal den Glücklichen zu.

Herr Dekanter hatte, wie er sagte, dies natürlich vorausgesehen und vorausgesagt, und lächelnd äußerte er zu seiner Frau und seinem Sohne: Merkt es Euch! es ist, wie ich Euch immer erklärt: man muß Erfolge haben, denn der Erfolg ist Alles in der Welt! Nun! wir wollen sie noch anders in Verwunderung setzen, lieber Sohn! wir, — die wir selber unsre Ahnen sind!

.

———

Domenico.

Erstes Capitel.

Als wir neulich gegen Abend aus unserem oberen Stockwerke in den Gartensaal der Villa Riunione hinunter kamen, bot sich unerwartet ein gar freundlicher Anblick unseren Augen dar.

Seine Violine unter dem Kinn, den Bogen mit zierlich geschwungenem Arme und fester Hand führend, ging Signor Cesare unter dem Blätterdache der Veranda, die auf den See hinausschaut, langsam auf und nieder und entlockte, frei phantasirend, dem alten klangvollen Instrumente liebliche Weisen, die er geschickt in lauter heiteren Formen variirte und modulirte.

Wir wußten es von seinen Schwestern, daß es bei ihm immer ein Zeichen innersten Behagens war, wenn er so musicirend auf und nieder ging; wir blieben also hinter der Lorbeerhecke stehen, die uns seinem Blicke entzog, um ihn in seiner Zufriedenheit nicht zu stören und seiner guten Stimmung Zeit zum vollen Ausklingen zu lassen.

Es war übrigens ein wirkliches Vergnügen, ihm zuzusehen und ihm zuzuhören, denn außer hellem Wetter gibt es nichts, was den Sinn so sehr erheitert, als der Anblick eines still in sich vergnügten Menschen; und obschon es uns an gutem Wetter und an stiller Heiterkeit, seit wir Gäste in Villa Riunione geworden waren, noch nicht gefehlt hatte, so schien doch an dem Spätnachmittage die Sonne so ungewöhnlich hell, als wollte sie den schönen Greisenkopf unseres Freundes einmal noch ganz besonders beleuchten, um uns zu zeigen, wie jugendlich solch ein Paar alte Augen glänzen und welch eine Freude noch auf einer tief gefurchten Stirn liegen könne.

Es währte auch eine ganze Weile, ehe unser Freund uns gewahrte; dann aber ging er mit einigen sinnreichen Ausweichungen plötzlich in eine andere Tonart über, und die Melodie aus Rossini's „Barbier von Sevilla" spielend, sang er uns mit noch immer voller und wohlklingender Stimme Don Basilio's „Guten Abend, guten Abend wünsch' ich Ihnen!" zum Gruß entgegen.

Darauf trat er an den Tisch heran, auf welchem sein Violinkasten stand, und während er mit Sorgfalt den Bogen in dem Deckel befestigte und die Violine in ihren mit Sammt ausgeschlagenen Behälter legte, sagte er: Wenn diese Geige reden könnte, würde sie mehr von mir zu sagen wissen, als irgend ein lebender Mensch. Sie ist aber auch ein ganz vortreff=

liches, altes Instrument, ein Erbstück von meinem Urgroßonkel, der ein ausgezeichneter Musiker gewesen ist. Seit nahezu hundertfünfzig Jahren ist sie in der Familie von Einem auf den Anderen vererbt worden; es haben sie immer bedeutende Violinspieler besessen und es war unsers alten Vetters blinde Vorliebe für mich, die mir Unwürdigem diese Violine hinterließ, während wir Leute in der Familie hatten, welche der Violine weit mehr Ehre zu machen verstanden haben würden, als eben ich. Es ist mir jedoch immer vorgekommen, als bliebe von den Tönen, welche solch altem Instrumente einmal entlockt worden sind, ein Widerhall in demselben zurück; denn obschon es mit meinem musikalischen Können, wie Sie gehört haben, chnit weit her ist, finde ich, wenn ich irgend eines Ausdrucks oder einer Ableitung für meine Stimmung bedarf, auf und in dieser Violine Alles, was ich brauche; und abergläubisch, wie es im Innersten eigentlich ein Jeder ist, zweifle ich keinen Augenblick daran, daß sich heute alle diejenigen von uns, welche vor mir dieses Instrument besessen haben, wo ihre Geister jetzt auch weilen mögen, mit mir über das Teufelsglück des Jungen freuen.

Wir fragten ihn, was das heißen solle und von welchem Glücke und von wem er spreche.

Von dem Sohne meines Bruders, von Domenico, spreche ich, in dessen Atelier Sie ja in Rom gewesen sind, gab er uns zur Antwort.

Also ist Ihrem Neffen Domenico irgend ein besonderes Glück begegnet? fragten wir.

Ein großes Glück, versetzte unser Freund, obschon ich es nicht als ein besonderes Glück bezeichnen möchte, denn er hat immer Glück gehabt. Er ist recht eigentlich einer von den glücklich geborenen Menschen, denen im Leben Alles zum Guten ausschlägt, für die selbst aus Leiden Glück erwächst und an die Scribe wohl gedacht haben wird, als er in seinem vortrefflichen Schauspiele, in der „Camaraderie", die Worte niederschrieb, daß es „für die Thoren Zufälle giebt, die Geist haben."

Signor Cesare unterbrach sich und bedeutete uns, er wolle damit durchaus nicht gesagt haben, daß Domenico ein Thor sei; im Gegentheil, sein Neffe sei, wie wir das ja selbst erfahren haben würden, ein grundgescheiter Bursche, ein Maler, der seines Gleichen suche.

Und er ist sehr schön! schaltete ich ein.

Ja, er ist ein schöner Mensch! wiederholte der Onkel mit einem Wohlgefallen, das die beiden alten Tanten lächeln machte, denn Signor Cesare's Eingenommenheit für diesen Neffen war in der Familie sprüchwörtlich und er hatte derselben auch durchaus kein Hehl.

Das Lächeln seiner Schwestern entging dem Greise also keineswegs, er nahm es aber mit seiner gewohnten Heiterkeit auf.

Ich mache mich nicht schlechter und nicht besser, als ich bin, sagte er. Ich habe kein hartes Herz, ich bedauere den Leidenden, ich rathe ihm und stehe ihm bei, wo ich kann, ich bin auch nicht abgeneigt, demjenigen innerhalb seiner Möglichkeiten fortzuhelfen, dem die Natur sich stiefmütterlich gezeigt hat; aber ich bekenne es, ich erfülle damit nur eine Pflicht, und es wird mir nicht immer leicht, ihr zu genügen. Zum barmherzigen Bruder, zum barmherzigen Samariter fühle ich eigentlich die Anlage nicht in mir. Es ist sogar in dieser Lust am Mitleiden und am Pflegen und Hegen dessen, was nicht recht gedeihen will, ein Etwas, das mir widerstrebt. Wo man aber einmal ein Geschöpf findet, das von Hause aus auf einen vollen, ganzen Menschen angelegt ist, da ist das Hegen und Pflegen und das Aufhelfen und Fördern ein Genuß — ein Genuß, der Einem freilich auch nicht oft zu Theil wird; denn wenn diese Art von Menschen selbst einmal fallen, kommen sie dabei, wie man zu sagen pflegt, schnell wieder auf ihre eigenen Füße zu stehen, und Domenico ist einer von diesen Glücklichen, der immer auf seinen Beinen stehen wird.

Mein Bruder dirigirte in Rom das Ballet des Teatro Tordenone, als ihm dort dieser zweite Junge geboren wurde. Es war ein Sonntag, der Ostersonntag, und ein Frühlingswetter, wie es eben nur in jenem von Gott und allen Heiligen gesegneten Lande auf die Erde niederleuchtet. Die junge Mutter war frisch und gesund, der Junge so braun, so stark und von so festen Gliedern, daß man es ihm anzusehen meinte, der werde sich schon durch das Leben schlagen, und mein Bruder, der an dem Burschen seine Freude hatte, dachte ihm den Namen Fortunato zu. Die junge Mutter indessen lehnte sich dagegen auf. Sie meinte, einen Menschen schon von seiner Geburt an als einen Glücklichen bezeichnen, heiße das Schicksal herausfordern, und man dürfe Niemanden glücklich preisen, dessen Leben nicht beschlossen sei; da der Knabe aber an einem Sonntage „ad una domenica" auf die Welt gekommen war, was sie selber für glückbringend hielt, so einigte man sich dahin, daß der Knabe Domenico heißen solle, wodurch man ihm die Erinnerung an seinen Glücksstern wie einen Segenswunsch auf die Lebensreise mitzugeben meinte.

Der Junge wuchs denn auch auf, daß es eine Freude war, ihm zuzusehen, und kehrte sich den Teufel darum, ob er Peter oder Paul, ob er Sonntag oder, wie Robinson Crusoe's Gefährte, Freitag heiße. Ueber ihm schien alle Tage ein neuer sonniger Tag aufzugehen; er lief und sprach, ehe man sich dessen versah, er lernte seine Hände ungewöhnlich früh gebrauchen, und weil alles, was er that und anfaßte, geschickt und anmuthig herauskam und sein Gliederbau und seine Muskeln sich schön und vollkommen entwickelten, so hatten wir Alle den Gedanken, Domenico zeitig in die Lehre zu nehmen und aus ihm wieder einmal einen Tänzer zu machen, der den Ruhm der Familie auf ein neues Menschenalter und darüber hinaus feststellen sollte.

Er war noch nicht fünf Jahre alt, als der Vater ihn schon posiren ließ, und nicht nur, daß der Knabe alles schnell begriff, was man von ihm verlangte, er hatte selber ein Vergnügen daran, zu seinem eigenen Zeitvertreib die Stellungen nachzuahmen, die er auf der Bühne oder in Bildern vor sich gesehen hatte, und er kam außerordentlich gut damit zu Stande; ja, er erfand sich in den Spielen, welche er mit seinen Altersgenossen trieb, bald diesen, bald jenen Vorgang, in welchem er und sie etwas Besonderes vorzustellen hatten, und auch seine Fortschritte im Tanzen versprachen das Allerbeste, als der Vater den eigentlichen Unterricht mit ihm begann. Indeß man hatte kaum angefangen, ihn in den Reihen des Kindercorps an den Uebungen für die Ensembles Theil nehmen zu lassen, als man plötzlich über ihn zu klagen hatte, weil er, wie der Repetent es nannte, ungelehrig, ungehorsam und eigenwillig sei. Als mein Bruder darauf selber ein paar Proben leitete, um zu sehen, was es mit dem bis dahin so gutwilligen Knaben auf sich habe, überzeugte er sich, daß die Ausstellungen gegen seinen Domenico durchaus begründet wären. Der Knabe war nämlich nicht dazu zu bewegen, sich dem Commando zu fügen, ohne welches ein Balletcorps nicht zusammen zu halten ist. Hatte man ihn

allein vor sich und sagte ihm, was er zu machen
habe, so that er es ohne Widerrede, ja, sogar mit
Freude, aber allerdings immer nach seinem Gefühle.
Er drückte Vergnügen, Trauer, was man wollte, ganz
vortrefflich in eigenartigen Gesten aus, aber er wollte
von dieser Eigenart auch nicht abgehen, wo er mit
den Andern zu figuriren hatte, und das ganze Kinder=
corps gerieth in's Lachen und in Unordnung, wenn
er sich plötzlich nach rechts wendete, während Alles sich
nach links zu drehen hatte, oder wenn er mit Einem
Male die Arme mit heftiger Bewegung in die Höhe
hob, wo dies gegen die Linie des Ensemble verstieß.
Man versuchte, ihn durch Zureden zur Vernunft zu
bringen; er gab dann auch ein paar Mal ordentlich
Acht, indeß man hatte keine Sicherheit bei ihm, daß
er, wenn die volle Musik und die volle Erleuchtung
und das Publikum auf ihn einwirkten, nicht plötzlich
die ganze Disciplin vergaß und auf seine eigene Hand
zu agiren anfing, und selbst die Strafen, mit denen
der Vater endlich nicht mehr sparsam gegen ihn war,
änderten in der Sache nichts. Der Corps=Repetent
blieb dabei, der Knabe sei ein für ihn durchaus nicht
zu brauchendes Subject, und man solle ihn von dem=
selben befreien, da er den Fortschritt und die Aus=
führung der Anderen unnöthig behindere. Was wollte
man dabei thun? Zu wahrhaften Kunstleistungen kann
man mit Gewalt nicht einmal ein Thier, geschweige
denn einen Menschen zwingen, und weil mein Bruder

klug genug war, es einzusehen, daß in dem Knaben eine besondere Begabung stecke, so nahm er ihn für sich allein vor und fing an, ihn für die kleinen Solopartieen zu verwenden. Das gefiel dem jungen Patron nun augenblicklich wohl. Das zerstreute Wesen, über welches man geklagt hatte, verschwand sofort; er füllte seinen Posten zu allgemeiner Zufriedenheit aus, und weil er wirklich ein so schöner Junge war, hatte er bald die Herzen des Publikums für sich gewonnen. Mein Bruder war immer sicher, Beifall zu erlangen, wenn er in seinen neuen Compositionen irgend eine hervorstechende Rolle für Domenico angebracht hatte, und dieser überraschte oft nicht nur die Zuschauer, sondern selbst den Vater durch den Ausdruck und die Charakterisirung, welche er in sein Mienenspiel und seine Gestikulationen legte, ohne daß er daran zu denken schien.

Er wird ein Charaktertänzer werden, sagte sein Vater oft; es ist etwas Großartiges in ihm, man merkt, daß die Sonne Rom's ihn gezeitigt hat! Und weil man dies zum Oefteren wiederholte, so wurde Domenico darauf aufmerksam. Er fing an, sich selber etwas damit zu wissen, daß er ein geborner Römer sei. Die römische Geschichte, römische Großthaten waren, seit er in der Schule bis in die Geschichtsklassen vorgerückt war, sein Lieblingsstudium geworden, und er war kaum fünfzehn Jahre alt, als er eines Tages ganz unerwartet und unumwunden mit der Erklärung hervortrat, daß es für einen Mann eine Schande sei, den Tänzer zu machen, daß in Rom nur Sclaven vor den Augen des Publikums auf der Bühne getanzt hätten und daß er durchaus kein Tänzer bleiben wolle.

Man hielt das Anfangs natürlich nur für einen der Einfälle, wie sie lebhaften Kindern durch die Köpfe gehen, aber der Knabe kam immer und immer wieder darauf zurück; seine Schulfreundschaft mit dem Sohne eines abligen Offiziers bestärkte ihn in seinen Gedanken, er wurde lässig in seinem Studium, in seinen Uebungen, er verlor das rechte Leben bei seinen Darstellungen, seine Unlust an seinem Berufe wuchs von Tag zu Tage und steigerte sich durch den Tadel und durch die Strenge, mit denen der Vater ihn zu seiner Pflichterfüllung zurückzubringen suchte. Der Unterricht des Geistlichen, der ihn für seine erste Communion vorzubereiten hatte, mochte auch das Seinige dazu beigetragen haben, ihm den Lebensweg eines Ballettänzers zu verleiden, kurz — an dem Pfingstsonntage, an welchem Domenico mit seinem jungen Freunde das erste heilige Abendmahl empfangen hatte, kamen unser junger Tänzer und der nun bereits in eine Cadetten-Uniform gesteckte junge Edelmann zu meinem Bruder, um ihn zu beschwören, daß er Domenico von seinem bisherigen Berufe entbinden solle. Die beiden Burschen hatten sich ihr Thema auf ihre Weise wohl durchdacht, sie hielten sich auch beide tapfer genug gegen meines Bruders Verwunderung, der im Stillen seine Freude an seines Sohnes Pathos hatte, weil dasselbe für ihn als Künstler so viel versprechend war, und mein Bruder hat mir oft versichert, daß Domenico ihn an jenem Tage wahrhaft in Erstaunen versetzt habe durch die Art und Weise, mit welcher er sich dem Vater zu Füßen geworfen und ihn angefleht hatte, ihn freizugeben.

Und ist das geschehen? unterbrach ich fragend den Erzähler.

Signor Cesare schüttelte mit dem Kopfe. Wenn Sie wüßten, wie viel Mühe und Geduld dazu gehören, aus dem rohen Materiale, das man einen gut gewachsenen Burschen nennt, einen Tänzer zu machen, so würden Sie die Frage nicht gethan haben, besonders in diesem Falle nicht, wo mein Bruder dem Publikum einen ihm angenehmen jungen Solisten, dem Ballet ein sehr begabtes Mitglied und zugleich seinem Sohne gegenüber die väterliche Gewalt aufrecht zu erhalten hatte. Mein Bruder erklärte dem Widerspänstigen, daß er auf dessen Wünsche nicht eingehen könne, weil derselbe nicht bedenke und noch gar nicht zu ermessen verstehe, welcher glänzenden Zukunft er mit seinem Verlangen, die Bühne zu verlassen, möglicher Weise entsage; und da die sogenannten reifen Menschen in der Regel es mit dem Wollen und Bedürfen der Jugend leichter zu nehmen pflegen, als sie es sollten, so schickte mein Bruder endlich seinen Sohn und dessen Pylades mit einem Scherze und dem guten Rathe fort, daß Jeder von ihnen bei seinem Leisten bleiben und der künftige General aus seiner Prosceniumsloge dem künftigen ersten Solotänzer tüchtig Beifall klatschen möge, wenn es ihm Ernst sei, dem Freunde seine Freundschaft einmal thatsächlich zu beweisen.

Diese Bemerkung wirkte aber sehr verschieden auf die beiden jungen Leute. Der junge Edelmann verstummte vor derselben mit einer Art von Entmuthigung. Domenico jedoch fuhr auf und rief mit der Heftigkeit, die von frühester Kindheit an in ihm gelegen hatte:

Es soll mich, so wahr Gott lebt, Niemand zwingen, vor Waldemar den Ballettänzer zu machen und in der Hanswurstjacke herumzuspringen, wenn er den Rock des Königs trägt! Und wenn ich nicht freigelassen werden soll — nun, so muß ich zusehen, wie ich mich selbst befreie!

Mein Bruder nahm das mit aller Strenge auf, die solche Aeußerung verdiente, und strafte die Beschimpfung, welche in derselben gegen seinen Beruf gelegen hatte, wie es sich gebührte; aber er war doch unruhig über den Burschen geworden und behielt ihn schärfer noch als sonst im Auge.

Man hatte gelegentlich in der Familie von meinen Jugendabenteuern mit meiner kleinen Prinzessin, von meinem Fluchtplane gesprochen, und Domenico hatte für diese romantische Episode immer eine ganz außerordentliche Theilnahme verrathen. Das fiel meinem Bruder wieder ein, als der Sohn sich gegen ihn aufzulehnen begann, und er achtete also, wie gesagt, mit großer Sorgfalt auf des jungen Menschen ganzes Thun und Treiben. Es war aber durchaus nicht zu merken, daß Domenico irgend ein besonderes Vorhaben mit sich herumtrage; er hielt seine wissenschaftlichen Lehrstunden wie die Proben und Uebungsstunden im Theater pünktlich ein, zeigte sich mehr als sonst gehorsam gegen seine Eltern, freundlich gegen seine Geschwister, und nur das war meinem Bruder an dem Sohne ungewöhnlich, daß er gegen seine sonstige Weise leicht gerührt wurde und bei Anlässen, welche keinen rechten Grund dafür zu bieten schienen, die Augen voller Thränen hatte. Mein Bruder schob das auf die bewußte Unterredung und auf des Sohnes Widerwillen gegen den ihm zugewiesenen Lebensweg, und eben deßhalb legte er kein sonderlich Gewicht darauf. Er hoffte, Domenico eben jetzt einen glänzenden Erfolg bereiten zu können, und hielt sich überzeugt, daß ein solcher am besten geeignet sein werde, den Jüngling mit seinem Berufe auszusöhnen.

Zweites Capitel.

Man hatte nämlich gerade die neue Inscenirung eines Ballettes vor, das unserer Großvater Vestris einst zum Geburtstage seines Königs geschrieben. Weil nun der königliche Herr, in dessen Diensten mein Bruder stand, ein großer Verehrer des Rococo war und immer mit Vorliebe und Bewunderung von dem großen Style gesprochen hatte, mit welchem zu den Zeiten Ludwigs des Vierzehnten und des Fünfzehnten die Künste den Königen zu huldigen verstanden hätten, so war mein Bruder auf den Gedanken gekommen, eines jener alten Ballette hervorzusuchen und dasselbe mit all den Hülfsmitteln auszustatten und zu verherrlichen, welche die jetzt weit vorgeschrittene Technik einem geschickten und sein Fach verstehenden Dirigenten an die Hand zu geben vermögen. Es waren dazu natürlich sämmtliche Götter und Göttinnen nebst einer ganzen Armee von Halbgöttern, Genien und Nymphen vom Olymp herniederbeschworen worden, der weibliche Chor war entzückt von diesem Anlasse, noch etwas

mehr als das Herkömmliche von seinen Reizen zur
Schau tragen zu können, die Feuerwerker und die
Aufseher der städtischen Wasserwerke sollten ihr Mög=
lichstes thun, und als endlich der Kampf um die Be=
setzung der Venusrolle und um die Aufnahme in die
Truppe ihres Gefolges einmal geschlichtet worden und
die Proben auch alle gut von Statten gegangen wa=
ren, durfte mein Bruder sich einer guten und tadel=
losen Aufführung versichert halten.

Domenico war in dem Ballet die Rolle des
Ganymedes zugefallen. Er hatte am Schlusse noch
einen ziemlichen Solo=Pas zu tanzen, dann hatte er
neben Jupiter und Juno Platz zu nehmen, um mit
ihnen und mit dem Adler, mit den Blitzen, mit dem
Pfau und mit den sonstigen Requisiten auf dem Wol=
kenwagen, von bengalischem Lichte umflammt, in den
Himmel der Apotheose getragen zu werden.

Der königliche Geburtstag kam denn auch heran,
der König und die Königin zeigten sich äußerst zu=
frieden, mein Bruder hatte sich in den Erfindungen
bei der neuen Inscenirung wirklich selbst übertroffen
und der Maschinist das Mögliche geleistet. Die Venus
und die Juno hatten in Schönheit und in Lust an
der Entfaltung dieser Schönheit in reizendster Weise
mit einander gewetteifert, Jupiter hatte sich höchst
würdevoll gehalten und sich nur vor seinem irdischen
Herrn und Amtsbruder in der großen, taghell erleuch=

teten Mittelloge huldigend gebeugt, und Domenico Ganymed hatte schließlich seinen reichlichen Antheil an dem allgemeinen Beifallsrufe gehabt; da — als man eben den Wolkenwagen so hoch gezogen hatte, daß er den Augen entschwinden mußte — da erscholl ein Schrei des Entsetzens durch das ganze Haus, denn mitten in dem Lichtgeflimmer des Brillantfeuers hatte Domenico sich von dem Wagen heruntergestürzt und lag nun auf dem Podium — von den entsetzten Genien, Nymphen, Göttern und Halbgöttern in wildem Durcheinander umstanden —, blutend und, wie es schien, ein Todter, vor den Augen des Hofes und des ganzen Hauses da.

Die Aufregung unter den Zuschauern war natürlich eine außerordentliche. Man wollte dem Maschinisten, den Beamten irgend eine Schuld beimessen, aber es war kein Strick gerissen, kein Brett gewichen, es war Alles in der vollkommensten Ordnung geblieben, und es war also nicht zu begreifen, wie der junge Mensch hinabgefallen sein konnte. Auch behaupteten Jupiter und Juno augenblicklich, daß sie es beide gesehen hätten, wie der Jüngling sich geflissentlich hinuntergestürzt habe, und mein Bruder, dessen Verzweiflung keine Gränzen kannte, weil die lebhafteste Reue ihn ergriff, zweifelte nicht daran, daß sie die Wahrheit sagten, und daß Domenico, um sich dem ihm verhaßt gewordenen Berufe zu entziehen, freiwillig sein Leben habe beenden wollen.

Die Aerzte, welche sich im Theater befunden hatten, waren sofort zu seinem Beistande herbeigeeilt; neben dem herzzerrissenen Vater stand der König, der mit seinem Adjutanten auf die Bühne heruntergekommen war, und man athmete erst wieder auf, als der Leibarzt des Königs den Ausspruch that, daß der junge Mensch nicht todt und trotz seiner schweren Beschädigung Hoffnung zu seiner Erhaltung vorhanden sei. Auf des Königs ernste Anfrage, durch wessen Versehen das Unglück möglich geworden sei, hatte der Vater der Wahrheit die Ehre geben und eingestehen müssen, daß sein Sohn wahrscheinlich die Absicht gehabt habe, sich das Leben zu nehmen, weil ihm sein Beruf zuwider geworden sei, und der König hatte sich danach mit mißbilligendem Worte abgewendet und die Bühne mit der Weisung verlassen, daß man ihm noch einmal vor Mitternacht und dann wieder mit dem frühesten Morgen Nachricht über des Jünglings Zustand bringen solle.

Dieser Zustand blieb denn freilich durch Wochen und Wochen gar bedenklich. Der Unglückliche hatte das rechte Bein und den Fuß am Knöchel gebrochen, der Fall hatte auch den Rücken und den Kopf sehr schwer erschüttert, und es währte lange, ehe man mit Sicherheit auf eine völlige Herstellung des jungen Thoren rechnen konnte. Das Publikum nahm lebhaften Antheil an dem Schicksale des Vaters und des Sohnes, der König und die Königin, in deren Bei-

sein das Ereigniß sich zugetragen hatte, schickten fort=
dauernd, sich nach seinem Befinden zu erkundigen,
und daß von Domenico's Rückkehr zur Bühne, auch
bei einer völligen Herstellung seiner Gesundheit, nicht
mehr die Rede sein könne, das setzte der König, als
er einmal mit meinem Bruder über den Vorfall und
seine Folgen sprach, als etwas Selbstverständliches
voraus. Ja, die erhabene königliche Frau, die an
Domenico immer ein Wohlgefallen bewiesen hatte,
ging noch weiter. Sie erbot sich, ihn unter ihren be=
sonderen Schutz zu nehmen und ihn zu unterstützen,
wenn er später mit sich und mit seinen Eltern über
die Wahl eines Berufes einig geworden sein würde.

Meinem Bruder ging die ganze Sache natürlich
sehr zu Herzen. Freilich war er in so günstigen Ver=
hältnissen, daß die Sorge für die Ausbildung eines
Sohnes, dessen obenein die Herrschaften sich anneh=
men wollten, ihn nicht drücken konnte; aber Domenico
hatte doch schon eine feste Einnahme und die sichere
Aussicht gehabt, dieselbe mit jedem Jahre in raschen
Steigungen wachsen zu sehen; nun war diese Hoff=
nung mit Einem Male verloren und man stand vor
der Nothwendigkeit eines neuen Anfangens, für dessen
Ausgang man gar keine Bürgschaft hatte. Was Do=
menico nicht wollte, darüber war man allerdings im
Klaren; was er wolle, davon war die Rede eigentlich
noch nie gewesen, und der Vater hatte auch niemals
eine besondere Hinneigung zu einem anderen Berufe

an dem Sohne wahrgenommen, auf die man hätte
fußen können. Er hatte von Kindesbeinen an gern
und viel gelesen, sich für die alte Geschichte sehr be=
geistert, aber er war unverkennbar keine Natur, die
zu der Selbstbeschränkung eines Gelehrten fähig war.
Seine Begabung hing wesentlich mit seinen vortreff=
lich entwickelten Sinnen zusammen, und er hatte an
dem bloßen Sehen und Hören solche Lust, daß man
nicht erwarten konnte, er werde in der Abgeschieden=
heit einer Studirstube oder in der Beengung und
Farblosigkeit irgend eines Bureau's seine Zufriedenheit
zu finden wissen.

Kaum aber, daß er wieder zu irgend einer Be=
schäftigung fähig war, so zeigte sich auch der Weg,
den er einzuschlagen hatte, und es war seine Mattig=
keit, die ihn auf denselben hinwies. Er wollte näm=
lich eines Tages seinem jungen adeligen Freunde, der
in der Krankheit redlich zu ihm gehalten hatte, die
komischen Bewegungen und Mienen eines italienischen
Buffo vormachen, den er zu sehen einmal Gelegenheit
gehabt hatte, war aber noch zu schwach, sich aufzu=
richten, und kam dadurch auf den Einfall, einen Blei=
stift zu verlangen, um zu zeichnen, was er an und
durch sich selber noch nicht auszuführen vermochte.
Das Portrait war flüchtig und mit wenig Linien hin=
geworfen, aber die Aehnlichkeit war sprechend und die
Zeichnung in der sehr bewegten Figur so vollkommen
richtig, daß es überraschend auffiel. Der Kranke selbst

hatte ein großes Vergnügen daran, und wie er nun einmal dieses Können in sich gewahr worden war, legte er den Bleistift und die Feder nicht mehr aus der Hand. Mit der Uebung und mit dem Gelingen steigerte sich die Lust an der Arbeit; von der Zeichnung einzelner Figuren ging er zu Gruppen über: wie er als Kind alles, was er gelesen und gesehen hatte, mit seinem Körper darzustellen pflegte, so zeichnete er jetzt mit einem Eifer, der sich bis zur Leidenschaft steigerte, was ihm durch den Kopf ging; und er entwickelte dabei so viel Phantasie, daß man seinem mit jedem Tage wachsenden Verlangen, sich ganz der Kunst zu widmen und Maler zu werden, füglich nichts entgegensetzen konnte.

Der Königin, welcher man davon sprach und der man auf ihr Verlangen die Zeichnungen und Skizzen des jungen Menschen vorlegen mußte, erwies sich seinen Wünschen durchaus geneigt, und Domenico trat dann nach vollendeter Herstellung voll Begeisterung seine neuen Studien an. Ueber seine ungewöhnliche Begabung war bald nur Eine Stimme, sein Fleiß kam seinen Anlagen gleich, und daß er mit seinem fein beobachtenden Auge von früh auf im Ballette den bewegten Menschenkörper in den verschiedenartigsten Stellungen hatte kennen lernen, kam ihm jetzt nicht wenig zu Statten. Die Zeichenschule war schnell durchgemacht, man konnte ihm bald den Pinsel in die Hand geben, und nun erst schien er vollständig in seinem Elemente zu sein. Das Naive gelang ihm eben so gut, als das Heroische, es war eine schöne Freiheit in allem, was er schuf. Als er, einundzwanzig Jahre alt, nachdem er den Preis der Akademie gewonnen, mit dem königlichen Stipendium nach Italien geschickt ward, hatte er sich in seiner Heimath schon einen Namen unter den Künstlern wie unter dem Publikum gemacht, und man konnte, wenn man sich des Schreckens und der Sorge erinnerte, die er den Seinen bereitet hatte, sich der Anerkenntniß der alten Erfahrung nicht entschlagen, daß es Unglücksfälle gibt, die man zu segnen habe.

Er selber vermochte, in Rom angelangt, sich in den Schilderungen seines Glückes gar nicht genug zu thun. Er hatte sich, weil er in Rom geboren war, immer als einen Römer betrachtet, alle seine Gedanken und Wünsche waren auf Rom gerichtet gewesen, und er stellte sich dort auch angenblicklich wieder an die Staffelei, als wüßte er, daß man sich in einem Orte erst dann recht heimisch fühlt, wenn man ihn zur Stätte einer ernsten Arbeit macht.

Die ersten zwei Jahre seines römischen Aufenthaltes, der durch sein Stipendium von Anfang an auf drei Jahre festgesetzt gewesen war, gingen an ihm vorüber wie an jedem Menschen, der mit glücklicher Anlage, mit offenen Sinnen, mit einem gut vorbereiteten Geiste und einem bestimmten Ziele vor Augen nach Rom gekommen ist und in dieser merkwürdigsten aller Städte längere Zeit verweilt. Je mehr er sich an Rom gewöhnte, je lieber und heimischer es ihm wurde, um so mächtiger und unerfaßbarer wuchs es vor ihm empor, und wie seine Liebe und seine Bewunderung für Rom sich an einander steigerten, so erhöhten sich auch die Ansprüche, die er an sich selber machte, und so wuchs auch das Ziel, welches er sich gesteckt hatte, weit über seine ersten Gränzen hinaus.

Als er, getragen von der Anerkennung, deren er sich in Deutschland erfreut, nach Rom gekommen war, hatte er gemeint, in drei Jahren wohl erreichen zu können, was er zu suchen ausgegangen war, und dann, als ein fertiger, in sich beruhender Künstler in den Kreis seiner Familie zurückkehren zu dürfen. Nach zwei Jahren einer Arbeit und eines Fleißes, deren er sich nicht zu schämen brauchte, waren diese fröhlichen Hoffnungen, dieser zuversichtliche Glaube aber wie verschwunden. Er war in das Stadium eingetreten, das keinem Künstler, dem es ernst mit seinem Wollen ist, erspart bleibt. Je deutlicher er die fremde Größe begriff, um so geringer erschien ihm sein eigenes Vermögen, und während man in Deutschland sich vor den von Domenico eingesendeten Arbeiten seiner großen Fortschritte erfreute, war über ihn selber allmälig eine Art von Verzagtheit hereingebrochen. Er warf sich vor, es mit der Kunst zu leicht genommen, dem Lebensgenusse mehr Zeit als nöthig zugewendet zu haben, er meinte noch gar nicht zu wissen, was Form und Farbe sei, was es mit der Versenkung des Künstlers in seinen Gegenstand auf sich habe; und als im Beginne seines dritten römischen Jahres die Osterzeit vorüber war, als die Fremden Rom verlassen hatten und seine Freunde und Studiengenossen schon an die Ausflüge dachten, auf welchen sie während der heißen Jahreszeit Erholung suchen wollten, fing er an, auf das Neue die Museen und Kirchen zu durchwandern, um sich vor den Werken der großen Meister es wo möglich klar zu machen, was ihm fehle und was man zu erreichen suchen müsse.

So war er eines Tages auch in die Sacristei des Sanct Peter eingetreten, in welcher sich die singenden und musicirenden Engel Melozzo's da Forli befinden, und hatte lange, lange davor gesessen, um sich ihre Schönheit recht fest einzuprägen. Er hatte sich gar nicht satt sehen können an diesen Gestalten mit all ihrer begeisterten Freude über ihr Dasein, mit all der lachenden Lebenslust, die ihnen aus den blauen Augen leuchtet. Noch in der Erinnerung, als er die Kirche schon verlassen hatte, freute er sich an der Fülle des röthlich=blonden Haares, das diese Engels= und Cherubimsköpfe so fröhlich umflutet, als hätten selbst das Haar und die Luft, die es bewegt, ein Entzücken an einander. Er dachte an die vollen, frischen Lippen, von denen nur reine, silberhelle Töne kommen konnten, an die schönen Arme, welche mit solchem Jubel die Instrumente halten und schwingen, an die weit vorgebeugten Leiber, die sich zu den Erdgeborenen herniederlassen zu wollen scheinen, und er fragte sich in seinem Herzen: hat Melozzo diese Schönheit einst von Angesicht zu Angesicht erschaut, oder verdankt sie nur dem Geiste des Künstlers ihr Dasein? Und wer von Beiden wäre der Glücklichere, derjenige, welcher solche Schönheit frei aus sich heraus zu erschaffen vermöchte, oder jener Andere, dem sie im Leben entgegenträte, daß er sie erwerben und als sein eigen halten und genießen dürfte?

Mitten aus diesen Gedanken schreckte ihn auf seinem Wege das Zusammentreffen zweier beladener Wagen auf. Sie bogen von verschiedenen Seiten in die enge Straße ein, in welcher er sich gerade befand, und verfuhren sich dergestalt in einander, daß die Vorübergehenden genöthigt waren, unter den Thüren der zunächst liegenden Gebäude Schutz zu suchen. Domenico kam auf diese Weise unter das Portal eines alten Palastes zu stehen, dessen gänzliche Verlassenheit ihn schon oftmals in Verwunderung gesetzt hatte, so sehr man es auch in Rom gewohnt wird, an verödeten und verfallenen Prachtgebäuden gleichgültig vorüber zu gehen.

Die Palazzo Castelmarino war übrigens auch nicht zu übersehen. Er nahm mit seiner Hauptfronte die ganze Länge der schmalen Straße ein. Die großen Travertinquadern, aus welchen die drei Stockwerke sich aufbauten, waren unverkennbar antiken Ursprunges. Sie mochten einst dem Colosseum oder einer der Thermen entnommen worden sein. Auch die schweren Säulen und die breite Marmor-Einfassung, welche das hohe, viereckige Portal umgaben, zeugten in ihren Kapitälern und in ihren schönen, halb erhabenen Bildwerken, trotz des gänzlichen Mangels an aller Sorgfalt für ihre Erhaltung, doch noch von der Kunst der Zeit, welcher sie ihre Entstehung zu verdanken hatten; aber die Marmorschwelle vor der Thüre war zertrümmert und aus den Fugen sproßte Gras hervor.

Domenico hatte den Palast schon oft betrachtet und ihn immer für völlig verlassen gehalten. Er sah auch nichts weniger als bewohnbar aus. Die Steinquadern waren vom Alter geschwärzt; an der Nordseite, wo die Feuchtigkeit des Bodens von der Sonne nicht aufgetrocknet werden konnte, waren sie mit mosigem Schlamme überzogen. Die Eisenstäbe vor den Fenstern des Erdgeschosses waren von Rost ergriffen, hier und da fehlten sogar die Fensterscheiben, und die Fenster waren nur noch durch die inneren Läden geschlossen, deren einstige reiche Bemalung und Vergoldung erkennbar blieb, obschon der Staub der Straße sich wie eine Kruste darüber gelegt und geschäftige Spinnen seit langen, langen Jahren ihre dichten, grauen Netze darauf ausgebreitet hatten. Selbst die Thorflügel waren mit Spinngeweben dicht bedeckt, und so oft Domenico des Weges gekommen war, hatte er sie immer verschlossen gesehen. Es fiel ihm daher auf, daß heute eine kleine Thüre in einem der großen Flügel offen stand, und die Gelegenheit benutzend, trat er mit müßiger Neugier in das Portal hinein, sich das Innere des Palastes einmal zu betrachten.

Unten in dem Portale, das er zu durchschreiten hatte, war es fast schon dunkel; um so heller erschienen der weite Hof, den die vier Flügel des Palastes stylvoll einschlossen, und vor Allem der linke Flügel, dessen oberes Stockwerk die Abendsonne mit ihrem flammenden Lichte noch berührte. Es war einer der schönsten Höfe unter allen, welche Domenico in Italien gesehen hatte. Ein hoch gewölbter, schön gezeichneter Bogengang zog sich rund um das ganze Viereck hin und trug die Galerieen, die jedes der Stockwerke umgaben. An der Wand, welche dem großen Portale gegenüber lag, war eine demselben entsprechende architektonische Verzierung angebracht, die eine Nische oder Grotte über dem Springbrunnen bildete, welcher an dieser Stelle aus der Wand vielstrahlig in einen alten Sarkophag herniederfloß. Das Wappen des Hauses prangte an der Nische über der Fontaine, aber es war seiner Krone beraubt und eben so arg beschädigt als der marmorne Neptun, dem ebenfalls nicht nur seine Krone und sein Dreizack, sondern auch der Arm abhanden gekommen war, der einst den Dreizack stolzen Schwunges gehalten hatte. Indeß die tief herabhangenden Zweige der Trauerweiden hüllten den Verstümmelten barmherzig in ihr weiches Laub; das Venushaar, welches um das Wasserbecken und an den Wänden üppig grünte, kränzte das verwitterte Haupt des alten Heidengottes, und die jungen Feigenbäume, die zwischen dem Gemäuer über dem Wappen Wurzel geschlagen hatten, bildeten dem Meerbeherrscher schon jetzt ein weithin schattendes Dach. Es sah melancholisch, aber doch sehr schön aus.

Keine Menschenseele ließ sich in dem Hofe blicken, Alles war todtenstill; nur die Mauerschwalben schossen in zackigem Fluge pfeilschnell von einer Seite des Palastes nach der anderen, und das Wasser rauschte und plätscherte rastlos fort, wie es das seit Jahrhunderten gethan.

Drittes Capitel.

Domenico hatte volle Zeit, sich das Gebäude zu betrachten. Nichts fehlte in demselben, was einer großen Hof= und Haushaltung Bedürfniß sein konnte. Die breiten Treppen luden gelinden Schwunges zum Hinaufsteigen ein, die schönen Galerieen mit den bis zu ihrem Boden niedergehenden Flügelthüren mußten für große Gesellschaften wie für den einsam Sinnen= den bequeme Wandelgänge dargeboten haben. Ueberall waren die Hallen und die Decken mit jenen gefälligen und das Auge beschäftigenden Arabesken al fresco gemalt, wie man sie im sechszehnten Jahrhundert der Antike nachzubilden gelernt hatte, und später hatte die Bildhauerei der Renaissance=Zeit dem Palaste auch noch ihren Schmuck verliehen. Aber gerade diese Spuren der einstigen reichen Pracht machten den Ver= fall noch deutlicher.

Domenico konnte sich von dem Platze und von dem Anblicke gar nicht trennen. Er ging langsam und nachdenkend in dem Hofe hin und wieder. Bis=

weilen blieb er stehen, um irgend ein Stück alten
Hausrathes anzusehen, daß in den Kammern der
Wirthschaftsräume als völlig werthlos zurückgelassen
worden war; dann wieder hielt er in seinem Umher=
wandeln inne und horchte, ob nicht Jemand komme.
Es war eine Art von Erwartung, eine bange Span=
nung in ihm, als habe er ein Räthsel vernommen,
dessen Lösung ihm noch gegeben werden solle, oder als
müsse hier plötzlich etwas Besonderes geschehen. Es
war in dieser Umgebung etwas, das ihn anzog und
ihm doch auch wieder quälend wurde, sie umfing ihn
wie ein Bann. Er wollte fortgehen und setzte sich
statt dessen auf einer der Marmorbänke unter der
Halle nieder.

Das Gefühl der gespannten Erwartung wurde
immer lebhafter in ihm, so daß er anfing, es als eine
Thorheit in sich zu schelten; und doch ließ er sein
Auge von Fenster zu Fenster, von Thüre zu Thüre
gleiten, als müsse an den Fenstern Jemand hernieder=
schauen, ihn willkommen zu heißen, oder aus den Hallen
Jemand herabsteigen, ihn zu fragen, was ihn hierher
geführt habe und was er hier begehre. Er schaute
dem wachsenden Riedgrase auf den Simsen zu, als
könne es ihm ein Geheimniß vertrauen, und blickte
den Neptun in der Grotte mit festem, prüfendem Auge
an; denn es wollte ihm bedünken, als wende derselbe
den Kopf unter seinen Trauerweiden langsam nach ihm
hin, und als bewege er den ihm noch übrig gebliebenen

Arm, von dem das Venushaar so feucht herniederhing, um ihm gebieterisch eine Weisung zu geben, welche Domenico nicht zu verstehen vermochte.

Als die Dämmerung herabzusinken anfing, bekamen die Stätte und sein halb widerwilliges Verweilen an derselben für den Jüngling förmlich etwas Unheimliches. Diese Galerieen, die aussahen, als ob sie seit wer weiß wie vielen Jahren keines Menschen Fuß betreten hätte, diese weiten Stallungen, aus denen keine muthigen Rosse mehr wieherten, der große Heerd im Seitenflügel, dessen Feuer seit Menschenaltern erloschen war, der ganze, riesige Palast, der den Vögeln des Himmels und anderem unbeachteten kleinen Gethier zur Beute anheimgefallen war, kamen ihm gespenstisch vor. Die reiche und sicherlich ereignißvolle Vergangenheit dieses Palastes und die Vergänglichkeit alles Bestehenden stellten sich ihm in ihrer ganzen Mächtigkeit so deutlich gegenüber, daß er sich mit seinem armen, kurzen Menschendasein vor ihnen völlig zusammenschrumpfen fühlte. Sein Selbstbewußtsein und sein sonst fester Muth drohten, ihn zu verlassen, die Vorstellung, daß man das Portal geschlossen haben und er genöthigt werden könne, die Nacht in dieser Oede zuzubringen, fiel ihm förmlich auf das Herz, und zornig gegen sich und gegen seine ganze Stimmung und Verfassung, welche ihm solche Streiche spielten, raffte er sich plötzlich auf, um sich aus dem geheimnißvollen Hofe zu entfernen. Mit raschem, festem

Schritte ging er nach der Seite der Straße hin. Das Portal stand glücklicher Weise noch offen. Er athmete, als er dies bemerkte, freier wieder auf, und von dem Zauber erlöst, der ihn befangen gehalten hatte, wendete er den Kopf noch einmal in den Hof zurück und blieb wie geblendet, wie angewurzelt auf's Neue wieder stehen.

Oben in dem letzten Stockwerke des Palastes, da, wo der flammende Schein der untergehenden Sonne die Mauern noch mit seinem letzten Purpur schmückte, wurden die Fensterladen zurückgeschlagen, und strahlend, wie zwischen den geöffneten Flügeln eines Altarschreines, sah sie zu ihm hernieder — die herrlichste von Melozzo da Forli's Gestalten — die schöne Lautenspielerin.

Er traute seinen Sinnen, seinen Augen nicht! Er fuhr sich mit den Händen nach dem Kopfe, um sich durch diese willkürliche Bewegung zu überzeugen, daß er wache und nicht träume; aber sie war es, sie war es ganz und gar, ganz unwiderleglich war sie es! So, gerade so hatte er sie eben erst in der Capelle der Peterskirche stundenlang vor Augen gehabt, nur daß ihm das Leben noch viel herrlicher erschien, als das Gebild der Kunst.

Weit mit dem üppigen Oberkörper vorgebeugt, das Haupt herabsenkend, welches von der lockigen Fülle des röthlich-braunen Haares umflossen war, blickte sie mit ungeduldiger Erwartung in den Hof

8*

hinunter, und Domenico gewahrend, gab sie ihm mit
der Hand ein hastiges Zeichen, rasch hinauf zu kommen.
Ohne sich zu besinnen, wollte er der ängstlich fordern=
den Bewegung Folge leisten; aber er hatte sich eben
der Treppe genähert, als eine Frau von mittleren
Jahren, welche trotz ihrer sehr abgetragenen Klei=
dung sich offenbar den höheren Ständen zuzurechnen
schien, mit einem jungen Manne in den Hof trat und,
als sie Domenico's ansichtig wurde, ihn mit der Frage
anrief, wie er hier hineingekommen sei und wohin
er wolle.

Ich bin hereingetreten, den Palast zu besehen,
und da mir von dort oben ein junges Frauenzimmer
ein Zeichen gab, als solle ich ihm zu Hülfe kommen,
so wollte ich hinaufgehen, um zu hören, was ich thun
könne, gab Domenico höflich der Frau zur Antwort,
obschon deren kurze, heftige Weise sehr gegen die son=
stige feine Sitte der Italienerinnen verstoßen hatte.
Sie schien dies auch selber zu empfinden, und sich
trotz der Unruhe, von welcher sie unverkennbar er=
griffen war, so gut sie konnte zusammennehmend, sagte
sie: Entschuldigen Sie, mein Herr, ich bin in großer
Sorge! Mein Sohn liegt auf den Tod, ich habe eben
noch einen neuen Arzt geholt, meine Tochter wird Sie
für diesen Arzt gehalten haben, sie ist ganz allein mit
ihrem Bruder, der Vater ist nicht zu Hause, der
arme Mann! Entschuldigen Sie mich, mein Herr!

Aber in Wahrheit, ich weiß nicht, was ich thue oder sage! Entschuldigen Sie!

Sie war mit diesen Worten an der Seite des Arztes rasch an ihm vorüber und die ausgetretenen Stufen der Treppe hinaufgeschritten, und Domenico war wieder allein im Hofe. Eine Weile blieb er wartend stehen. Er hoffte, das schöne Mädchen solle sich ihm noch einmal zeigen; indeß diese Erwartung täuschte ihn. Die Fenster öffneten sich nicht wieder, es wurde dunkel in dem Hofe, und Domenico verließ ihn endlich mit dem Empfinden, daß er etwas sehr Merkwürdiges erlebt habe, daß er einer großen Offenbarung theilhaftig geworden sei. Er hatte die Schönheit im Leben erschaut, die er noch wenig Stunden vorher als ein Ideal der Künstlerphantasie und als solches für unerreichbar gehalten hatte.

Draußen an der Thüre des Palastes hielt die Frau ihn auf, die dort Jahr aus Jahr ein vor ihrem eisernen Ofen saß und Gemüse absott und Kastanien briet. Wie geht es oben? Lebt er noch? fragte sie in dem Glauben, daß Domenico bei dem Kranken gewesen sei.

Die Anrede kam unserem jungen Maler eben recht. Von wem redet Ihr, Padrona? erkundigte er sich.

Eh, von wem sollte ich denn reden als von dem jungen Herrn, von dem jungen Grafen! meinte die Hökerin, während sie sich das schwarze Haar, das ihr locker zu beiden Seiten der fetten Wangen niederhing,

mit den beringten Händen zusammenstrich und sich den
silbernen, halbmondförmigen Kamm fester in die dicken
Flechten drückte. Von wem soll ich reden als von
dem jungen Grafen! Der arme, junge Mensch hatte
solch ein edles Herz! Er hat sich nicht halten lassen,
als der General — Sie wissen, unser General —
der General Joseph Garibaldi, Gott segne ihn! fügte
sie geheimnißvoll und mit vertraulicher Unvorsichtigkeit
hinzu — er hat sich nicht halten lassen, als der Ge=
neral damals die Freiwilligen gerufen hat. Der junge
Graf ist fast noch ein Kind gewesen damals, indeß
er ist gegangen! Ja, er ist gegangen! Er ist einer
von den Tausenden gewesen, die mit dem General
Sicilien eroberten, einer von den Tausend! Aber er
war noch gar zu jung, er hat es nicht vertragen.
Als er zurückgekommen ist, hat man es gleich sehen
können. Es war seitdem nichts mehr mit ihm, und
jetzt ist es aus mit ihm! Der Doctor hat es längst
gesagt!

Domenico hatte die Hökerin ruhig sprechen lassen,
denn er kannte die Redseligkeit der römischen Frauen
und hoffte, von derselben die Auskunft zu erhalten,
die er begehrte; aber er brachte nicht in Anschlag,
wie eng umgränzt das Leben dieser Römerinnen ist,
welche oft in Monaten und Monaten ihre Straße
nicht verlassen und es sich also gar nicht vorstellen
können, daß Jemand in ihrer nächsten Umgebung und
in den Verhältnissen der Menschen, welche innerhalb

ihrer Straße wohnen, nicht eben so gut Bescheid
wissen sollte, als sie selbst. Sie hätte noch lange
forterzählen können, ohne daß Domenico, dem gar
nichts an dem jungen Grafen, desto mehr aber an
dem schönen Mädchen gelegen war, das sich so ängst=
lich um den Kranken sorgte, erfahren hätte, wer die
Schöne sei, welche wie eine Vision vor ihm erschienen
war und sich seinem Blicke eben so schnell entzogen
hatte. Er mußte ganz ausdrücklich fragen, wer in
dem Palaste wohne und welches der Name des kran=
ken Grafen sei.

Wer in dem Palaste wohnt? rief die Frau. Wer
soll denn im Palazzo Castelmarino wohnen als der
Graf? Es ist schlecht genug von seinem Bruder, daß
er ihn nicht bei sich in dem Palazzo auf dem Corso
hat, wo das gute Leben gar kein Ende nimmt, wo
die Fremden in ihren Equipagen vom Morgen bis
zum Abend die beste Aufnahme finden und das Gras
nicht dazu kommt, zwischen den Steinen aufzuwachsen,
wie in dem alten Palaste hier! Aber Graf Stefano
hat kein Herz! Er kennt nichts, als seinen großen
Namen und sein Geld, und wer kein Geld hat, der
ist für ihn kein Mensch! Der Vater — der war gerade
so! Nur unser armer Graf Marco hier, der dachte
nicht wie sie! Der war gut und gar nicht stolz von
Kindesbeinen an — aber so ist die Welt! Es ist eine
schlimme Welt! Er hat es büßen müssen — und er
büßt es noch mit Frau und Kind!

Der Graf Marco Castelmarino, der in diesem Park wohnt und dessen Sohn so krank liegt, ist also arm? erkundigte sich Domenico, der mit seinen Fragen immer dazwischenfahren mußte, um die Hökerin in ihren Mittheilungen vorwärts zu bringen, und der doch vorsichtig dabei zu Werke zu gehen hatte, um ihr nicht ein Mißtrauen einzuflößen, das sie ganz verstummen machen könnte.

Freilich ist er arm! Wie sollte er denn nicht arm sein! Sie sagen von der Kanzel: des Vaters Segen baut den Kindern Häuser, aber der Mutter Fluch reißt sie wieder nieder! Nun, diesen armen Grafen hat der Vater nicht gesegnet und die Mutter nicht! Gerad' im Gegentheil! Niedergerissen ist der Palast hier freilich jetzt noch nicht, aber nahe genug am Verfalle ist er, und es wird wohl Keiner kommen, ihn neu aufzubauen!

Ein Nachbar, der an den Ofen der Hökerin herantrat, sich abgesottene Artischoken für sein Abendbrod zu kaufen, unterbrach das Zwiegespräch, welches Domenico mit ihr gehalten, und da ihr alter Kunde und seine Neuigkeiten ihr weit wichtiger waren, als der junge Fremde, der sie nur ausgefragt und von ihren Waaren ihr bisher nichts abgefordert hatte, so drehte sie diesem ohne Weiteres den Rücken zu, um ihren Nachbar abzufertigen; indeß es hatte mit diesem Abfertigen auch seine guten Wege, denn in Rom hat Jeder Zeit, und man hält sich an das Sprüchwort:

Langsam, denn ich habe Eile! Der Nachbar ließ sich gemächlich neben der Hökerin auf dem zerbrochenen Schemel nieder, er zündete sich an ihrem Kohlenbecken auf's Neue seine Pfeife an, und bald hatten die Eine wie der Andere die Hände über der Brust gekreuzt und waren in einer Unterhaltung begriffen, bei der sie des neben ihnen stehenden Fremden ganz und gar vergaßen. Daß er in diesem Augenblicke nicht mehr viel erfahren würde, sah Domenico nicht ein. Er wollte jedoch die Gunst der Hökerin nicht verscherzen, und um sich die Gelegenheit für spätere Erkundigungen offen zu erhalten, verlangte er für einige Bajocchi geröstete Kastanien von ihr, welche sie ihm sofort in die Tasche seines Kleides schüttete. Fortzugehen, ohne zu wissen, wer die Schöne gewesen sei, vermochte er indessen nicht, und während er der Hökerin das Geldstück hinreichte, von dem sie ihm herauszugeben hatte, warf er wie beiläufig die Bemerkung hin: Ich habe da oben im Palaste ein junges Mädchen gesehen; sagt mir ein wenig, Padrona, wer kann das wohl gewesen sein?

Von wem spricht er? fiel der Nachbar ein.

Von wem soll er denn sprechen, es wohnt ja Niemand außer ihnen drinnen! bedeutete die Hökerin, und sich zu Domenico kehrend, sagte sie: Ein schönes, starkes Mädchen mit rothem Haar, mit großen, blauen Augen, und roth und weiß, mit vollem Busen, ist's nicht so, Signor? Ja, das ist eine Schönheit, wirklich eine Schönheit! In allen Carossen von Rom, die auf dem Corso und auf der Passaggiata fahren, werdet Ihr ihres Gleichen nicht mehr finden! Die Mutter war gerade so, die arme Frau, nur daß sie das rothe Haar nicht hatte, sondern schwarzes! Aber wer sieht ihr ihre Schönheit jetzt noch an, der Armen! Kummer und Sorgen haben sie verwandelt, und mit der armen Giuditta wird es auch nicht anders sein! Ein so großer Name und keine Mitgift! — Was wollen Sie, Signor — die Welt ist einmal so — ein großer Name und keine Mitgift, das ist für ein junges Frauenzimmer gerade wie ein Fluch! Ein Vornehmer heirathet solch ein Mädchen nicht, Einem aus dem Mezzoceto, dem Mittelstande, kann der Vater sie nicht geben, und selbst das Kloster nimmt sie ohne Mitgift nicht einmal auf — wenn solch ein junges Geschöpf von Fleisch und Blut an's Kloster denken könnte, wohin die Eltern die Contessina freilich gern bringen möchten!

Ach, warum nicht gar! rief der Nachbar, der die schöne Giuditta gleichfalls kannte, weil er seit einem Menschenalter dem Palast gegenüber auf seinem Schusterschemel von früh bis spät im Freien bei der Arbeit saß — solch ein Mädchen in's Kloster! — Und nach Art des Volkes, das in Rom mit sprüchwörtlichen und oft breisten Witzen immer schnell zur Hand ist, rief er: In's Kloster? — In's Kloster Ja wohl:

Nel convento di San Agostino,
Con due teste sopra un cuscino!*)

Er lachte dabei hell und laut, aber Domenico erschrak vor dem Worte, als wäre ihm selbst damit eine schwere Beleidigung widerfahren. Er konnte es nicht ertragen, von dem schönen Wesen, das ihm wie eine himmlische Erscheinung vor der Seele stand, in solcher Weise auf offener Straße reden zu hören.

Schämt Euch! rief er, ohne zu bedenken, wie er mit seinen vielen Fragen selbst die Veranlassung dazu gegeben hatte, daß eben diese Leute an dem Ofen auf der Gasse von dem Gegenstande seiner Bewunderung redeten und über die junge Gräfin in ihrer Weise scherzten, und der Pabrona unmuthig eine Gute Nacht wünschend, ging er raschen Schrittes davon.

---

*) Nach San Agostino in's Kloster wird sie müssen
  Mit zwei Köpfen auf einem guten Kissen.

Viertes Capitel.

Domenico ging davon — indeß seine Gedanken blieben an dem alten Palaste haften. Die wenigen von seinen Freunden, welche noch in der Stadt verweilten und mit denen er Abends in dem gewohnten Kaffeehause zusammentraf, fanden ihn in hohem Grade zerstreut und wußten nicht, was sie von ihm denken sollten, wenn er ihnen von Melozzo da Forli's Engeln sprach und dazwischen Ausdrücke gebrauchte, als habe er sie leibhaftig vor sich gesehen, oder wenn er, auf die schöne Lautenspielerin zurückkommend, sie plötzlich Giuditta nannte. Das Lachen, die Scherze seiner Freunde, ihre ganze Gesellschaft wollte ihm heute nicht gefallen; er verlangte, allein zu sein, und früher, als er es sonst pflegte, trennte er sich von ihnen, um seine Behausung aufzusuchen.

Seine Wohnung war auf der Höhe des Monte Pincio gelegen. Aus der Thüre seiner Werkstatt trat er auf ein flaches Dach hinaus: es gewährte einen weiten Blick über die ewige Stadt. Der Mond stand

hoch am Himmel, die Nacht war sehr klar, und doch
ließen nur die hervoragendsten und größten Bauwerke
und Monumente, wie die Peterskirche, das Pantheon,
das Capitol, das Quirinal und die Säulen des An-
tonin und Trajan, sich wie durch Nebel unterscheiden.
Die ganze übrige Stadt erschien in dem unbestimmten
Lichte nur als ein großes, glorreiches Ganzes, was in
den einzelnen Häusern und in deren Gemächern auch
eben in diesem Augenblicke geschehen und die Herzen
der Menschen bewegen mochte, die in denselben wach-
ten oder ruhten und träumten.

Domenico's Aufregung sänftigte sich in dieser
Einsamkeit. Alles persönliche Wollen und Wünschen
kam ihm im Hinblicke auf die Stadt, die im Laufe
der Jahrtausende so Großes, so Erhabenes und so
Furchtbares in und um sich her geschehen sehen, ge-
ringfügig vor, und doch waren es auch wieder das
Thun und Denken der Einzelnen gewesen, aus denen
die großen Ereignisse und die großen Umgestaltungen
hervorgegangen waren. Zum ersten Mal in seinem
Leben beschlich den Jüngling die Wehmuth über die
Vergänglichkeit des Menschen, während ihm zugleich
die verhältnißmäßig lange Dauer des Großen, das
der Menschengeist erzeugt, tröstend und erhebend entgegentrat; und als er am folgenden Tage, nach
einer fast ganz im Freien durchwachten Nacht, wieder
an seine gewohnte Arbeit ging, war es ihm, als liege
das Heute dem Gestern wer weiß wie fern, als sei

er älter, ernsthafter geworden. Und im Grunde war
doch heute Alles gerade so, wie es gestern gewesen
war, nur daß Domenico sich mit so voller Hingebung
in die Arbeiten eines großen Meisters versenkt und
daneben die Bestätigung erhalten hatte, daß die Phan=
tasie des Künstlers nichts zu erdenken vermag, was
in der Natur nicht eben so schön, ja, fast schöner noch
vorhanden wäre.

Domenico ging in den nächsten Tagen zu ver=
schiedenen Malen geflissentlich an dem alten Palaste
vorüber; aber das Portal desselben war immer ge=
schlossen, und obschon er den Anruf der Hökerin, die
ihn wiedererkannte, freundlich erwiederte, fühlte er
keine Lust, eine neue Unterhaltung mit ihr zu beginn=
nen. Das Bild der schönen Giuditta trat ihm zwar
noch öfters vor das innere Auge, aber es schmolz in
seiner Erinnerung mehr und mehr mit der schönen
Lautenspielerin des Melozzo zusammen; und was ihm
in den einzelnen Aeußerungen der Hökerin und ihres
Gevatters Anfangs sehr auffallend und merkwürdig
erschienen war, weil er er sich, wie er sich jetzt sagte,
an jenem Tage in einer aufgeregten Stimmung be=
funden hatte, das verlor allmählich gleichfalls seine
besondere Bedeutung für ihn, weil es in Rom der
heruntergekommenen Adeligen, die in verfallenen Pa=
lästen wohnen, gar so viele giebt.

Domenico begriff es nach einigen Wochen kaum,
wie der alte Palast, der Anblick eines schönen Mäd=

chens und die Erzählung sehr gewöhnlicher Vorgänge ihm als so etwas Außerordentliches hätten bedünken können. Trotzdem aber war von jenem Abende ein wunderbarer Wiederschein in seinem Geiste zurückgeblieben, und wenn ihm bei seiner Arbeit etwas wohl gelang oder wenn er später, als auch er beim Beginne der heißen Jahreszeit die Stadt verlassen und die ausruhende Erholung in den kühlen Schatten des Albaner= und Sabinergebirges gesucht hatte, einsam in den grünen Waldungen von Ariccia und Nemi umherstrich, denen die untergehende Sonne flammende Lichtstrahlen durch die Aeste der immergrünen Eichen warf; so tauchte oft plötzlich auf diesem feurigen Hintergrunde ein schöner Mädchenkopf vor seinem Geiste auf, und die Lautenspielerin und die schöne Giuditta waren ihm wieder mit Einem Male und fast immer als ein und dasselbe Wesen gegenwärtig vor dem Auge und in der Seele. Er konnte das Bild, er konnte das Mädchen nicht vergessen. —

Domenico hatte den Sommer im Gebirge nicht gefeiert, sagte Signor Cesare. Sein Skizzenbuch, seine Mappen brachten eine reiche Aernte heim, er hatte der Pläne und Entwürfe, die er im Winter auszuführen dachte, eine ganze Menge, und er kehrte deßhalb im Herbste, wie immer, gern nach Rom zurück; aber es war ihm in dem frischen, quellenreichen Waldesgrün so wohl geworden, daß er sich selber die Er=

innerungen an dieses Wohlgefühl festzuhalten wünschte, indem er die Waldeinsamkeit malte und im Bilde darzustellen strebte, was er in ihr geträumt und empfunden hatte: das Einssein des Menschen mit der Natur, und jenes Verlangen, sich mit ihr zu verbinden und in ihr aufzulösen, dem die Fabeln von den Nymphen und von den anderen verkörperten Naturgewalten bei allen Völkern ihre Entstehung verdanken.

Er hatte während seiner Villeggiatur im Gebirge schon fleißig an dem Bilde gearbeitet, und als er, nach Rom zurückgekehrt, es in seiner Werkstatt aufstellte, kam es ihm selber in der trockenen, schwülen Atmosphäre des noch immer heißen Octobermonats wie ein Hauch erquickender Frische von der Leinwand entgegen. Die Bäume wölbten sich auf dem Bilde von allen Ecken mit ihren breiten Aesten über dem engen Thalgrunde zusammen. Von dem hohen Felsgesteine zur Rechten rieselte ein Quell hernieder, der zwischen dem feuchten, moosigen Geröll am Boden ein klares Becken bildete und sich dann sanft fortschlängelte, bald sichtbar, bald verschwindend zwischen dem Gestein. Kein Blau des Himmels sah in diese Waldeseinsamkeit hernieder, nur die Sonnenstrahlen schimmerten hier und da verstohlen durch das Grün. Sie beleuchteten mit ihrem warmen, reinen Lichte ein schönes, nacktes junges Weib, das dem Genusse der warmen Luft und der frischen Kühlung in unschuldiger Wonne hingegeben war. Aufrecht stand es da, die in einander geschlagenen Arme lässig über dem Kopfe erhoben, und ließ die verstäubenden Wasser aus der Höhe auf sich herniedersprühen, während die sanften Wellen am Boden ihm die Füße lind umspülten und das warme Sonnenlicht sich überall hineinstahl, mit seinem Kusse die holden Glieder und das sanft lächelnde, der eigenen Schönheit frohe Antlitz zu berühren.

Unbefangener und reiner, keuscher in ihrer vollen Sorglosigkeit hatte nie ein Künstler die nackte weibliche Schönheit dem Auge der Menschen dargestellt. Das Bild rührte Jeden, der es betrachtete, ja, es rührte fast den Maler selber, der es geschaffen. Je länger er daran arbeitete, desto tiefer wuchs es ihm in das eigene Herz hinein, und ohne daß er es wollte, trat in dem Bilde mehr und mehr eine Portraitähnlichkeit hervor, die er nicht gesucht hatte, und die er, als er ihrer unwiderleglich inne werden mußte, geflissentlich zu vermeiden strebte. Aber wie er auch daran änderte und modelte, das Sonnenlicht, das durch die Zweige und Aeste fiel, warf immer denselben röthlich-braunen Ton auf das wellige Haar hernieder, der Blick der klaren, blauen Augen hatte immer etwas von der sanften Scheu des Rehes, und da Domenico sich nicht eingestehen wollte, wen er in diese Waldeinsamkeit hineingemalt hatte und mit wem seine Gedanken die ganze Zeit beschäftigt gewesen waren, nannte er sein Bild, als eines Tages ein fremder Besucher ihn um den Namen desselben fragte, mit rascher Entschiedenheit eine Arethusa.

Er war ordentlich vergnügt, als er zu diesem heroischen Entschlusse und zu diesem, wie er glaubte, ihn völlig befreienden Auskunftsmittel gekommen war. Er hatte die schöne Giubitta so und so lange im verschwiegenen Herzen mit sich herumgetragen, er hatte, wenn er allein vor seiner Staffelei saß und überlegte, wie er den Ausdruck des sorglosen Naturgenusses, des wohligen Dehnens in Befriedigung aller Sinne noch verstärken könne, die schöne Gestalt in seinem Innern stets nur seine Giubitta genannt. Nun war das alles mit Einem Schlage anders und vorbei. Sein Bild war eine Arethusa, nichts mehr, nichts weniger, und er fing sogar an, den Ausdruck des Kopfes nach dieser neuen Namengebung umzumodeln. Was thut's, dachte er, wenn in der sanften Auflösung, welche ich in der Gestalt andeute, ein Theil ihres lebensvollen Reizes verloren gehen muß. Die Waldeinsamkeit, das quellenreiche Thal, die Frische des Rasens und die Schönheit der Nymphe bleiben ganz dieselben, und ich werde von dem räthselhaften und unvernünftigen Banne frei, unter dem ich seither lebte, wenn ich's auch mir selber nicht mehr eingestanden habe.

Er kam, seit er dem Bilde den neuen Charakter aufgedrückt hatte, mit der Arbeit plötzlich schneller vorwärts, und das Bild war wenig Wochen später seiner Vollendung ziemlich nahe, als einer von Do=

menico's Freunden, ein in Rom ansässiger Kaufmann, einmal mit einem Fremden, der bei ihm accreditirt war, das Atelier Domenico's besuchte.

Unser Freund hatte den Namen des Fremden schon bei verschiedenen Anlässen und von verschiedenen Personen nennen und den Träger desselben auf eben so verschiedene Weise beurtheilen hören. Er war ein Engländer, hatte bereits in früher Kindheit in Rom gelebt und war mehrmals dahin zurückgekehrt. Reich war er von Hause aus gewesen, und da er neuerdings den Titel und den großen Besitz seines Oheims, eines Lord Shesfield, ererbt hatte, so war er auch jetzt wieder nach Rom gekommen und dort dieses Mal in einer Weise aufgetreten, die seinen neuen Verhältnissen und seinem Reichthume entsprach. Er war noch ein junger Mann, aber er hatte sich durch seine Willkür, durch seine gewagten Reisen und Unternehmungen, wie durch sein ganzes excentrisches Wesen in der Gesellschaft, zu welcher er gehörte, einen Namen gemacht. Er war sehr viel unterwegs, war oft Monate lang mit seiner Yacht umhergekreuzt, und man warf es ihm vor, daß er nicht leben könne, ohne irgend etwas Besonderes vorzuhaben. Die Frauen sagten ihm sehr romantische Liebesabenteuer nach. Man sprach von einer Herzenstäuschung, die er durch eine fürstliche Frau erlitten und die ihn jetzt zum Verächter des weiblichen Geschlechtes gemacht haben sollte. Die Männer hingegen nannten ihn einen

Lebemann, dem kein Opfer zu groß, keine Schranke ein Hinderniß sei, wo es ihm darauf ankomme, sein Ziel zu erreichen und sich einen sinnlich ästhetischen Genuß zu bereiten. Er war Mode unter den Einen wie unter den Andern, seine Frühstücke, seine Mittagbrode, seine Jagdpartieen machten von sich reden; und neben dem allem behaupteten diejenigen, welche ihn näher kannten, daß sein Herz nichts weniger als erstorben sei, sondern daß er hinter dieser weltmännisch genußsüchtigen Außenseite ein weiches Gefühl und eine ganz romantische Richtung verberge. Man bezeichnete ihn gelegentlich als einen crassen Materialisten, während er bei Anderen für übertrieben idealistisch galt; bei den Künstlern aber war er durchweg gut angeschrieben, denn er verstand sich auf die Schönheit und war ein Bewunderer derselben im Leben sowohl als in der Kunst.

Domenico nahm seinen Besuch also mit Vergnügen an und empfing ihn mit schicklichem Zuvorkommen. Er zeigte ihm verschiedene seiner vollendeten Arbeiten, an denen der Lord ein großes Wohlgefallen fand, und da Domenico sich überzeugte, daß jener genug von der Sache verstehe, um auch eine noch nicht ganz fertige Arbeit beurtheilen zu können, so schob er endlich alle die anderen Staffeleien auf die Seite und rollte das Gestell heran, auf welchem seine Arethusa stand.

Kaum hatte der Lord dieses Bild gesehen, als

er einen Ausruf des Entzückens that. Dann blieb er in schweigendem Betrachten lange vor dem Bilde stehen, bis er mit Kennerschaft die Einzelheiten desselben zu loben begann, und dieses einsichtsvolle und begeisterte Lob des Gemäldes wie des Künstlers endlich mit der Erklärung schloß, daß er dieses Bild zu besitzen wünsche, und eine Frage um den Preis desselben that.

Wie jeder Künstler hatte Domenico sich dem Vergnügen überlassen, welches die verständnißvolle Bewunderung seiner Arbeit ihm bereitete; aber es schreckte ihn gewisser Maßen, als der Lord die Frage nach dem Preise that, denn jetzt erst fiel es dem Maler auf das Herz, daß er nie daran gedacht, einen Preis für dasselbe festzusetzen, weil er es für sich selbst gemalt und es nicht fortzugeben gemeint hatte. Er fühlte auch ein ihm sonst fremdes, entschiedenes Widerstreben, sich von dem Bilde zu trennen; und da der Mensch sich für die Erfüllung seiner Wünsche, selbst wenn er sie für thöricht hält, gern die Möglichkeit der Befriedigung offen läßt, indem er die Entscheidung dem sogenannten Zufalle anheimgiebt, begehrte Domenico für seine Arethusa plötzlich das Doppelte von dem Preise, den er sonst für ähnliche Bilder zu verlangen pflegte. Er dachte: zahlt der Engländer mir diesen Preis, so gebe ich ihm die Arbeit hin.

Lord Shesfield stutzte, als er die Forderung vernahm. Selbst er fand die Summe hoch. Darüber freute sich Domenico, denn er wünschte in seinem

Innern, daß der Handel nicht zu Stande kommen möchte, und er war eben daran, das Bild fortzurollen, um ein anderes an seiner Stelle vorzuzeigen, als der Engländer ihn ersuchte, das Bild noch stehen zu lassen, und zugleich die Frage that, wo er das Original zu dieser Gestalt gefunden habe.

Domenico nannte eines der Modelle, das um seines schönen Körpers und seiner anmuthvollen Posen wegen sehr geschätzt war.

Aber den Kopf — wo haben Sie den Kopf her? rief der Lord. Wo haben Sie diese Stirn mit dem goldigen Haar gefunden? Wo weilt diese göttliche Schönheit, die sich zu uns sterblichen Erdensöhnen verirrt hat? Ich begreife nicht, daß ich noch nie von ihr gehört!

Domenico, den des Lords Begeisterung für das Mädchen, das auch ihm als Ideal erschien, Vergnügen machte, stand auf dem Punkte, zu erzählen, wie und wo er dieser jungen Schönheit ansichtig geworden sei; aber indem er ihren Namen nennen wollte, hielt eine geheimnißvolle Empfindung, eine schamhafte Scheu ihn davon zurück, und er entgegnete schnell, um jede weitere Erörterung abzuschneiden, der Kopf sei eine Schöpfung seiner Phantasie, bei deren Ausführung er sich an früher gemachte Studien gehalten habe.

Der Lord lächelte, denn er war ein guter Beobachter. Ich sehe, sagte er, daß ich ein Geheimniß berühre, und ich bescheide mich davor; aber — und

er drohte dem Maler mit dem Finger — ich bescheide
mich, ohne Ihnen zu glauben. Signor Domenico!
Diese in Sehnsucht schwellenden Lippen erfindet man
nicht — und man muß mindestens gewünscht haben,
sie zu erproben, um sie mit solchem Schmelz zu malen.
Ich wünsche Ihnen Glück zu diesem Bilde und ich
beneide Sie um die Bekanntschaft des Originals.

Es half Domenico nicht, daß er sich gegen die
Vermuthung seines Besuchers verwahrte. Der Eng=
länder fand darin nur eine Bestärkung seiner Mei=
nung, und die Unterhaltung der drei jungen Männer
nahm eine scherzhafte Wendung, bis der Lord plötzlich
wieder auf die Arethusa zurückkam und erklärte, daß
er dieses Bild zu erwerben wünsche, da ihm, wie er
vermuthe, Domenico die Bekanntschaft mit dem Ori=
ginal nicht gönnen werde. Er verlor kein Wort wei=
ter über den begehrten Preis, sondern sprach nur den
Wunsch aus, daß die Arbeit so bald als möglich be=
endet werden möchte.

Ich glaube, sagte er noch im Fortgehen, der An=
blick dieses Kopfes und dieser unschuldsvollen Augen
könnte noch eine Bekehrung in mir bewirken und mich
wieder an die Frauen glauben machen! Also thun Sie
ein gutes Werk und benachrichtigen Sie mich, sobald
Sie Ihr Gemälde fertig haben.

Er dankte darauf noch dem Freunde Domenico's,
daß er ihn in das Atelier geführt, und damit trennte
man sich.

Als die beiden Anderen sich nun allein befanden, glaubte der Freund dem Maler zu dem vortrefflichen Geschäfte gratuliren zu müssen.

Du siehst, sagte er, daß ich immer Recht gehabt habe; aber ihr Künstler versteht den Handel nicht. Ihr müßt im Allgemeinen kleine, leichte Bilder malen, welche ihr von Gehülfen nach Bedürfniß copiren lassen könnt, um sie unter der großen Menge der nicht eben reichen und doch kauflustigen Leute zu verwerthen, und dazwischen muß ein Capo d'opera, ein Meisterwerk wie dieses hier geschaffen werden, in das ihr eure Seele legt, mit dem ihr euch selber genug thut, und das dann nicht nur eurem Namen die Bedeutung und seine sogenannte Unsterblichkeit verleiht, auf die ihr ja so großen Werth legt, sondern das euch auf dem Wege der Unabhängigkeit ein tüchtiges Ende vorwärts bringt, bis ihr dann endlich dahin gelangt, malen zu können, was ihr wollt, ohne daran denken zu müssen, was das Bild euch einbringen und ob es Jemand kaufen oder ob es in eurer Werkstatt stehen bleiben werde.

Der praktische Rathgeber war offenbar sehr wohl mit sich zufrieden, als er diese praktischen Lehren, die er dem Künstler schon bei den verschiedensten Anlässen gegeben, ihm noch einmal vorgehalten hatte; aber er verlangte auch nach der Zustimmung desselben, und er sah ganz verwundert aus, als er in dessen Zügen die Freude nicht ausgedrückt fand, welche Domenico nach der Meinung des erwerblustigen Kaufmannes durchaus empfinden mußte.

Sage mir in aller Welt, rief er daher aus, als jener ihm die Antwort schuldig blieb, was soll man von euch Maler denken? Finden eure Bilder keine Käufer, so klagt ihr über den mangelnden Kunstsinn der Zeit, und kauft man euch die Bilder ab, noch ehe sie vollendet sind, zahlt man euch, ohne auch nur zu markten, die höchsten Preise, die ihr nur begehren könnt, so scheint euch das auch wieder nicht das Rechte zu sein; denn nimm mir's nicht übel, du siehst jetzt grade aus, als ob dir ein Leid damit geschähe, wenn man dir deine Bilder gut bezahlt. Ich glaube, am Ende, du nimmst es auch mir sogar noch übel, daß ich dir den Engländer heute hergebracht habe.

Nein, o nein! betheuerte Domenico wie Einer, der erst jetzt zu hören anfängt. Nein! wiederholte er, indem er dem Freunde seine Rechte hinhielt: ich danke dir vielmehr, ich danke dir von Herzen. — Aber er fuhr sich, während er dies sagte, mit der Hand über die Stirn, als wolle er einen ihn quälenden Gedanken verscheuchen, und wie mit einem Seufzer fügte er hinzu: Wahrhaftig, mein Freund, ich danke dir, und du thust mir eine wahre Wohlthat damit, daß du mir dieses Bild aus dem Atelier schaffst, denn daß ich dir's nur gestehe, ich . . .

Er brach plötzlich ab, hob das Bild aus dem Rahmen heraus und lehnte es in eine Ecke gegen die

Wand. Dann zog er seine Blouse aus, warf rasch den Rock über seine Schultern, drückte den grauen Hut auf den Kopf, und seinen Besucher beim Arme nehmend, schritt er mit ihm die Treppe hinab und auf die Straße hinaus.

Er schien sprechen, dem Freunde etwas vertrauen zu wollen und das Wort dafür nicht finden zu können oder die Mittheilung zu scheuen. Sein Begleiter wußte nicht recht, was er aus ihm machen sollte, bis Domenico mit Einem Male den Ausruf that: Ich glaube in der That, lieber Gerhard, daß ich froh sein werde, wenn diese Arethusa erst einmal aus meinem Atelier und überhaupt mir aus den Augen sein wird! — Und weil er bemerkte, daß der Andere sich diese Aeußerung nicht erklären konnte, hob er nach einer Weile, als sei er mit sich selber innerlich zu Rathe gegangen, auf's Neue zu sprechen an.

Es ist etwas Wahres, ich meine, es ist ein Kern von tiefer psychologischer Wahrheit in den Mythen der antiken Welt, sagte er. Ich habe das in den letzten Monaten immer und immer wieder denken müssen. Wie haben wir in unsrer gedankenlosen Jugend auf der Schulbank über die Sage vom Pygmalion gelacht, der vor seiner eigenen marmornen Schöpfung, vor der Statue auf den Knieen lag, die er selbst erfunden und gestaltet hatte! Nun habe ich, daß ich es dir ehrlich gestehe, wenn auch nicht das Gleiche, so doch ein Aehnliches an mir selber erfahren. Ich war die ganze Zeit her wie gebannt an diese Arethusa, die freilich kein alleiniges Gebilde meiner Phantasie ist. Alle Schönheit, aller Liebreiz, die mir auf meinen Wegen auf dem Lande und in der Stadt oder hier in der Gesellschaft begegnen mochten, schienen mir bleich und kalt gegen das Original, dem ich diese Nymphe nachgebildet habe — und so unglaublich das erscheinen mag, fuhr er, plötzlich wärmer werdend und die Schranke seiner bisherigen Zurückhaltung durchbrechend, fort, so unglaublich dir das gerade von mir erscheinen mag, ich habe seit vier Monaten unter einer Leidenschaft für ein Mädchen gelebt und gelitten, das ich nur ein paar Minuten lang von fern gesehen habe, so daß ich mich ganz eben so gut in ein Traumgebild oder eine reine Schöpfung meiner eigenen Phantasie hätte verlieben können. Das war thöricht, ist mir selber noch heute räthselhaft, und doch ist's wahr und hat mich gepeinigt und beglückt, je nachdem es eben kam.

Sie waren während dessen durch die Via Felice nach der Piazza Barberini geschritten und hatten angefangen, langsam die Höhe nach den Quatro Fontane, nach dem Kreuzwege emporzusteigen, an welchem aus den vier Eckhäusern der sich hier durchschneidenden Straßen vier Wasserströme in reich verzierte Becken niederrauschen. Ueber einer dieser Fontainen wohnte in dem Hauptgeschoß des palastartigen Hauses eine deutsche Familie, in welcher die beiden jungen Männer eingeführt und in der sie beide gern gesehen waren. Die Vermuthung der Gesellschaft bezeichnete die Beiden sogar als Bewerber um die Hand der liebenswürdigen Töchter dieser reichen und angesehenen Fremden, und Gerhard hatte es vor dem Freunde auch nie ein Hehl gehabt, daß er in der Aeltesten des schönen Schwesternpaares seine Gattin zu finden hoffe. Jetzt, als sie zu dem Eckbalcon jenes Hauses in die Höhe schauten, auf den die jungen Mädchen zufällig hinausgetreten waren, so daß der Gruß der Vorübergehenden sie erreichen und aus dem freundlichen Blicke der blonden Marianne ein Sonnenstrahl der Freude auf Gerhard niederstrahlen konnte, meinte dieser:

Ich hörte wohl, was du mir da so eben gesagt hast, aber ich verstehe kein Wort von einem solchen Zustande, und ich möchte wirklich an meine Brust schlagen und wie der Pharisäer ausrufen: Herr Gott, ich danke dir, daß ich nicht bin wie Dieser einer! Ist es denn möglich, daß du, der sich, wie ihr Künstler alle, seines Lebens mit gesunden Sinnen und in gesunder Sinnlichkeit stets zu rühmen liebte, in eine übersinnliche Phantastik verfallen kannst, während ein so frisches Mädchen wie die reizende Flora es dich täglich mehr erkennen läßt, daß es Neigung für dich habe, daß du nur Ein Wort zu sagen brauchtest, damit sie ebenfalls ihr Ja und Amen dazu spräche! Wäre ich Mariannen's erst so sicher, ich zögerte keine Stunde mehr, sie um ihre Hand zu bitten; denn wie gut wir von uns selber auch denken dürfen, solche Mädchen wie die beiden findet auch Unsereiner, und noch obenein hier in der Fremde, nicht so bald wieder. Ich versichere dich, ich liebe diese Marianne in der That, Der Gedanke an sie stört mich in der Arbeit, im Geschäft. Ich habe jetzt zu keiner großen Unternehmung den rechten Sinn, zu keiner nachhaltigen Arbeit die rechte Geduld. Ich verschreibe, ich verrechne mich — meine Leute wissen nicht, was sie von mir denken sollen. Das kann doch nicht so bleiben — ich muß damit zu Ende kommen. Meinst Du nicht, daß ich's wagen soll, wenn wir sie heute Abend treffen? Oder glaubst du, daß es doch gerathener ist, noch erst eine Weile abzuwarten? Ich thäte das ja auch recht gern und recht geduldig, nur daß die Ungewißheit mich so im Geschäfte stört. Also soll ich werben oder soll ich warten?

Worauf willst Du warten? fragte Domenico, der dem Freunde gelassen, wenn auch mit einem Lächeln über die Art seiner Klagen das Ohr geliehen hatte.

Auf den rechten Augenblick, rief Gerhard, denn der rechte Augenblick, das ist's, worauf es überall ankommt. Was heute Thorheit wäre, kann morgen Weisheit sein, was heute mißlingt, würde, wenn wir nur zu warten verstanden hätten, vielleicht morgen zu unserem Glücke ausgeschlagen sein — wagen freilich thut man immer — das Leben ist ein Wagspiel — also noch einmal: meinst du, daß ich warten oder daß ich's wagen soll?

Gerhard hatte diese Worte kaum noch ausgesprochen, als ein Cabriolet hinter ihnen rasch des Weges herunter kam und dicht neben ihnen still hielt. Der stattliche Mann, welcher das Gefährte selbst kutschirte, begrüßte die Freunde wie ein naher Bekannter mit leichter Neigung des Hauptes, mit leichter Neigung des Hauptes, mit leichter Neigung seiner Peitsche. Es war der Vater der beiden Mädchen, mit denen die Unterhaltung der beiden jungen Leute sich beschäftigt hatte.

Will einer der Herren mir das Vergnügen machen, mich zu begleiten? fragte er. Ich fahre ein Ende in die Campagna hinaus.

Schnell entschlossen trat Gerhard an den Wagen heran.

Wenn Sie mich mitnehmen wollen, bin ich dabei, rief er. Und zu dem Freunde gewendet, sprach er leise: Das ist ein Zeichen — ich riskire es!

Der Kutscher, welcher seinen Herrn begleitet hatte, mußte seinen Platz verlassen, Gerhard stieg an seiner Stelle ein, und dem Zurückbleibenden ein: Auf Wiedersehen am Abend! zurufend, fuhren die Beiden rasch davon.

Fünftes Capitel.

Domenico stand eine Weile unentschlossen da. Den Spaziergang allein fortzusetzen, den er mit dem Freunde hatte machen wollen, fehlte ihm die Lust, und nach Hause und an seine Arbeit zurückkehren, war er auch nicht aufgelegt. Es ging im Mancherlei im Kopfe herum. Er dachte an Gerhard und an dessen Weise, die Menschen und die Dinge anzusehen, und sie kam ihm eben heute sehr verständig vor.

Gerhard war ohne Vermögen, ohne einen Rückhalt an seiner Familie zu haben, auf die Welt gekommen und in das Leben getreten, und weil er, ganz auf sich selbst gestellt, an jeden Tag die Frage hatte richten müssen: Was bringst du mir für meinen nächsten Tag? war er kalt berechnend und selbstsüchtig geworden, ohne es zu wissen. Das schloß nicht aus, daß er sich gelegentlich, wie er es nannte, dem Zuge seines Herzens überließ, wenn irgend ein Verhältniß zu den anderen Menschen ihm Vergnügen zu machen versprach. Er konnte dienstfertig, freigebig, ja, bis zu einem gewissen Grade hingebend sein, wenn er sich von der Neigung oder von der Dankbarkeit desjenigen, dem er diente oder dem er sich anschloß, einer Genugthuung versehen durfte; und er hielt sich für weich und gut und liebefähig, weil er nie die Falte seines Herzens vor sich aufthat, in welcher er stets im voraus die Zinsen berechnete, die seine augenblickliche Hingebung ihm zu tragen hatte.

Als er die Bekanntschaft mit Domenico gesucht, als er die Neigung für Marianne in sich hatte aufkommen lassen, hatte er genau gewußt, wie vortheilhaft der Anschluß an den allgemein hochgehaltenen und offenherzigen Künstler für ihn werden und welche Zinsen die Mitgift der reichen Kaufmannstochter ihm wohl bringen würde; und einmal seines Vortheils sicher, hatte er sich den ihm erquicklichen Empfindungen der Freundschaft und der Liebe so gefällig überlassen, daß er darüber ganz des Bodens vergessen hatte, aus welchem sie in ihm erwachsen waren. Er hing an Domenico, als hätte er nie berechnet, wozu derselbe ihm dienlich sein könne. Er hatte jetzt sogar eine große Befriedigung darin, den materiellen Interessen des Malers wo und wie er konnte förderlich zu sein; und er schwärmte für den Besitz des geliebten Mädchens, als hätte er bei den ersten Begegnungen mit der Familie nicht zuerst daran gedacht, daß eine Heirath mit einer Tochter dieses Hauses seinen kaufmännischen Verhältnissen und seinem Vermögen sehr zu Statten kommen würde. Solche Erinnerungen strich Gerhard wie die Namen schlechter Schuldner, sobald er es an der Zeit fand, aus dem Hauptbuche seines Gedächtnisses aus, und er hatte dadurch das Glück, sich für völlig uneigennützig anzusehen, immer und unter allen Verhältnissen die beste Meinung von sich zu haben, und beständig mit sich zufrieden zu sein.

Aber nicht nur er selbst, auch Domenico hatte die allerbeste Meinung von seinem Freunde, weil er, wie alle begabten und guten Menschen, sehr geneigt war, an Anderen diejenigen Eigenschaften zu überschätzen, die er nicht in gleichem Grade in sich trug. Er bewunderte Gerhard um der Kraft willen, mit welcher er sich ohne alle Hülfe seinen Weg und Platz im Leben errungen hatte; er sah mit einer Art von Neid auf die Selbstzufriedenheit, welcher der Andere immerfort genoß, und wenn er daneben der Entmuthigungen dachte, denen er in seinem Schaffen oft anheimfiel, so meinte er mitunter, daß solche ganz auf das Praktische und den Erfolg gestellte Menschen, wie eben dieser Gerhard, nicht nur bei Weitem die gescheitesten, sondern auch die glücklichsten von allen wären.

Domenico mußte lächeln, als er dachte, wie eben jetzt wieder der Zufall dem Entschlusse des Unentschiedenen zu Hülfe gekommen war, und er zweifelte keinen Augenblick daran, daß er Gerhard heute Abend

als Mariannens Verlobten wiedersehen würde. Je
länger er auf dieser Vorstellung verweilte, desto mehr
gefielen ihm selber die Bilder, welche damit zusammen=
hingen. Die beiden Schwestern waren wirklich der
Inbegriff der Lieblichkeit. Ihre vortreffliche Erzie=
hung, die Einigkeit und Liebe, welche zwischen ihnen
und den Eltern herrschten, machten den Verkehr mit
der ganzen Familie äußerst angenehm. Man konnte
sich im Grunde gar nichts Besseres wünschen, als be=
ständig mit ihnen zusammen zu sein und als ein Glied
dieses Hauses der freundlich tragenden Achtsamkeit
theilhaftig zu werden, welche sie einander angedeihen
ließen. Er stellte sich diese ihm liebgewordenen Men=
schen vor, wie sie in ihrer Heimath jenseit der Alpen
die Winter in den kunstgeschmückten Räumen ihrer
städtischen Wohnung unter geistbelebter Geselligkeit,
die Sommer in traulicher Abgeschiedenheit auf einem
ihrer Landgüter verlebten.

Es kostete ihn wenig Mühe, sich es auszumalen,
wie schön es sein müsse, in solchem Hause und auf
solchem Landsitze sein Atelier zu haben, unter den
Augen einer Frau zu arbeiten, deren feine Empfindung
für die Kunst ihm schon oftmals Freude bereitet hatte;
und wie die Phantasie des Künstlers denn schnell und
eilig vorwärts fliegt, sah er bald im Geiste ein Bild
vor seinen Augen, auf welchem er sich darstellte, wie
er Flora malte, während sie mit ihrem reizenden

Lockenköpfchen ihm lächelnd gegenüber saß und ein paar schöne Kinder sie umspielten.

Es war eigentlich das erste Mal, daß Domenico sich auf solche Weise in die Zukunft gehen ließ. Das fröhliche, ungebundene Leben des Junggesellen und des Künstlers hatten ihm bis dahin als das größte Glück gedäucht, und wenn die Liebe und die Leidenschaft für eine Frau zeitweise an ihn herangetreten waren, hatte er dabei bisher nie an die Ehe oder an eine feste bürgerliche Häuslichkeit gedacht. Nun, da eine Werbung um Flora ihm als etwas Mögliches, ja, als etwas sehr Verständiges, und die Ehe mit ihr und die Häuslichkeit an ihrer Seite ihm höchst wünschenswerth zu scheinen anfingen, nun war es ihm recht angenehm, daß er Gerhard nicht mehr, als es geschehen war, von seiner wunderlichen Leidenschaft für Giuditta berichtet hatte. Er wunderte sich sogar, daß ihn der sarkastische Freund nicht lebhafter verspottet hatte, und sich vor sich selber zu entschuldigen, sagte er sich: Es ist eine Thorheit gewesen, ohne alle Frage; aber diese Thorheit hat mir doch ein paar Monate hindurch das Herz erwärmt und mir zu einem meiner besten Bilder den Stoff geboten. In wenig Tagen wird die Arbeit fertig sein. Sie wird mir Ehre machen, wird mir eine schöne Summe einbringen — und so soll denn das Andenken an die schöne Giuditta mir gesegnet sein und bleiben — und — eine Photographie will ich mir von dem Bilde doch noch nehmen lassen, ehe ich es auf Nimmerwiedersehen über den Canal versende. —

Er hatte inzwischen, nachdem er sich von Gerhard und von Flora's Vater getrennt, den Rückweg nach der Piazza Barberini angetreten, erzählte Signor Cesare weiter, und war dann, quer über den Platz schreitend, wieder in die langsam bergan steigende Straße von San Nicolo di Tolentino eingebogen, um in einem der dort befindlichen Bildhauer-Ateliers einen Besuch zu machen. Weil er aber den Freund, den er im Atelier zu treffen gehofft, nicht zu Hause gefunden hatte, war er weiter fortgeschlendert und, ohne recht zu wissen und zu denken was er that, in die offen stehende Verzäunung eingetreten, welche den unterhalb der Villa Ludovisi gelegenen Grund und Boden in sich schließt.

Die Gärten des Sallust haben einst diese ganze Seite des Berges eingenommen. Jetzt ist's ein wüstes Terrain, von Unkraut, von Dornen und Disteln überwuchert, auf dem sich hier und da die gewaltigen Unterbauten früherer Paläste erheben, während die Orangen-Alleen und die großen Pinien und immergrünen Eichen der Villa Ludovisi darauf herniedersehen, als sollte die Zerstörung durch den Gegensatz noch fühlbarer hervorgehoben werden. Gerade in den Tagen aber, in denen Domenico wieder einmal auf diesen Grund und Boden kam, hatte der fürstliche Besitzer der Villa Ludovisi, welchem auch die Gärten des Salluſt gehören, den Plan gefaßt, ſie wieder zu bebauen, um ſie mit ſeiner Villa zu vereinigen, und man war ſchon ſeit mehreren Wochen eifrig bei der neuen Arbeit.

Hier wurden Aufgrabungen gemacht, bei welchen bald das Bruchwerk einer Marmorſchwelle, bald das Fragment irgend einer fein gearbeiteten Verzierung oder gar ein Fuß oder das Stück eines Kopfes von einer Marmorſtatue zum Vorſchein kamen, deren übrige Theile ſich nicht mehr finden ließen; dort ſchüttete man tiefe Spalten und Klüfte zu, um die einſtigen Kellerräume auszufüllen, die jetzt frei zu Tage gelegt worden waren, und in denen noch die Scherben alter Oel= und Weinkrüge ihre frühere Benutzung verriethen. Zahlreiche Tagelöhner waren mit Hacke, mit Spaten und mit Karre auf dem Platze beſchäftigt. Wo der Boden bereits geebnet war, ſteckte man mit Schnur und Maßſtab ſchon die Pläne für die neuen Anlagen ab, und Domenico konnte es ſich nicht verſagen, auf dem Terrain umher zu gehen und hier und da aus den Haufen von aufgeworfenen Marmorſtücken eines oder das andere derſelben aufzunehmen und zu betrachten, als könne man ſich damit einen eigenen und beſonderen Blick in die untergegangene Welt der Vergangenheit des Ortes eröffnen.

Er hatte eben ein Stück jenes gelben Marmors vom Boden aufgeleſen, den die Römer jetzt giallo antico nennen, und freute sich an der feinen Behandlung desselben, als ein Mann an ihn herantrat, den er schon früher mitten auf dem Platze hatte stehen sehen, und den er für einen Aufseher gehalten, ohne weiter sonderlich auf ihn zu achten.

Eine feine Arbeit! sagte der vermeinte Beamte, indem er auf die große Sauberkeit hinwies, mit welcher der Marmor, den Domenico in der Hand hielt, und der zu einer leistenartigen Einfassung gehört haben mußte, gegliedert und geschliffen war.

Eine Arbeit, wie sie jetzt gar nicht mehr gemacht wird! entgegnete Domenico.

Glücklicher Weise nicht! bekräftigte der Andere.

Was will das „glücklicher Weise" sagen? fragte Domenico, der durch den Ton, mit welchem der Römer jene Worte ausgesprochen hatte, aufmerksam auf ihn zu werden anfing.

Daß nur Sclaven, deren Arbeit nicht im Einzelnen bezahlt wird, so viel Sorgfalt auf das Nebensächliche verwenden können.

Domenico blickte den Sprecher an, und seine ganze Erscheinung überraschte ihn. Er mochte gegen das Ende der Vierziger sein, aber er sah beim ersten Anblicke weit älter aus. Seine nicht eben große und einst wahrscheinlich sehr feine Gestalt war schon gebückt, sein scharf geschnittenes, echt römisches Gesicht war blaß und abgezehrt. Es war von Falten scharf durchzogen, die Kummer und bittere Empfindungen und finstere Gedanken demselben eingeprägt zu haben schienen. Unter den schwarzen, starken Augenbrauen, gegen die das früh ergraute Haar auffallend abstach, sahen große, hellbraune Augen schön, aber befremdlich hervor, und während die schäbige Kleidung, die lang getragene Wäsche und der seit Tagen nicht geschorene Bart es verriethen, daß dieser Mann nicht mehr auf sein Aeußeres achten könne, zeigten doch die feinen Hände, in denen er seine Tabaksdose hielt, daß er sie nie zur Arbeit gebraucht habe und daß er in ihrer Pflege vielleicht einen letzten Anspruch auf bessere Tage zu erhalten suche, die aber jetzt bereits in jedem Falle weit hinter ihm liegen mußten.

Die eigenartige Antwort, welche der Fremde ihm gegeben hatte, machte Domenico neugierig, mehr von ihm zu erfahren. Sie scheinen kein Freund der alten Welt zu sein! sagte er, um die Unterhaltung fortzusetzen.

Wenn man nicht Ursache hat, diese unsere Welt mit allen ihren schreienden Ungerechtigkeiten für die beste Welt zu halten, so hat man, scheint mir's, doch auch keinen besonderen Grund, den Boden zu bewundern, auf dem sie sich entwickelt hat! versetzte der Fremde und stieß, als müsse er seinen Ingrimm gegen irgend etwas äußern, einen halb zerbrochenen irdenen Krug, der auf seinem Wege lag, in die Tiefe des Kellers hinab, aus dem man ihn nach anderthalb=

tausendjähriger Ruhe hervorgeholt hatte, und in den er nun schellend zurückgeschleudert wurde.

Schade darum! rief Domenico unwillkürlich, der eben noch an der schlanken, zierlichen Form des Gefäßes seine Freude gehabt hatte, und der wie alle schöpferisch begabten Menschen einen Widerwillen gegen jegliche Zerstörung fühlte.

Der Fremde zuckte die Schultern. Sie sind ja wie die Forestieri, wie die Fremden, höhnte er, und scheinen doch einer unserer Landsleute zu sein! Mitleid mit solchem altem Zeug! Hat's denn nicht lange genug gehalten und gedauert? An die zweitausend Jahre hat's gehalten. — Und wer betrauert's als die Allernächsten, wenn ein Mensch zerschlagen und hinabgeschleudert wird in die Tiefe mitten aus seiner Jugend Kraft? Es ist widerwärtig, daß ein Scherben länger dauert, als ein Mensch!

Domenico ward es jetzt erst gewahr, daß der Sprechende, dessen Bekleidung mit dem schwarzen, altmodischen und ganz abgetragenen Frackrocke ihm freilich aufgefallen war, einen schwarzen Kreppstreifen um seinen eben so altmodischen und abgetragenen Hut befestigt hatte; aber da der Fremde mit jenen Worten auf einen Verlust hindeutete, den er selber erlitten zu haben schien, hielt Domenico es für geboten, ihn zu fragen, ob ihm Jemand gestorben sei.

Der Fremde nickte mit dem Kopfe, aber er antwortete nicht gleich. Es war, als müsse er Kraft sammeln, auszusprechen, was er zu sagen hatte, und erst nach einer Pause entgegnete er: Ich habe einen Sohn verloren, einen Sohn! — Er seufzte, seufzte noch einmal, nahm dann aus der Dose, die er unablässig brauchte, eine Prise, als wolle er sich damit über die Thränen forthelfen, die ihm bei der Erwähnung seines Unglückes in die Augen traten, und während er von den Fingern die Reste des Tabaks abschnellte, die ihm an denselben haften geblieben waren, sagte er: Vielleicht muß man nichts haben als seine Kinder — nichts als seine Kinder — um zu wissen, was es heißen will, ein Kind verlieren. Die Reichen wissen es nicht. Was sind denn ihre Kinder? Was ist einem Reichen sein Sohn? Er schleudert ihn von sich, wie ich dort die Amphora? Sie haben so vieles, was sie freut, so vieles, worauf sie ihre Hoffnung setzen! Aber wer nichts hat als seine Kinder, nichts als sie....

Er brach, seinen Schmerz beherrschend, plötzlich ab. Domenico hielt ihm tief erschüttert seine Hand hin. Der unglückliche Vater drückte sie ihm fest.

Ich danke Ihnen, sagte er, ich danke Ihnen, Signor! Wenn Sie ihn gesehen hätten! Er war ein schöner Jüngling. Sterben mit dreiundzwanzig Jahren! — Begreifen Sie nun, daß ich die leblosen Dinge hasse, die so lange Dauer haben? Begreifen Sie nun, wie ich ihnen ihre Dauer mißgönne?

Sie waren, als er das gesprochen hatte, schon

aus den Gärten des Salluft hinaus getreten, und der Fremde schlug den Weg nach der Stadt ein.

Domenico ging neben ihm her; der Mann that ihm leid, und er dachte darüber nach, ob es nicht möglich sei, ihm irgend eine Hülfe anzubieten, denn daß er arm und in üblen Umständen sein müsse, war ganz unverkennbar. Er wollte eben die Frage thun, ob sein neuer Bekannter nur den einen Sohn gehabt hätte oder ob ihm noch andere Kinder lebten, als derselbe es erst zu bemerken schien, daß Domenico sich noch an seiner Seite befand.

Er sah ihn darauf mit einer gewissen Verwunderung, ja mit Mißtrauen an, hob den Kopf mit einer stolzen Bewegung, welche gegen seine verkommene Erscheinung entschieden abstach, in die Höhe, und sich plötzlich zu ihm wendend, sagte er: Entschuldigen Sie, mein Herr, aber was wünschen Sie von mir?

Die Reihe des Verwunderns kam jetzt an Domenico. Er entgegnete, daß er nichts von ihm begehre und daß nur seine Theilnahme an einem so berechtigten Kummer ihn bewogen habe, sich nicht gleich von ihm zu trennen, da sie ja desselben Weges gegangen wären.

Ich danke Ihnen sehr für Ihre Höflichkeit! Entschuldigen Sie, daß ich Ihnen beschwerlich gefallen bin! sagte der Fremde. Entschuldigen Sie! In Wahrheit — entschuldigen Sie es! — Und sich verneigend, während er den Hut mit weltmännischem Anstande abzog, fügte er hinzu: Ich will Sie nicht weiter bemühen, ich wohne weit von hier, tief in der Stadt; und also, leben Sie wohl — leben Sie wohl!

Er sprach dieses Addio in dem abweisenden Tone, mit welchem ein Römer sich von den Personen trennt, die er nicht wiederzusehen wünscht, also auch nicht wiederzusehen hofft, und denen er eben deshalb den sonst allgemein üblichen Abschiedsgruß, das freundliche „Auf Wiedersehen!" nicht gönnt, und ehe Domenico sich dessen versah, war der Andere um die Ecke der Straße gebogen und verschwunden. —

Sechstes Capitel.

Unser junger Maler war noch unter dem Eindrucke dieser sonderbaren Begegnung, als Gerhard am Spätnachmittage voller Freude zu ihm kam und sich mit dem Ausrufe, daß er der glücklichste der Menschen sei, in seine Arme warf.

Er hatte dem Vater seiner Erwählten unterwegs, wie er sich vorgesetzt, seine Absichten eröffnet und war damit von diesem günstig aufgenommen worden. Ueber die materielle Seite der Verbindung hatten die beiden Geschäftsmänner sich, wie Gerhard ausdrücklich hervorhob, mit großer Leichtigkeit verständigt, und er hatte dann die Erlaubniß begehrt und erhalten, sich persönlich um Mariannens Hand bewerben zu dürfen. Das hatte er denn auch, da der Vater ihm selber die Gelegenheit zu einem Alleinsein mit der Tochter bereitet, sofort ins Werk gesetzt, und das junge Mädchen hatte ohne Zögern eingewilligt.

Es ist, versicherte der neue Bräutigam, recht eine Verlobung gewesen, wie sie vernünftigen, praktischen Menschen gebührt. Nichts von Romantik, nichts von Rührung, Alles in Behagen und Heiterkeit. Bei dem Gedanken, daß sie sich von den Eltern und namentlich von der Schwester würde trennen müssen, wollte so etwas wie Sentimentalität über mein Bräutchen kommen; der Vater aber verscheuchte dieselbe sofort, indem er versprach, daß die Familie so oft als irgend thunlich den Winter in Rom verleben würde; ich durfte zusagen, daß wir im Sommer, wenn wir hier die stille Zeit haben, nach Deutschland gehen könnten — was mir beiläufig sehr gut paßt —, und schließlich erinnerte ich daran, daß doch noch nicht aller Tage Abend sei, und daß man ja noch gar nicht wissen könne, ob Flora nicht auch den Geniestreich mache, sich hier in Rom mit ihrem Herzen festzusetzen. Sie haben alle sehr gut verstanden, was ich dabei im Sinne hatte; meine Marianne hat gelächelt und die Schwester angesehen, Flora ist darauf feuerroth geworden, die Eltern haben nicht Nein dazu gesagt, und, kurz und gut, es wird nur an dir liegen, deine Sache dort eben so einfach und eben so sicher in das Reine zu bringen, wie ich die meine. Heute Abend, wo ohnehin der Empfangstag meiner Schwiegereltern ist, wird meine Verlobung bekannt gemacht werden. Man erwartet dich natürlich. Fängst du es richtig an, so kann man heute in acht Tagen den Gästen wieder eine ähnliche Ueberraschung bereiten; und da meine Schwiegereltern damit einverstanden sind, gleich nach Neujahr unsere Hochzeit stattfinden zu lassen, damit wir zum Carneval schon selbstständig in der Gesellschaft erscheinen können, so wäre es das Einfachste, wenn eure Hochzeit dann zugleich ebenfalls gefeiert werden könnte.

Er stand, während er das sprach, vor dem großen Spiegel in Domenico's Atelier, und dieser konnte sich des Lächelns über die wohlgefällige Sorgfalt nicht enthalten, mit welcher Gerhard sich den englisch geschnittenen langen Backenbart zu beiden Seiten des Gesichtes kämmte und sich das röthlich-blonde Haar mit einem stolzen Schwunge von der Stirne in die Höhe warf. Man sah ihm an, er war sich die fünfzigtausend Thaler mehr werth geworden, welche sein Schwiegervater der Tochter als Mitgift zugesagt hatte; und als wolle er den Beweis liefern, daß Domenico sich in der Beurtheilung seines Gemüthszustandes nicht geirrt habe, fragte Gerhard, sich plötzlich zu dem Freunde wendend:

Sag' einmal, würde es dir wohl möglich sein, bis Weihnachten zwei Portraits zu malen? Ganze Figuren oder Kniestück — natürlich Oel! Ich möchte mich und meine Marianne für die Eltern noch rasch zum Weihnachtsgeschenke malen lassen.

Domenico lachte endlich aus voller Kehle auf. Die Besitzesfreude, in welcher Gerhard fortwährend von seiner Braut und von seinen Schwiegereltern sprach, gleichsam mit ihnen in der Tasche klapperte, belustigte ihn ungemein; und doch mußte er es sich eingestehen, daß es etwas Hübsches darum sein müsse, so wie sein Freund auf einen bequem und anmuthig geebneten Lebensweg hinausschauen zu dürfen. Er wünschte dem neuen Bräutigam daher von ganzem Herzen Glück, und als dieser ihn endlich mit den Worten verließ: Gehet hin und thut ein Gleiches! fühlte sich Domenico durchaus nicht abgeneigt, dem Rathe zu folgen.

Er betraf sich, als er am Abende sich für die Gesellschaft im Milder'schen Hause ankleidete, zu seiner eigenen Verwunderung auf einer Genauigkeit, die ihn komisch an Gerhards heutiges Behaben mahnte, und es war eine ihm bis dahin fremde Bewegung, mit welcher er dieses Mal in der Familie seiner Gastfreunde erschien.

Nun er darauf achtete, kam es ihm vor, als weiche ihm Flora mit einer Schüchternheit aus, die zu freundlich war, um ihn beunruhigen zu können; er glaubte etwas durchaus Bedeutungsvolles in dem Händedrucke und in dem Blicke zu finden, mit welchem die freudestrahlende Braut ihm für seinen Glückwunsch dankte, und auch die Zutraulichkeit der Eltern hatte etwas, das ihn ermuthigen konnte. Es wurde Domenico immer fröhlicher zu Sinn; er sprach es gegen den verlobten Freund zu verschiedenen Malen aus, daß es wirklich gar keine liebenswürdigere Familie geben könne, als eben diese, daß Gerhard wahrhaft zu beneiden, daß Marianne reizend sei, und doch sagte er sich dabei in seinem Innern, Flora sei bei Weitem die schönere der beiden Schwestern, und sie besitze eine Gemüthstiefe und eine Verstandesbildung, mit denen Mariannens harmlose Heiterkeit im Entferntesten nicht vergleichbar sei.

Da er es dem Brautpaare versprochen hatte, die beiden Portraits sofort in Angriff zu nehmen, um sie bis Weihnachten, wenn auch nicht vollendet, so doch vorstellbar zu haben, so verabredete man nun, wie es einzurichten sei, daß die Eltern von dem Vorhaben nicht vor der Zeit erführen, und es wurde beschlossen, daß immer beide Schwestern unter der Angabe von Galerie-Besuchen das Haus verlassen und daß Flora dann die Schwester und den künftigen Schwager zu den Sitzungen in Domenico's Atelier begleiten sollte.

Das war nun gerade, was unser junger Freund zu wünschen hatte. Es legte sich für ihn in Bezug auf Flora Alles ganz von selbst zurecht. Daß er Flora heirathen werde, stand bei ihm an diesem Abende auch als ein Vorsatz und als eine Hoffnung ganz entschieden fest; und überlegend, wie er sich gegen das liebliche Mädchen zu verhalten habe, um je eher desto lieber an sein Ziel zu kommen, schlief er endlich ein, die ganze Nacht von Träumen eines nahen Glückes gewiegt. —

Heiter, mit freier Seele, stand er am nächsten Morgen auf. Noch während er sich ankleidete, warf er mit der Kohle die Stellung auf ein Blatt, in der er Gerhard und die Braut zu malen dachte. Aus dem Café, in welchem er sein Frühstück eingenommen, ging er gerades Weges in das Magazin, aus dem er seine Malgeräthschaften bezog, sich die Leinwand zu dem Bilde auszusuchen und aufspannen zu lassen, und weil ihn eine unwiderstehliche Neigung anwandelte, von Flora und von seinen Hoffnungen und Aussichten zu sprechen, wanderte er, statt zu seiner Arbeit und in sein Atelier zurückzukehren, den Corso hinauf, um Gerhard, seinen künftigen Schwager, wie er ihn heute, mit sich selber scherzend, im Geiste nannte, in seinem Comptoir für einige Minuten aufzusuchen.

Unweit von dem venetianischen Palaste, da, wo auf dem Platze von San Marco der riesige Oberkörper einer antiken weiblichen Kolossal-Statue, von dem Volke als Madama Lacrezia bezeichnet, wie vergessen auf dem Boden steht, sah er eine Art von Auflauf. Er fragte einen jungen Mann aus dem Volke, der von der Stelle schon zurückkam, was dort vorgegangen sei.

Nichts, Herr, nichts, entgegnete der Angeredete. Es hat dort Jemand eine Ohnmacht, einen Anfall von einer Schwäche gehabt; aber es scheint, daß es schon vorüber ist. Es ist nichts.

Diese Antwort genügte unserem Freunde nicht. Er wußte, wie viel Noth und wie viel Elend unter dem römische Volke herrsche und wie gleichgültig die Gewohnheit, dieselben stets vor Augen zu haben, eine große Anzahl von Menschen dagegen bereits gemacht hat. Es liefen auch immer mehr Leute nach der Stelle hin, auf welcher der Kranke sich befand, so daß schon die bloße, ihn neugierig umgebende Menge einem Leidenden zur Marter werden mußte, und rasch vorschreitend, um dem Hinfälligen irgendwie zu Hülfe zu kommen, sah Domenico mit Erstaunen und Erschrecken, so wie er nur in den Kreis getreten war, daß er den Kranken kannte.

Es war derselbe Mann, der ihm gestern in den Gärten des Sallust begegnet war. Er saß auf einem der zertrümmerten Marmorstücke, deren verschiedene auf dem Platze herumliegen, und sah noch leidender, noch kummervoller und noch viel erbitterter und düsterer aus, als am verwichenen Tage.

Schnell, schnell einen Wagen! rief der junge Künstler einem der Knaben zu, die sich mit müßigem Schwatzen herangedrängt hatten. Dann ging er selber zu dem Kranken hin, um ihn zu stützen und ihm beizustehen, bis ein Wagen für ihn gefunden sein würde; und trotz seines Uebelbefindens erkannte der Leidende Domenico auch sofort wieder. Dennoch schien er nicht geneigt zu sein, die Dienste anzunehmen, welche jener ihm zu leisten wünschte.

Eine Schwäche, es ist nur eine kleine, vorübergehende Schwäche, sagte er; es hat nichts auf sich, mein Herr. Ich werde bald wieder bei Kräften sein — wenn Sie die Leute nur entfernen könnten — ihre

Unruhe, ihre Neugier machten mich schwindeln, brach=
ten mich zur Ohnmacht.

Er versuchte dabei, sich zu erheben und, auf
Domenico's Arm gestützt, einige Schritte vorwärts
zu thun, indeß seine Füße versagten ihm den Dienst,
und den Arm um des Fremden Leib gelegt, half Do=
menico ihm, in den kleinen, verdeckten Wagen einzu=
steigen, der inzwischen vorgefahren war. Als er jedoch
Miene machte, mit hineinzusteigen, weil er sich zu
versichern wünschte, daß sein Schützling wohlbehalten
in seine Wohnung gelange, lehnte dieser die Beglei=
tung, für den empfangenen Beistand höflich dankend,
ab. Plötzlich jedoch schien er anderen Sinnes zu
werden, und mit einem Seufzer, den Domenico auf
ein wachsendes Uebelbefinden schob, ließ er es ge=
schehen, daß der junge Mann an seiner Seite Platz
nahm, und nannte Straße und Nummer seiner Be=
hausung.

Mit dem Ausdrucke erstaunter Ueberraschung ver=
nahm Domenico die Angabe der Wohnung, indem er
lebhaft ausrief: Also in dem alten Palaste Castel=
marino ist Ihre Wohnung!

Was wissen Sie von dem Palaste? fragte der
Leidende mit einem Ausdrucke des Mißtrauens, der
für Domenico nichts weniger als ermuthigend war
und den sich der junge Mann nicht zu erklären ver=
stand. Woher kennen Sie den Palast?

Durch einen Zufall, der mich neulich in den

schönen Hof des Palastes geführt hat, entgegnete unser Freund. Schade, daß der stattliche alte Bau verfällt!

Schade? wiederholte der Andere mit der ihm eigenthümlichen Bitterkeit. Sie gehören also auch zu den Begünstigten, die ihre Freude an den alten Mauern haben, ohne zu bedenken, worauf sie gegründet worden sind und was sie jetzt umschließen! Ich .... — er hielt inne und fuhr dann, als sei es ihm nicht möglich, sich zurückzuhalten, mit dem Ausrufe hervor: Ich wollte, die Erde verschlänge ihn — und nicht ihn allein! — Er hatte die Worte jedoch kaum vollendet, als er sie auch schon zu bereuen schien, denn er strich sich mit der Hand über das blasse Gesicht, und sich in die Ecke des Wagens zurücklehnend, sagte er mit einer plötzlichen würdevollen Selbstbeherrschung: Verzeihen Sie diesen Ausbruch der Leidenschaft, mein Herr! Ich habe eben eine Unannehmlichkeit gehabt, eine schwere Unannehmlichkeit, und ich bin krank! Haben Sie Nachsicht mit mir!

Sie waren während dessen vor dem Palazzo Castelmarino angelangt. Die Hökerin saß wie immer an ihrem Ofen. Bei dem Anhalten des Wagens wendete sie den Kopf um, und den Begleiter Domenico's erkennend, rief sie mit der Vertraulichkeit, welche die Römerinnen gegen die Personen an den Tagen legen, mit denen sie gut bekannt zu sein glauben: Im Wagen? Sie im Wagen, Signor Conte?

Wie geht denn das zu, daß Sie angefahren kommen? — Dann aber, als sie bemerkte, sie habe es mit einem Leidenden zu thun, änderte sie plötzlich ihren Ton, und sich von ihrem Schemel erhebend, fragte sie höflich und gutmüthig: Wollen Sie, daß ich aufschließen soll? Geben Sie den Schlüssel, Herr Graf, geben Sie rasch den Schlüssel. — Madonna mia, wie Sie blaß sind! Sie werden sich erschrecken, die arme Signora Theresa und die Tochter, wenn sie den Wagen kommen hören! Sie sind hier im Hofe der Wagen nicht gewohnt!

Sie schloß bei diesen Worten mühsam die kleine Thüre des Palastes auf, der Nachbar Schuhmacher, welcher bei solchem schönen Wetter immer auf der Straße arbeitete, kam ihr neugierig und dienstfertig zu Hülfe, als sie danach die Einfahrtsthüre öffnen wollte, deren eingerostete Angeln kaum noch beweglich waren, und laut wiederhallend rollte der kleine Wagen durch das hoch gewölbte Portal und über die schöne Weitung des mächtigen Hofes nach der linken Seitentreppe des Palastes hin.

Domenico stieg aus, um dem Grafen behülflich zu sein, und dieser nahm den Beistand des Jünglings mit der Haltung eines Mannes an, der es wohl gewohnt gewesen ist, von Anderen Dienste zu empfangen. Auch die Bewegung, mit welcher er in die Tasche griff, den Kutscher zu bezahlen, mochte Sache einer früheren Gewohnheit bei ihm sein; aber

er zog die Hand eben so schnell wieder aus der Tasche
zurück, und die erzwungene Leichtigkeit, mit welcher
er gegen Domenico, der den Fahrpreis bereits ent=
richtet hatte, die Bemerkung hinwarf, daß er in der
Eile vergessen habe, Geld mit sich zu nehmen, ver=
rieth ebenfalls eine lange Gewohnheit, sich mit ähn=
lichen Ausflüchten über ähnliche Verlegenheiten fort=
zuhelfen.

Indeß noch ehe Domenico Zeit gewonnen, sich
über den Zufall zu verwundern, der ihn mit dem
Bewohner eben dieses Palastes so sonderbar zusam=
mengebracht und ihn jetzt ohne all sein Zuthun in
den Hof und an die Stelle geführt hatte, wohin zu
gelangen er zu verschiedenen Malen und immer ver=
gebens versucht hatte, eilte eine herrliche Gestalt flie=
genden Schrittes die breiten Treppen des Palastes
hernieder, und den Vater umschlingend, rief sie: Vater,
lieber Vater! Was fehlt Euch, mein Vater? Ihr seht
blaß aus, Eure Hände sind kalt! Kommt herunter,
Mama! Es ist der Vater, der gekommen ist, und
der Vater sieht nicht wohl aus! Helft mir, Herr! Ich
bitte Euch, helft mir, meinen Vater hinauf zu brin=
gen, die Treppen sind so hoch!

Sie faßte dabei den Vater mit ihrem linken
Arme um den Leib, legte sich seinen rechten Arm auf
ihre Schulter, und dem ihr fremden Manne, trotz
ihres Vaters Abmahnen, ein Zeichen gebend, daß er
es wie sie machen und so den Kranken mit ihr zu

seiner Wohnung hinaufgeleiten solle, fing sie an, die
gelinden Stufen mit festem Schritte empor zu stei=
gen, den Vater stützend und tragend nach bestem Ver=
mögen.

Domenico's Kraft und Rüstigkeit kamen ihr da=
bei gar wohl zu Statten, sie schonte seiner auch so
wenig als ihrer selbst. Faßt meinen Vater fester um
den Leib! Stützt ihm den Rücken — so! Nun steht
still, daß er Athem schöpfen kann! Nun laßt ihn nie=
dersitzen auf der Fensterbank! gebot sie von Zeit zu
Zeit, und es sprachen sich in diesem rücksichtslosen
Begehren und Befehlen zugleich eine solche Angst und
eine so zärtliche Sorge für den Vater aus, daß Jeder
ihr hätte gehorchen müssen, auch ohne von ihrer
Schönheit so überwältigt zu sein, als Domenico sie
auf's Neue empfand.

Er konnte kein Auge von ihr wenden. Sie kam
ihm in der Nähe und in der vollen Beleuchtung des
Tages noch viel herrlicher als an jenem Abende vor,
an welchem sie ihm aus der Ferne flüchtig erschienen
war. Er sah jetzt Vorzüge an ihrer Bildung, die
ihm damals entgangen waren, und doch meinte er
eine Veränderung an ihr zu bemerken, die nicht zum
Vortheile ihrer jugendlichen Schönheit war.

Giuditta's Gestalt war noch größer und ausge=
reifter, als er sie sich vorgestellt hatte, aber trotz der
Kraft und Gesundheit, welche sich in jeder ihrer Be=
wegungen kund gaben, war ein Hauch der Schwer=

muth über ihr Antlitz gebreitet. Er glaubte, es ihr anzusehen, daß Kummer und Sorge auch sie mit ihren grauen Flügeln schon streifend berührt hätten, denn um die mächtigen Lider der großen, braunen Augen schwamm ein röthlicher Schimmer, wie reichlich vergossene Thränen ihn auf seiner Haut zurückzulassen pflegen. Die Trauerkleidung, welche sie trug, das schwarze, hoch hinaufgehende Gewand von schlechtem Wollenzeuge standen damit in Uebereinstimmung, und während sie ihm mit einer Sicherheit ihre Anweisungen gab, als hätte sie immer nur Befehle ausgetheilt, sah Domenico an ihren starken, aber schön geformten Händen, daß Giuditta häusliche Arbeit aller Art verrichtet haben mußte.

Sie hatten den Vater bereits die erste, hohe Stiege emporgeleitet, als die Mutter ihnen aus dem oberen Gestock entgegenkam. Ihr Erschrecken, ihre Klagen hatten etwas Fassungsloses. Die Tochter und der Vater bemühten sich beide, sie mit ermuthigendem Zuspruche zu beruhigen, aber in ihren bleichen Wangen, in ihrem immer wiederholten Ausrufe: Also auch das noch, auch das noch! lag die ganze Trostlosigkeit eines Gemüthes, welches sich zum Unglücke bestimmt glaubt und das Hoffen verlernt hat.

Der Graf ertrug die Beschwerde, welche ihm das Ersteigen der Treppen verursachte, mit großer Selbstüberwindung. Er versicherte dem helfenden Jünglinge wieder und wieder, daß er seines Beistandes nun schon entrathen könne, daß er ihn nicht weiter bemühen wolle, und ohne Giubitta's erneute Aufforderungen, ihr bei dem Führen ihres Vaters, der sich in der That kaum auf den Füßen halten konnte, zur Hand zu gegen, würde Domenico sich entfernt haben, weil er fühlte, daß dem Leidenden aus irgend einem Grunde seine Nähe und seine Begleitung unwillkommen waren. Er begriff nicht, worauf dieses Bestreben, ihn fortzuschicken, sich gründen könnte; aber als sie das oberste Stockwerk erreicht und die Wohnung der Familie betreten hatten, verstand er des Grafen Widerstreben völlig.

Siebentes Capitel.

Das große, saalartige Gemach hatte kaum die allerunentbehrlichsten Möbel. Die seidenen Tapeten an den Wänden waren verblichen und zerschlitzt, hier und da hing an den ausgesprungenen Goldleisten, welche den Damast einst eingeschlossen hatten, ein Stück des Stoffes hernieder. Die Fenster waren blind geworden, den vergoldeten Palmen- und Lorbeerkränzen auf den Fensterladen fehlten hier die Blätter, dort ein ganzer Zweig. Die Stuckverzierungen an den Decken zeigten überall Lücken und Brüche, keine Vorhänge schützten das Gemach gegen das Eindringen der Sonne, die so hell hineinschien, als wolle sie den Verfall des Raumes recht deutlich machen, und die Genien des Ruhmes und des Ueberflusses, welche einst die Hand eines tüchtigen Meisters an die Decke des Saales gemalt hatte, blickten mit ihren vollen, rothen Wangen wie zum Hohne auf den jetzigen, armuthsbleichen Besitzer dieses Gemaches herab. Nur Giuditta sah aus, als gehörte sie noch in die Zeiten, in welchen ein Künstler darauf verfallen konnte, solche Allegorieen in diesen Palast hineinzumalen; Alles außer ihr war kümmerlich und traurig.

Ein langes, schmales Sopha mit steifer Lehne, dem der Ueberzug fehlte, stand wie vergessen an der einen Wand. Zwischen den Fenstern konnte man die Spur und Form der Spiegel sehen, die einst dort gehangen und die man, wie es schien, schon lange fortgenommen hatte. Dafür lag die schwere Stange, welche die Vorhänge vor der Thüre des Nebengemaches getragen, noch auf ihren eisernen Haken, aber der Blick in dieses Nebengemach zeigte dieselbe Zerstörung wie in dem Saale. Das große Ehebett hatte hatte keine Gardinen, seine Decken waren verwaschen und fadenscheinig, wohin man sich wendete, sah man die Armuth, und doch ermangelte das Ganze weder der Sauberkeit, noch einer gewissen Ordnung und eines gewissen Schmuckes. Ueber den alten Shawl, welcher den in der Mitte des Saales stehenden Tisch bedeckte, war ein großer, grob gehäkelter, weißer Ueberhang gebreitet; zu beiden Seiten des erblindeten Spiegels, den man über dem Kamine zurückgelassen hatte, weil er in der Mauer befestigt war, standen in schlechten irdenen Vasen Sträuße von Blumen, wie die Klosterzöglinge sie aus buntem Papier und Stroh zu fertigen erlernen, und vor dem gedruckten Madonnenbilde, das in keinem der beiden Räume fehlte, waren ähnliche Sträuße aufgestellt, während auf den Fensterbrettern in groben Kübeln und Kasten rothe Geranien, Heliotropen und selbst ein paar Rosenstöcke wohlgepflegt zur Blüthe gekommen waren.

Domenico unterschied diese Einzelheiten nicht sogleich, aber er fühlte sich von den Verhältnissen und von der augenscheinlichen Noth dieser Menschen so umstrickt und belastet, als ob sie ihm nicht, wie es doch in Wirklichkeit der Fall war, völlig Fremde wären. Er konnte sich nicht entschließen, sie ohne Weiteres zu verlassen. Er blieb daher in dem großen, saalartigen Gemache stehen, nachdem die Frauen mit dem Leidenden in das Schlafgemach gegangen waren, ihn zur Ruhe zu bringen. Es wunderte ihn, daß keine der Beiden daran dachte, ein Feuer zu schüren, um irgend eine Stärkung für den Kranken zu bereiten. Er sah sich im Vorsaale und in der Küche, die offen stand, nach Holz, nach Kohlen um, es war nichts der Art zu finden. In einem thürenlosen Schranke lag ein Brod und standen einige leere Flaschen. Kaum das Unerläßlichste an Hausgeräth war hier vorhanden, und schnell entschlossen, eilte Domenico die Treppen hinunter, um herbeizuschaffen, was hier offenbar vonnöthen war.

Er brauchte nicht lange danach zu suchen. Zwei Flaschen starken Weines, eine kräftige Brühe, ein tüchtiges Stück Fleisch waren bei dem nächsten Speisewirthe leicht aufgetrieben; ein Korb voll Holz und Kohlen bei dem Kohlenhändler schnell bestellt, einige Orangen und Trauben bald gekauft, die einfachen volksthümlichen Herzstärkungen in der Apotheke gleich beschafft, und von den Burschen des Gastwirthes und des Holzhändlers gefolgt, selbst mit seinen anderen Einkäufen beladen, langte Domenico in dem oben Palazzo wieder an. Er hatte den letzten Treppenabsatz noch nicht erreicht, als Giuditta oben schon die Thür öffnete. Aber sie war überrascht, als sie ihn und die beiden Burschen erblickte, welche seine Einkäufe hinter ihm hertrugen.

Sie sind es? rief sie. Ich dachte, meine Mutter käme, und ich wollte ihr sagen, daß sie sich beeilen sollte, denn der Vater redet irre! Kommen Sie! Hören Sie, wie er mit seinem Bruder spricht!

Domenico trat auf ihr Verlangen mit ihr vor das Krankenlager hin. Es war eine große Veränderung mit dem Grafen vorgegangen. Seine hohlen Wangen brannten in der Gluth des Fiebers, seine Augen sahen wild umher. Er rief wieder und wieder nach seinem Bruder, den er vor Gottes Gericht citirte, dann wieder schien er sich gegen seinen Vater zu vertheidigen und diesen um seinen Segen anzuflehen, bis er, sich hoch im Bette emporrichtend, zu wiederholten Malen Claudio, mein Claudio! rief und einem Gebilde seines überreizten Hirnes die Arme entgegenbreitete.

Giuditta hatte bis dahin sprachloser Angst an dem Bette gestanden, ohne ihr Auge von dem Kranken abzuwenden. Als er aber immer auf das Neue

nach Claudio verlangte, konnte sie es nicht ertragen.
Sie umschlang den Vater, und ihre Wange an die
seine pressend, sagte sie: Mein Vater, er kann ja nicht
kommen, der arme Claudio, er ist ja todt! — und
sie fing dabei selber so schmerzlich zu weinen an, daß
ihre Thränen auf des Vaters Hände niederflossen.

Ihre Stimme übte indessen unverkennbar eine
Gewalt über den Fiebernden aus. Er blickte die Toch=
ter an, blickte im Zimmer umher und wiederholte:
Er ist todt! Es ist wahr, er ist todt! — und damit
legte er sich auf die andere Seite und schien einzu=
schlafen. Domenico und Giuditta standen sich schwei=
gend gegenüber, bis sie von dem Bette fortging, um
abermals an der Thüre nachzusehen, ob die Mutter
noch nicht käme.

Der junge Mann folgte ihr dahin. Er fragte,
ob die Mutter vielleicht gegangen wäre, einen Arzt zu
holen. Giuditta schüttelte verneinend das Haupt.
Einen Arzt? Was soll der hier? Die Aerzte können
ja nicht helfen! Sie haben auch meinem armen Bru=
der nicht geholfen, obschon der Vater und die Mutter
das Letzte dafür hingegeben haben! Nein, die Aerzte
können nichts, wenn Gott nicht hilft! Die Mutter ist
in die Kirche gegangen. Sie wird gleich wieder hier
sein — und, Sie sehen es ja, der Vater wird schon
stiller.

Sie sah sich dabei im Saale um und schien erst
jetzt auf die Lebensmittel und Vorräthe aufmerksam

zu werben, welche Domenico herbeigeschafft hatte. Weil er nun aus seiner Seele herausurtheilte, meinte er, daß Giuditta durch seine Gaben in eine Verlegenheit gesetzt werden könne, und er wollte versuchen, ihr darüber fortzuhelfen.

Verzeihen Sie, sagte er, wenn ich in meinem guten Willen vielleicht etwas ganz Ueberflüssiges gethan habe! Aber ich sah, daß Sie im Augenblicke Niemanden zum Schicken bei der Hand hatten, und da meinte ich, daß ...

Sie ließ ihn nicht zu Ende sprechen. Entschuldigen? wiederholte sie. Was soll ich entschuldigen? Entschuldigen Sie es, daß ich Ihnen nicht gleich gedankt habe! Aber ich war so erschrocken über meines armen Vaters Irrereden! Sie haben ganz recht gesehen, wir haben Niemanden zu schicken, wir können keine Bedienung halten, und Ihre Güte wird meinem armen Vater sehr zu Statten kommen, denn er kann nicht weiter fort, und der Onkel hat ihn wie immer abgewiesen! Das hat ihm heute solchen Schlag auf's Herz gegeben, solchen Schlag — Sie haben's ja erlebt!

Da sie aus dem Nebenzimmer ein leises Stöhnen hörte, eilte sie rasch zu ihrem Vater zurück; indeß sie kam bald wieder, um den Korb voll Holz, welcher vor der Thüre stehen geblieben war, in die Küche zu tragen. Domenico sprang hinzu, ihr dabei zu helfen; aber sie wehrte es ihm mit einer gewissen gebiete=

rischen Heftigkeit. Lassen Sie, lassen Sie! rief sie. Herren wie Sie sind solcher Arbeit nicht gewohnt, Sie verderben Ihre guten Kleider! Ich kann es selber machen, ich habe schon mehr getragen, als solch kleinen Korb!

Sie hob dabei mit ihren kräftigen Armen die keineswegs leichte Last fast spielend in die Höhe und ging damit von bannen, ohne daß ihr schöner gleichmäßiger Schritt im mindesten dadurch verlor. Darauf brachte sie die Kohlen mit eben solcher Leichtigkeit hinaus, und Domenico ließ sie endlich gewähren, weil die Kraft und Schönheit ihrer Bewegungen ihm so viel Freude machten. Mit einer fast kindischen Neugier öffnete sie die blechernen Behälter, in denen man ihnen die Speisen zugetragen hatte, um nachzusehen, was sie enthielten. Sie setzte die eine Flasche von dem Weine danach in den Schrank und hob von der anderen mit dem daran hangenden Werg vorsichtig und geschickt das Oel ab, mit welchem der Wein in der unverkorkten Flasche gegen das Verderben geschützt war. Dann knieete sie an dem Kamine nieder, ein Feuer anzufachen.

All ihr Thun war schnell, war sicher und geräuschlos; sie war unverkennbar dieser Arbeit sehr gewohnt und verrichtete sie nicht mit Unlust. Sie rühmte die fetten Kohlen, das trockene Holz; sie brach mit fester Hand die Weinrebenbündel entzwei, deren man sich in Italien zum Anzünden des Feuers bedient, sie ordnete und schürte Alles, daß die Flamme schnell faßte, und noch auf ihren Knieen liegend, während das Feuer hell aufloderte und ihr Antlitz überstrahlte, wendete sie sich zu Domenico zurück und sagte mit dem Ausdrucke der zärtlichsten Freude: Die Brühe wird dem Vater sehr gesund sein! Er hat sie lange nicht gegessen, und er ißt sie gern! Und wenn er aufwacht, und wir bringen ihn hieher, daß er nur recht warm wird, dann wird's ihm besser sein! Es ist schon kalt hier oben in den großen Stuben, und ein braves Feuer — ein braves Feuer thut so gut!

Sie ging hinaus, die Brühe aus dem Blechnapfe in ein irdenes Gefäß zu schütten, in welchem sie es dem Feuer besser annähern konnte, und Dominico wurde nicht müde, ihr zuzuschauen.

Alles an ihr war Natur und Anmuth! Sie war ihm ein Wunder in jeglichem Betrachte. Nichts von all dem Widersprechenden, das sich in ihm bewegte, seit er in diese Gemächer eingetreten war, schien jemals in dem Mädchen aufgekommen zu sein. Er konnte es nicht verstehen, wie die Trägerin eines der stolzesten Namen von Rom in solcher Noth und solchem Elende hatte auferwachsen können. Es that ihm wehe, sie Magdarbeit verrichten zu sehen, und daneben dünkte es ihm unbegreiflich, daß sie sich ihrer Armuth vor ihm nicht schämte und daß seine Anwesenheit und sein Beistand ihr kaum aufzufallen schienen. Sie sprach mit ihm von ihrem Vater, von ihrer Mutter

und von dem verstorbenen Bruder, als wäre er ein
alter Bekannter und wisse um alle ihre Angelegenheiten; und wenn sie ihm in ihrer Schönheit bei der
häuslichen Arbeit wie eine jener herrlichen Königstöchter der griechischen Sage erschien, die am Heerde
ihres fürstlichen Vaterhauses schalten, so meinte er im
nächsten Augenblicke, ein Kind vor sich zu haben, weil
sie wie ein solches jedes ihm Nothwendige mit Freude
ergriff und hinnahm, ohne darüber nachzudenken, woher es ihm komme, und ohne sich erst lange Rechenschaft über den Mangel zu geben, welchen sie gelitten,
bis ihm diese Abhülfe geboten worden war. Dieselbe
Mischung von selbstgewisser Reife und von Kindlichkeit
lag auch in ihrer Erscheinung und in allem, was sie
sagte. Er konnte sich endlich nicht enthalten, sie zu
fragen, wie alt sie sei.

Wie alt ich bin? wiederholte sie. Ja, wie alt
kann ich denn sein? Rechnet es selber einmal nach,
Signor! Meine Mutter hat mir immer erzählt, daß
sie mich geboren habe in den Tagen der Republik, als
unser General, Ihr wißt ja, der gesegnete Giuseppe
Garibaldi, mit seinen Rothhemden hier in Rom gewesen ist. Davon — Giuditta fuhr sich mit der
Hand durch die Wellen ihres röthlich-braunen Haares
— davon, sagt meine Mutter, habe ich den Rothkopf
auch bekommen, der sonst nicht in der Familie ist.
Gefällt Euch solches rothes Haar?

Ob es mir gefällt! rief Domenico. Euer Haar ist schön wie Abendsonnenschein!

Mir gefällt es auch, meinte Giubitta, und sehen Sie, Signor, ich bin stolz darauf! Ich trage es zu Ehren Garibaldi's!

Also Ihr liebt die Republik? Ihr seid eine Republicanerin? schaltete Domenico in das Geplauder des Mädchens ein.

Freilich bin ich eine Republicanerin! Alle Armen und alle Verstoßenen müssen Republicaner sein! sagt der Vater, der ja auch arm und ein Verstoßener ist! Und wenn nur erst die guten, alten Zeiten wieder kommen und die Garibaldiner und der Josef Mazzini die Republik wieder bringen, da brauche ich gar nicht erst die rothe Blouse anzuziehen! Ich habe mein Abzeichen immer auf dem Kopfe! Wenn ich meine Mähne schüttele, ist's gleich, als zöge ich die heil'ge rothe Flagge auf!

Sie schüttelte, während sie dies sagte, alles Leid vergessend, fröhlich ein paarmal mit dem Kopfe, daß die schlichte Haarnadel, welche ihr Haar zusammenhielt, zur Erde fiel, und als ob ein strahlender Schleier über sie herabgelassen wäre, so umfloß, bis zu ihren Knieen niederfallend, die Fülle des herrlichen Gelockes ihre schlankkräftige Gestalt.

Wie schön sie ist! dachte Domenico und sprach es wider seinen Willen aus, während sie ihr Haar schnell wieder in beide Hände nahm und mit hastiger Geschicklichkeit um die Nadel von schwarzem Holze wickelte.

Ach was, schön! spottete Giuditta über sich und ihn, als sie in dem Augenblicke das Sieden der Brühe am Feuer hörte — dumm bin ich, in Wahrheit dumm, und weiter nichts! Ich denke nicht an die Brühe und nicht an meinen armen Vater, dem sie gut thun soll! Aber warum fragt Ihr mich auch so viel! fügte sie hinzu, als sie, abermals am Heerde knieend, den Tiegel von dem Feuer entfernte. Es ist ja ganz gleich, wie alt man ist, so lange man gesund ist und seine Kräfte hat! Habe ich Euch gefragt, wie alt Ihr seid? Ich weiß nicht einmal Euren Namen und woher Ihr kommt, und doch seid Ihr schon einmal bei uns im Palast gewesen!

Erinnert Ihr Euch meiner? fragte Domenico mit einer Freude, die ihn selber überraschte.

Wie sollte ich nicht! entgegnete sie. Ihr wart in unserem Hofe, als ich an's Fenster trat, um nachzusehen, ob die Mutter mit dem Doctor noch nicht käme! Mein armer Bruder lag schon auf den Tod darnieder, ich glaubte, Ihr wärt der Doctor, und ich winkte Euch, damit Ihr Euch beeilen solltet. Mein Bruder starb noch in derselben Nacht, man hatte an dem Abende eben nur noch Zeit, den Priester mit dem Sacrament zu holen — er war so schön, mein Bruder, wie er starb! Wie ein Heiliger hat er aus=

gesehen, wie ein Christus, mit dem langen Haar, mit seinen bleichen Wangen und den schönen, weißen Händen! Er hatte die Schönheit von der Mutter und das feine Grafenblut vom Vater! Es war ein Jammer, als sie ihn hinuntertrugen! Ich muß noch immer weinen, wenn ich denke, daß er unter der Erde ist und daß die Würmer an ihm nagen! Er war eine Schönheit von einem Jüngling, eine wahre Schönheit, und nun ein Gerippe, ein häßliches Gerippe! —

Die hellen Thränen liefen ihr über die Wangen nieder, so daß sie sie mit den flachen Händen trocknete. Aber sie nahm sich plötzlich zusammen, als sie den Schritt der Mutter auf dem Vorsaale hörte, und sich zu Domenico wie zu einem alten Bekannten hinüberneigend, flüsterte sie: Wir müssen davon nicht sprechen, die Mutter muß es nicht erfahren, daß ich weinte, sie hat ohnehin des Kummers schon genug, und ihre armen Augen werden selten trocken, wenn der Vater sie nicht sieht!

Giuditta öffnete die Thüre, und mit einer Freundlichkeit, in der keine Spur von ihren Thränen mehr zu merken war, ging sie der Mutter entgegen. Er schläft, er schläft sehr ruhig, tröstete sie, und der Herr hier, der ihn nach Hause gebracht hat, hat auch Alles für ihn besorgt! Es ist Alles da, Wein und Brühe, Arzneien und Feuerung, Alles, Alles! Und der Herr ist hier geblieben die ganze Zeit, bis Ihr gekommen seid, meine Mutter! O, ich danke Ihnen, ich danke

Ihnen, mein Herr! wiederholte sie, indem sie ihm die Hände auf die Schultern legte und ihm mit der zärtlichen Freundlichkeit eines Kindes in die Augen blickte.

Domenico hatte Mühe, sie nicht in seine Arme zu schließen und an sich zu ziehen. Jenes „ich danke", jenes weiche, lang gezogene grazie! in welches die Römerinnen so viel lächelnde Anmuth zu legen wissen, klang ihm von Giuditta's Munde so bezaubernd, als hätte er es noch nie zuvor vernommen, und er sann nur darüber nach, was er thun und schaffen könne, um es noch einmal, um es immer und immer wieder von diesen süßen Lippen erklingen zu hören.

Als er an jenem ersten Abende Giuditta's Mutter im Hofe des Palazzo begegnet, war sie so eilig gewesen, daß ihm nur der Eindruck ihrer Aermlichkeit und Vergrämtheit zurückgeblieben war. Jetzt aber sah er mit Bewunderung an der Frau die stattliche und hohe Gestalt, welche die Tochter offenbar als ein Erbtheil ihrer Mutter besaß. Die letztere mußte überhaupt einst ein wahres Urbild jener römischen Schönheit gewesen sein, die man in den dunkelhaarigen Madonnen Raphal's, in der Madonna della Sedia und in der Sixtinischen Madonna dargestellt und zum Ideal erhoben wiederfindet; und auch die würdevolle Haltung der Römerinnen besaß sie ganz und gar.

Sie dankte dem Fremden mit Wärme, ohne sich jedoch lange dabei aufzuhalten. Sie ging vielmehr sogleich an ihres Mannes Lager; aber als sie von demselben zurückkehrte, war sie weniger beruhigt, als der Tochter tröstlicher Bericht es hatte erhoffen lassen. Das ist kein gesunder Schlaf, mein Kind! sagte die Mutter, indem sie den schwarzen Schleier vom Kopfe nahm, welchen sie übergeworfen hatte, als sie in die Kirche gegangen war. Das ist kein Schlaf, das ist Betäubung, die Betäubung des Fiebers! Sein Kopf brennt heiß und sein Puls geht schnell! Es wird die Perniziosa, das böse Fieber sein! Aber Gott wird uns helfen! Ich habe der Madonna ein Gelöbniß gethan, und ich habe es gefühlt — die gläubige Frau legte die Hand auf die Brust —, ich habe es im Grunde meines Herzens gefühlt, die heiligste Mutter hat es angenommen! Sie hat uns ja in unserer Noth schon Hülfe gesendet durch den großmüthigen Fremden hier, sie wird auch weiter helfen; und ich kenne meine Tochter! Ihres Vaters Leben zu erhalten, ist auch ihr einziges Verlangen! Nicht wahr, Giubitta, dein lieber Vater soll nicht sterben, er soll es nicht — nicht wahr?!

O nein, nein, rief das junge Mädchen, und er wird nicht sterben! Ich will der heiligen Jungfrau auch vierzigtägige Gebete weihen, und seht, Mama, diese Ohrringe, welche die Pathe mir gegeben hat — ich habe keine anderen —, die will ich der Madonna von Sant Agostino bringen, die so reich ist, weil sie den Kranken immer beisteht, fast so gut wie das heiligste Christkind von Ara Coeli, das freilich noch weit besser sein würde — nur daß der Wagen gar zu theuer ist!

Sie blickte dabei Domenico mit ihren großen Augen fragend und bittend an, und er verstand, was sie begehrte und insgeheim von ihm erhoffte. Er wußte, wie die Römerinnen aller Stände, wenn kein Arzt mehr helfen kann, ihre Zuflucht zu dem hölzernen Abbilde des Christuskindes zu nehmen lieben, das ihnen aus dem Franciscanerkloster von Ara Coeli als Wickelkind, in kostbare Stoffe eingehüllt, mit Edelsteinen bedeckt, die Krone auf dem Haupte, in einem geschmückten Wagen in das Haus gefahren und auf das Bett getragen wird. Er hatte zu den verschiedensten Malen von den Wundern sprechen hören, welches dieses allerheiligste Wickelkind verrichtet, von der Genesung, welche es gerade da befördert haben sollte, wo alle menschliche Hülfe sich vergeblich erwiesen hatte; und wäre es ihm nicht quälend gewesen, gerade auch dieses Mädchen in den Banden des blindesten Aberglaubens verstrickt zu wissen, er hätte sich versucht gefühlt, den heiligen Bambino herbeizuholen, nur um auf's Neue den Ausdruck der Zufriedenheit und der Freude von Giubitta's holdem Antlitze wiederstrahlen zu sehen, um noch einmal das süße grazie! von ihren Lippen zu vernehmen. Es fiel ihm förmlich schwer, zu thun, als errathe er nicht, was ihr Vertrauen von ihm heischte, und um sie davon abzubringen, fragte er die Mutter, ob er nicht gehen und einen Arzt zu ihrem Manne rufen solle, da sie dies selber noch nicht gethan hatte.

Sie erröthete, als mache der Fremde ihr den Vorwurf der Versäumniß, und wie sich zu entschuldi= gen, sagte sie, sie habe nicht gewußt, an wen sich wen= den. Es gäbe der Aerzte wohl genug, indeß die guten unter ihnen hätten immer nur für die Fremden und die Reichen Zeit, und die schlechten Aerzte müsse man auch bezahlen wie die guten. Sie hätte also erst sich überzeugen wollen, wie es mit ihrem Manne stehe. Nun freilich, da sie erkenne...

Domenico ließ sie nicht erst vollenden. Ich habe einen Freund, sagte er, ihr schnell in die Rede fallend, einen guten, deutschen Arzt, der eben hier in Rom ist und in Ihrer Nähe wohnt, den will ich holen; er soll nach Ihrem Kranken sehen und uns sagen, was für ihn geschehen kann.

Thut das, Signor, ja, thut das! bat Giubitta, und ihn bis zur Außenthür geleitend, sprach sie, wäh= rend er schon die Treppe hinuntereilte: Euch, Signor, Euch hat uns die heilige Jungfrau gesendet! Ihr seid wie unser Schutzengel! Gott segne Euch, Signor! Gott segne Euch!

Sie faltete ihre Hände über ihrer Brust zusam= men, und wie er sich nach ihr umwendete und sie oben an dem Treppengeländer hoch über seinem Haupte stehen sah, da wachte die Erinnerung wieder doppelt lebhaft in ihm auf, und sie war ihm wieder völlig die engelhafte Gestalt, als die sie ihm zuerst erschienen war. Er grüßte sie, sich mit innigem Entzücken verehrungsvoll vor ihrer Schönheit neigend, und machte sich dann schnell auf seinen Weg. —

Achtes Capitel.

Domenico's Freunde waren es gewohnt, daß er sich zeitweise von der unter ihnen herrschenden Geselligkeit zurückzog, wenn irgend eine Arbeit ihn lebhaft beschäftigte und seine Gedanken in Anspruch nahm, und da man ohnehin von seiner nahe bevorstehenden Verlobung mit der jungen Deutschen zu sprechen anfing, fiel es seinen Bekannten nicht weiter auf, daß er den Künstler-Club nicht mehr so häufig als sonst besuchte, daß er beim Mittagstische im Speisehause und bei seiner Tasse Kaffee im Café Greco nicht länger verweilte, als eben nöthig war, und daß er, wie sie es nannten, sich wieder in seine ideale Unsichtbarkeit verhüllte. Man nahm es als selbstverständlich an, daß er seine Mußestunden in der deutschen Familie verlebe, und erwartete von einem Tage zum anderen die Nachricht von seiner Verlobung zu erhalten.

Aber gerade die Personen, in deren Gesellschaft die Künstler ihn vermutheten, beklagten sich darüber, daß sie Domenico's so wenig habhaft würden; nur

diejenige, welche ihn vielleicht am schmerzlichsten ver=
mißte, die schöne Flora, schwieg.

Sie kam, so oft Domenico eine Sitzung des
Brautpaares für sein Bild begehrte, mit ihrer
Schwester in das Atelier, aber das heitere und sichere
Einvernehmen, welches bis dahin zwischen ihr und dem
Maler stets gewachsen war, hatte mit Einem Male
aufgehört. Die Brautleute, die, weil sie selbst auf=
geschlossenen Herzens waren, nichts natürlicher fanden,
als daß den Anderen auch das Herz aufging, konnten
nicht begreifen, weßhalb von der erwarteten Verstän=
digung zwischen Flora und Domenico noch immer
nichts verlauten wollte. Gerhard's Ungeduld war an
jedem Tage nahe daran, den Freund zu fragen, wie
die Sache stehe, indeß seine Verlobte hielt ihn davon
zurück. Sie gab ihm zu bedenken, daß nicht einem
Jeden die rasche Entschlossenheit, die klare Selbster=
kenntniß und der einfache Sinn zu eigen wären, die
sie an ihm bewundere und liebe, und daß auch nicht
ein jedes Mädchen die Ehrlichkeit besitze, dem Manne,
den sie sich erkoren, ihre Neigung so offen kund zu
geben, als sie selbst es ihm gegenüber gethan habe.
Man müsse den Beiden Zeit lassen, in sich klar und
mit einander einig zu werden, was bei einem Menschen
eben länger als bei einem anderen dauere.

Marianne und Gerhard erlebten an sich, was
das Schicksal der großen Masse der Menschen selten
zu versagen pflegt, als wolle es sie damit für ihre

eigene Unbedeutendheit entschädigen. Die kleine Braut fühlte sich nämlich seit ihrem Verlobungstage so reif und so weise geworden, wie die Apostel nach der Ausgießung des heiligen Geistes, und Gerhard hatte eben so plötzlich ein tiefes Vertrauen in die wundervolle Einsicht seiner künftigen Frau bekommen. Damit war denn der Keim zu dem bürgerlichen Glücke ihrer Ehe schon gelegt, und Flora und Domenico konnten es andererseits für ihr Theil nicht besser verlangen, als daß man sie eben sich selber überließ; denn beide hatten diese äußere Ruhe nöthig, weil sie innerlich sich nur zu sehr beschäftigt fühlten.

Flora hatte nach der Wärme, mit welcher der junge Mann ihr an dem Verlobungstage ihrer Schwester begegnet war, nicht mehr daran gezweifelt, daß er sich zu ihr hingezogen fühle und, da ihrer Verbindung nichts im Wege stand, seine Werbung in allernächster Zeit erwartet. Indeß eben von jenem Tage ab war eine Veränderung in des jungen Künstlers Verhalten gegen sie eingetreten, die ihr nicht entgehen konnte, auch wenn sie sich die Ursache derselben auf keine Weise zu erklären vermochte. Gleich an dem folgenden Abende war er ausgeblieben, obschon er ihr sein Kommen zugesagt hatte.

Als sie ihn in der ersten Sitzung, welche ihm das Brautpaar gab, um die Ursache seines Nichterscheinens fragte, hatte er ohne alle weitere Erklärung eine dringende Abhaltung vorgeschützt. Solch kurze

Antwort hatte er ihr aber schon seit langer Zeit nicht mehr gegeben. Ohne daß sie es gefordert, hatte er ihr, wenn sie sich gesprochen, stets zu erzählen gepflegt, was er unternommen und womit er sich in der Entfernung von ihr beschäftigt hatte; jetzt aber fing er an, sehr häufig an dem Theetisch ihrer Eltern zu fehlen, und sie erfuhr nicht mehr, was ihn dazu bestimmte. Selbst wenn sie mit ihm zusammen war, fand sie ihn nicht mehr so heiter, als bisher, sondern oft in einem solchen Grade zerstreut, daß sie sich wie vergessen neben ihm erschien. Sie erschrak bisweilen, wenn sie bemerkte, wie er neben ihr saß, ohne mit ihr zu sprechen, in ein Träumen versunken, aus dem er plötzlich verlegen auffuhr. Dann blickte er gleichsam verwundert in dem Zimmer umher, seufzte auch wohl verstohlen und stürzte sich danach mit einer Geflissentlichkeit in die Unterhaltung, die dem wachsamen Herzen des ihm so geneigten Mädchens noch peinlicher dünkte, als seine schweigende Zerstreutheit.

Aber nicht allein Flora machte sich Sorge um seinetwillen, auch Gerhard meinte, sich über Domenico beklagen zu dürfen. Er war unzufrieden, daß der Freund noch immer in dem Vaterhause seiner Marianne erschien, ohne den Schritt zu thun, welcher ihn demselben enger verbinden sollte, und unzufriedener noch, wenn er aus demselben fortblieb. Indeß Domenico schien von dem allem kaum etwas zu merken. Seit er Giubitta so unerwartet wiedergesehen hatte, lebte er wieder unter dem Zauber ihrer Schönheit, und die unglückliche und hülflose Lage, in welcher er sie und ihre Familie gefunden, trug dazu bei, seine Gedanken wie sein Thun noch ausschließlicher mit ihr zu beschäftigen.

Gleich an dem Morgen, an welchem Domenico den Kranken in seine Behausung geschafft und den Arzt zu ihm gebracht, hatte dieser bestimmt erklärt, daß man es hier mit keinem vorübergehenden Unwohlsein, sondern mit einer schweren, durch Mangel und Sorgen erzeugten Erschöpfung zu thun habe, und daß es zweifelhaft sei, ob die Kräfte des Kranken dem Fieber noch würden widerstehen können. Dieses Urtheil hatte auf die Mutter und auf die Tochter eine sehr verschiedene Wirkung ausgeübt. Die Mutter hatte es mit der Ergebung angehört, mit welcher ein frommes und gläubiges Herz, das sich einer Schuld bewußt ist, die Buße für dieselbe auf sich nimmt; aber sie hatte dabei keine Hoffnungslosigkeit verrathen, sondern sich mit einer unthätigen Zuversicht, welche dem Arzte wie dem Maler befremdlich gewesen war, auf die Hülfe der heiligen Jungfrau vertröstet. Nur mit halbem Ohr hatte sie auf die Verordnungen des Arztes hingehört, und dieser würde in Zweifel über ihre Ausführung geblieben sein, hätte die Tochter ihr nicht zur Seite gestanden, deren kluge Entschlossenheit neben der Lässigkeit der Mutter allerdings nur noch um so nöthiger erschien.

Den Blick fest auf den Arzt gerichtet, hatte Giu=
bitta da gestanden, als spräche er ihr selbst das Ur=
theil. Als er geendet und seine Verordnungen gegeben
hatte, wiederholte sie seine Worte, um sich zu über=
zeugen, daß sie nichts vergessen habe, und damit noch
nicht zufrieden, rief sie, als der Arzt sich eben entfernen
wollte: Warten Sie nur einen Augenblick, Herr Doctor, da ist noch Papier, und ich kann schnell schreiben!
Dictiren Sie mir, was ich zu thun habe, damit kein
Irrthum vorkommt!

Sie eilte damit nach einem kleinen Seitentische,
aus dessen Schublade sie ein Blatt geringen Papiers
hervorholte. Der Doctor wollte es ihr abnehmen,
seine Anweisungen selbst zu schreiben; aber Giubitta hin=
derte ihn daran.

Ich kann schreiben, sehr gut und schnell! ver=
sicherte sie noch einmal, indem sie sich niedersetzte, und
der Eifer, mit welchem sie sich zu der ihr offenbar
sehr ungewohnten Arbeit anschickte, die sichtbare Ge=
nugthuung, die sie darüber empfand, ihr Licht vor
den beiden Fremden leuchten zu lassen, dünkten diesen
so reizend, daß der Doctor ihr sofort den Willen
ließ. Es war ein lieblicher Anblick, wie sie, zwischen
Sorge und Eitelkeit getheilt, die fragenden Augen
bald zu dem Arzte emporhob, bald dieselben auf das
Blatt herniedersenkte, während das Sonnenlicht auf
ihrem Haupte und auf ihrem Nacken spielte und die
Löckchen vergoldete, die in natürlichem Gekräusel ihre

Stirn und ihren Hals umgaben. Domenico stand ihr noch in betrachtendem Entzücken gegenüber, als sie sich mit einem zufriedenen: So, nun ist's gut! von ihrem Platze erhob und, mit dem Kopfe nickend, die Verordnung in den Spiegelrahmen steckte.

Nun ist's gut, Herr Doctor, nun weiß ich Alles, und Sie können Sich auf mich verlassen, es soll Alles wohl geschehen! sagte sie noch einmal. Da, Mama, da sind die Ordonnanzen! Traget sie zum Apotheker und wartet, bis sie fertig sind! fügte sie hinzu; denn da man keiner anständigen jungen Römerin gestattet, ohne Begleitung die Straße zu betreten, konnte Giubitta nicht wohl daran denken, die Besorgung selbst zu machen. Aber Domenico kam den Frauen zu Hülfe. Er erbot sich, die Arzenei zu holen und sonst herbeizuschaffen, was noch etwa nothwendig sein konnte. Die Mutter schien zweifelhaft, ob sie sich dieser neuen Dienste des Fremden noch bedienen dürfe. Sie versuchte Entschuldigungen und Einwendungen, Giubitta machte ihnen jedoch sofort ein Ende. Der Herr ist so sehr gut, sagte sie, warum sollen wir nicht annehmen, was er uns leisten will, da es dem Vater doch zu Nutze kommt! Und wenn der Herr so plötzlich krank geworden wäre, so würden wir ihm ja das Nämliche gethan haben, wenn's angegangen wäre! Also gehen Sie, Signor, und kommen Sie bald wieder! Die Thüre unten ist offen und kann auch offen bleiben, es kommt doch Niemand hier zu uns herauf! Auf Wiedersehen!

Sie hatte, während sie das sprach, die beiden Männer bis zur Treppe hinausbegleitet und war dann schnell wieder zu ihres Vaters Lager und zu ihrer häuslichen Beschäftigung zurückgekehrt.

Neuntes Capitel.

Von der Stunde ab war Domenico's Leben ein Kommen und ein Gehen geworden. Die Tage waren vergangen, ohne daß er sie gezählt hatte, aber es war kein Tag verstrichen, an welchem er nicht ein oder sogar ein paar Mal die Treppen des alten Palastes in die Höhe gestiegen wäre, und jeder Tag hatte ihm das schöne Mädchen anziehender und werther gemacht, dessen ganzes Wesen ihm wie eine neue Offenbarung der Weiblichkeit entgegentrat.

Alles in Giuditta war Unschuld und Natur. Wäre er ihr nächster Blutsverwandter und ihr seit Jahren bekannt gewesen, sie hätte ihn nicht mit größerer Zutraulichkeit behandeln können. Sie schien sich weder über sein häufiges Kommen, noch über sein immer längeres Verweilen zu verwundern oder sich durch seinen Beistand und seine Unterstützung, welche er ihr und ihrer Familie leistete, irgendwie beunruhigt zu fühlen. Wenn die Mutter immer auf's Neue darauf zurückkam, daß man so viel Opfer von einem Fremden nicht empfangen dürfe, wenn sie zum Oeftern wiederholte, wie es sie drücke, alle diese Wohlthaten voraussichtlich nicht vergelten zu können, so hörte die Tochter dies nur wie verwundert an.

Ich verstehe Euch nicht, Mama! sagte sie eines Tages. Ihr habt die heiligste Jungfrau gebeten, uns Beistand zu leisten in unserer Noth. Sie hat uns denselben in Signor Domenico gesendet, und nun wollt Ihr die Hülfe nicht dankbar ergreifen, die er uns bietet? Ich, ich sehe in seinem Erscheinen bei uns ein sichtbares Zeichen, daß Eure Gebete und Eure Gelübde angenommen sind und so lange Signor Domenico uns nicht verläßt, werde ich auch nicht an dem Aufkommen unsers Vaters verzweifeln! Und, nicht wahr, Ihr werdet uns nicht verlassen? rief sie dazwischen, indem sie Domenico mit einem ihrer großen, vollen Blicke, die ihm immer bis zum Herzen drangen, in das Antlitz schaute. Ihr kommt mir wie unser Schutzgeist vor, und wenn Ihr nicht da seid und ich mit der Mutter von Euch spreche, so nenne ich Euch auch gar nicht anders, als unseren Schutzengel, unseren lieben Angelo Custode!

Die Mutter wollte der Tochter diese Rede verweisen, indeß Domenico fiel ihr in das Wort. Er bat Giuditta, ihn immer so zu nennen, wenn's ihr Freude mache und wenn der Name Angelo ihr besser gefalle, als der seine; aber sie schüttelte ablehnend mit dem Kopfe.

Nein, sagte sie, wenn Ihr da seid, dann ist's anders! Dann seid Ihr doch ein Fremder und ein Herr — und Herr Domenico ist ja auch sehr schön! Es ist ein schöner Name, Domenico! Er klingt nach Sonntag und nach Feiertag, nach Glockengeläut, nach Blumen und nach Weihrauch! Es klingt schön: Domenico! — Domenico! — Sie wiederholte den Namen, ihn sanft betonend zu verschiedenen Malen, und ihm selber klang derselbe, da er ihn von ihren Lippen hörte, lieblich wie Musik.

Er blieb gedankenvoll sitzen, als sie ihn eines häuslichen Geschäftes wegen bald darauf verlassen mußte. Die Tage wurden schon kurz, es war gegen den Abend hin, das Dämmerlicht brach bereits herein. Domenico hatte sich aufgestützt auf die Ecke des alten Tisches, der an einer der langen Wände stand, und sah erwartungsvoll nach der Thüre hin, durch welche Giuditta sich entfernt hatte. Draußen schlug es von dem Thurme der nahen Pfarrkirche die sechste Stunde, man fing an, das Ave Maria zu läuten.

Um diese Zeit pflegte er sonst an diesem Tage zu Flora's Eltern zum Mittagbrode zu gehen, heute hatte er, ein Unwohlsein vorgebend, den Besuch vermieden. Es war ein Zwiespalt in ihn gekommen, der ihm immer klarer, immer fühlbarer wurde, er vermochte es kaum noch über sich, ihn zu verbergen, ja, er war nicht sicher, ob er recht handle, wenn er dies thue, und doch hatte er das Bedenkliche seiner

Lage und seines Zustandes vielleicht niemals lebhafter empfunden als eben jetzt in dieser Einsamkeit.

Wie er in dem öden, halbdunklen Raume umhersah, erschienen ihm die Verfallenheit und Unwirthlichkeit desselben wieder einmal so grell, so traurig, als an dem Morgen, da er ihn zuerst betreten hatte. In dem Laufe der Wochen, welche seitdem verflossen waren, hatte er über den Sorgen, die er mit den beiden Frauen getragen, und über dem Entzücken an Giubitta der wüsten Umgebung gar nicht mehr geachtet, denn das ganze römische Wesen macht ohnehin dazu geneigt, über solche äußere Verwahrlosung leichteren Auges hinweg zu sehen. Jetzt aber, bei dem Stundenschlage, mit dem er so häufig in den Milder'schen Empfangssaal eingetreten war, jetzt erschreckten ihn die Oede und die Armuth, die ihn hier umgaben. Er dachte an die hellen Treppen, an die behaglich erwärmten Räume, an den wohlgedeckten, mit Lampen, mit Früchten und mit Blumen besetzten Speisetisch. Er sah die Gesellschaft vor sich, in der er sich dort zu bewegen gewohnt war, es fielen ihm die guten, förderlichen Unterhaltungen ein, welche er an jener Tafel mit den verschiedensten Personen gepflogen hatte; alle die Reize, welche Bildung und Reichthum dem Dasein zu geben vermögen, erschienen ihm in ihrem vollen Werthe und eben deßhalb auch begehrenswürdig. Alle die Träume, in welchen er sich an Gerhard's Verlobungstage gewiegt, die lieblichen Bilder, unter denen er sich damals ein Leben mit Flora vorgestellt hatte, die Sorgenfreiheit, die volle Unabhängigkeit für die Wahl seiner Arbeiten, auf welche er bei einer Verbindung mit Flora rechnen können, hatte er immer nach Gebühr geschätzt; aber das alles war er nahe daran, zu opfern — und wofür? —

Signor Cesare unterbrach hier, wie es seine Weise war, seine Erzählung plötzlich. Er blickte uns der Reihe nach an, um die Wirkungen seiner Mittheilungen in unseren Mienen zu lesen, denn er war darin ganz und gar ein Künstler geblieben, daß er niemals seines Publicums vergaß und dessen Beifall nicht entbehren konnte. Glücklicher Weise stellte unsere Theilnahme ihn jedoch zufrieden, und nachdem er seine Kunstpause genugsam ausgedehnt hatte, um unserer Ungeduld genießen zu können, sagte er:

Ich hätte unseren Domenico übrigens wohl sehen mögen, wie er in dem wüsten, dunkeln Saale des verödeten Palastes etwas ganz Besonderes zu erleben glaubte, während ihm doch eigentlich nur begegnete, was ein Jeglicher ein oder ein paar Mal auf seinem Wege durch das Dasein durchzumachen hat. Aber wir Menschen sind wunderliche Wesen. Auf nichts sind wir so stolz als auf unseren sogenannten freien Willen, über dessen Freiheit beiläufig, wie ich glaube, noch sehr zu streiten wäre; und doch verblüfft es uns, doch kommt es uns wie eine heroische That vor, doch stellen wir uns gleich in die erhabene Positur des Her=

cules am Scheidewege, so oft wir, von irgend einer
Nothwendigkeit dazu gedrängt, es uns klar machen
sollen, was wir denn eigentlich wollen und was nicht.
Auch unser Domenico wird sich im Geiste wohl den
Löwenmantel einer besonderen Selbstherrlichkeit um
die Schultern gehängt und sich mit der Keule einer
der landläufigen Phrasen bewaffnet haben, als er mit
sich darüber zu Rathe ging, ob er sich durch eine
reiche Heirath mit einem hübschen und gebildeten
Mädchen die Bequemlichkeiten des Lebens aneignen
solle, oder ob er wieder einmal, wie in den Tagen
seiner ersten Jugend, kopfüber von der Flugmaschine
herunterspringen solle, um durch eine große Thorheit
an sein Ziel, das heißt dieses Mal in die Arme eines
schönen Geschöpfes zu springen, für das er — darüber
war kein Zweifel in ihm — wie noch für kein anderes
Weib in Leidenschaft entbrannt war.

Er saß noch in aller seiner prüfenden Erhabenheit
auf dem nämlichen Felde, als ein Licht in seine Dun=
kelheit hereinbrach.

Seid nicht böse auf mich! flüsterte Giuditta, in=
dem sie, schnell vorwärts gehend, die dreiarmige rö=
mische Messinglampe, deren flackernde Flämmchen des
Mädchens Antlitz mit ungewissem Scheine umspielten,
auf den Tisch in die Mitte des Saales niedersetzte;
ich habe Euch warten lassen, aber der Vater war ganz
hellen Kopfes, und er freute sich, daß ich und die
Mutter an seinem Bette saßen. Er kennt uns schon

fast immer und seit mein Bruder todt ist, hat mein Vater mich sehr lieb. Sie lieben mich jetzt beide, meine Eltern.

Sie erwähnte dieses Letztere mit einer Genugthuung, welche ihrem Freunde auffallen mußte.

Sie sprechen, meinte er, als wären Sie Ihren Eltern nicht immer lieb gewesen!

Wie sollte ich, entgegnete Giuditta, indem sie die Schultern in die Höhe zog, ich kann ja nichts, als ihnen Sorge machen! Ein Sohn ist ganz was Anderes. Wenn Claudio nicht gestorben wäre, so würde es wohl besser mit uns geworden sein. Er hatte Herz und Muth wie Wenige, und mit unseres Vaters Namen wäre er in der Armee des Königs Victor Emanuel schon fortgekommen. Er würde bald Capitain, er würde einmal General geworden sein, und hätte uns Allen dann geholfen. Aber ein Mädchen? — Ihr wißt es ja wohl, Signor — ein Mädchen kann nichts thun, nichts helfen — für seine arme Familie ist Unsereins immer eine Last.

Sie sah, als sie das sagte, so ernsthaft und so in sich beschieden aus, daß es Domenico das Herz bewegte, und eben so dem Zuge seiner Empfindung wie dem Wunsche sie zu trösten, folgend, sprach er: Als wenn Sie nicht auch eine Stütze für Ihre Eltern werden könnten!

Ich — wie sollte das geschehen? fragte sie.

Sie brauchten ja nur einen Mann zu finden,

einen Mann, der vermögend genug wäre, Sie und
die Ihren zu erhalten. Einen Mann, der Sie recht
liebte, einen Mann, der sein Glück darin fände, Sie
immer froh zu sehen.

Wie sollte ich den finden? wendete sie unbefan=
gen ein. Ich kenne Niemanden und es kennt mich
Niemand.

Sie könnten ihm doch begegnen, wenn Sie zur
Messe gehen, bedeutete Domenico, der von ihrer
Natürlichkeit und einfachen Wahrhaftigkeit mehr als
je entzückt war.

Ach nein, versetzte sie. Wir gehen stets nur hier
bei den Capucinern und gehen immer früh zur Messe.
Dahin kommen die Reichen und die Vornehmen nicht,
und sie stehen auch so früh nicht auf.

So sollten Sie die Mutter bitten, daß sie Sie
in die großen Kirchen, daß sie Sie zuweilen nach dem
Sanct Peter oder nach Santa Maria Maggiore oder
nach San Luigi Del Francesi führte, wohin die Vor=
nehmen und Fremden gehen! rieth ihr Domenico.

Sie schwieg einen Augenblick, sah scheu nach der
Nebenstube hin und sagte dann im Tone eines ge=
heimnißvollen und verschämten Vertrauens: Signor,
wir haben die Kleider nicht dazu, und wenn Einer
von des Vaters Verwandtschaft uns so sähe... Sie
wies auf ihren abgetragenen Anzug hin und brach in
ihrer Rede ab.

Domenico vermochte sich kaum zurückzuhalten.

Er hätte das reizende Geschöpf in seine Arme schließen, es in Sammt und Seide hüllen, es mit dem Schmucke bedecken mögen, welchen seine Schönheit fast zu fordern schien; aber die Heruntergekommenheit und die Armuth haben für den an Wohlstand Gewohnten etwas Abstoßendes, und die Vorstellung, daß er die verkommene Gestalt des Grafen für immer an sich kette, wenn er Giuditta zu seinem Weibe mache, wirkte erkältend auf ihn ein. Der berühmte Herculeskampf entspann sich auf's Neue in seinem Innern, und ohne es zu wissen, ließ er die Worte: Noch ist's Zeit! über seine Lippen gleiten.

Zeit — wozu? fragte ihn Giuditta und sah ihm plötzlich ängstlich in das Antlitz, weil der Ausdruck seiner Mienen etwas ihr ganz Fremdes zeigte.

Ich werde von Freunden heute erwartet, schützte Domenico vor und schämte sich der Unwahrheit diesem Mädchen gegenüber so sehr, daß er erröthete.

Das entging ihr nicht und steigerte ihre Bangigkeit. Sie blieb mit ihren unschuldigen Augen fest und forschend an ihm haften.

Werdet Ihr morgen wiederkommen? erkundigte sie sich, ohne die Bitte zu wagen, daß er noch bleiben möge.

Er fühlte, daß er eben jetzt beabsichtigt hatte, es nicht zu thun, und ihm bangte vor dem Entschlusse, zu dem er sich emporzuschwingen dachte. Er ergriff des Mädchens Rechte; sie war nicht warm wie sonst.

Eure Hand ist kalt, Giubitta! sagte er beklommen. Sie antwortete ihm nicht.

Ist Euch nicht wohl? fragte er dringend und legte den Hut und den Mantel von sich, die er schon ergriffen hatte.

O, mir ist ganz wohl! versicherte sie mit einem Lächeln, das ihr nicht aus dem Innern kam; mir ist sehr wohl, das Herz klopft mir nur so!

Sie ging aus seiner Nähe fort; er folgte ihr. Vor dem Kamine standen sie still. Wollen wir ein Feuer machen? fragte er.

Ihr wollt also bleiben? sagte sie, und das Roth, das aus ihren Wangen entwichen war, kehrte flammend auf dieselben zurück.

Soll ich bleiben, Giubitta? Soll ich bleiben? wiederholte er, indem er an sie herantrat.

Wenn Ihr könnt! entgegnete sie im Tone der Bitte, und rasch an dem Kamine niederknieend, während sie das Reisig in die Hand nahm, das jetzt nie mehr in dem Korbe fehlte, sagte sie so leise, als wolle sie dem Freunde und sich selbst verbergen, was sie doch nicht unterdrücken konnte: Mein Tag ist ja zu Ende, wenn Ihr geht! —

Domenico's Schicksal war damit entschieden, sagte der Erzähler. Der Hercules am Scheidewege hatte seine Wahl gethan und den Richtweg eingeschlagen, den er zu betreten im Grunde längst entschlossen gewesen war; nur daß er vermuthlich der billigen Genugthuung nicht hatte entbehren mögen, einen starken Kampf gekämpft zu haben, ehe er, wie sein antikes Vorbild die Keule zu den Füßen seiner Schönen niederlegte. Natürlich war er äußerst wohl mit sich zufrieden, ja, er glaubte recht eigentlich eine rettende That an sich vollbracht zu haben, als er dasjenige von sich gestoßen hatte, was er eben noch als glückbringend für sich betrachtet, und als er sich angeeignet hatte, was ihm als eine bedenkliche und herabziehende Bürde erschienen war. Glücklicher Weise hat es aber mit den dummen Streichen solcher genialen jungen Herren, wenn sie, wie mein Herr Neffe, ehrgeizig und auf's Rechtbehalten und auf das Durchsetzen ihres Willens angelegt sind, nicht eigentlich Gefahr. Die begangene Thorheit, welche manch Einem zum Hemmschuh werden würde, wird ihnen gewöhnlich zu einem Sporn, der sie zur Anstrengung aller ihrer Kräfte antreibt, und Domenico hatte kaum den ersten harten Zusammenstoß mit seinem Freunde Gerhard durchgehalten, welcher in jenen Tagen eine Erklärung über sein allmähliches Fortbleiben aus dem Milder'schen Hause von ihm begehrte, als er auch fest überzeugt war, daß seine Heirath mit einem reichen Mädchen seinen Untergang als Künstler zur Folge gehabt haben würde, und daß er den Weg zu seinem idealen Ziele nur aus eigener Kraft und nur mit dem Hinblicke auf Giuditta als sein künstlerisches Idial erreichen könne.

Zu einer wirklichen Erklärung zwischen Domenico

und seiner Schönen war es inzwischen noch immer nicht gekommen. Er war ihrer Liebe sicher und Poet genug, den vollen Reiz des Frühlings auskosten, sich mit immer neuem Entzücken an der täglich schwellenden Knospe erfreuen zu wollen, ohne ungeduldig nach der entfalteten Rose zu verlangen. War er bei der Arbeit, so belebte ihn der Gedanke an die Schönheit der Geliebten; saß er Abends an ihrer Seite, so bezauberte ihn ihre kindliche Natürlichkeit und überraschte ihn daneben ihr angeborener Verstand. Es dünkte ihm oft wie eine geheimnißvolle Eingebung, daß er Giuditta als Quellennymphe gemalt hatte, denn ihr ganzes Wesen war frisch und klar wie eine Quelle, die von keines Menschen Auge noch gesehen ward. Er selber fühlte sich wie rein gewaschen von allen Erinnerungen, welche sein bisheriges Leben in ihm zurückgelassen hatte. Sinnlich angelegt, wie jeder wahre Künstler, begehrte er doch neben Giuditta nichts, als sie anzuschauen, und die Begierde des Mannes wurde zum Schweigen gebracht durch den harmonischen Frieden des in sich vollendeten Geschöpfes. Mit der Freimüthigkeit eines Kindes konnte sie ihm sagen: Ich habe Euch lieb, Signor Domenico! — und ihn eben so kindlich fragen: Seid Ihr mir auch gut, Signor? — Sie nahm sein tägliches Kommen als etwas so Gewisses und so Nothwendiges an, wie den Aufgang der Sonne; sie empfing alles, was er für die Ihren und für sie selber that und hergab, als käme es aus den Händen der Natur; und wie bisher ihre ganze Zeitrechnung rückwärts und vorwärts von dem Tode ihres Bruders gewesen war, so wurde jetzt der Tag, an welchem Domenico in ihr Haus gekommen war, das Merkmal, an das sie all ihr Denken und Erinnern knüpfte.

Giuditta hatte außer den ersten Anfangsgründen, welche man den Kindern in den Schulen der kleinen Nonnenklöster beibringt, nichts gelernt. Sie hatte auch nichts gelesen und von der Welt wenig gehört und weniger noch gesehen. Nur hier und da waren durch die Mittheilungen ihres Vaters oder ihres Bruders Worte und Berichte an ihr Ohr gedrungen, welche in ihr ein Verlangen wachgerufen hatten, Rom, die Stadt, in der sie lebte, kennen zu lernen, sich im Freien zu ergehen, mit den Genossen ihres Alters zu verkehren, oder wenigstens sich diejenigen Kenntnisse anzueignen, welche ihr Bruder in dem Collegium der Jesuiten sich zu eigen gemacht hatte, in welchem er zu seiner Erziehung Aufnahme gefunden. Aber allen diesen bescheidenen und berechtigten Wünschen hatte die Armuth ihrer Eltern ein Hinderniß entgegengesetzt, und zärtlich, wie Giuditta war, hatte sie sich es bald versagt, irgend ein Begehren auszusprechen, welches den Vater oder die Mutter auf's Neue an die Armuth mahnen mußte, die namentlich der erstere nur mit täglich gesteigerter, unverhehlter Erbitterung als einen Schimpf und eine Schande trug.

Zehntes Capitel.

Es war schon gegen das Ende des Jahres hin, und man fing an, sich der Genesung des Vaters zu getrösten, wenngleich der Arzt ihn noch das Lager hüten ließ und ihn immer noch zu völliger Einsamkeit verurtheilte, um seinem angegriffenen Kopfe Zeit zu vollständiger Beruhigung zu gewähren. Er wußte nichts von der täglichen Anwesenheit des jungen Fremden in seinem Hause, er hatte auch noch nicht ein einzig Mal danach gefragt, woher die Mittel zu der ausgesuchten Pflege und Ernährung, welche man ihm bereitete, genommen worden wären. Giuditta sprach eines Abends, als sie auf einem niedrigen Schemel dem Freunde gegenüber vor dem Feuer am Kamine saß, ihre Verwunderung darüber aus.

Er wird glauben, daß Euer Oheim endlich angefangen hat, seine brüderliche Schuldigkeit an ihm zu thun, meinte Domenico.

Nennt ihn nicht meinen Oheim! rief Giuditta lebhaft aus. Ich mag keine Verwandtschaft mit einem

Manne haben, der meinen armen Vater hartherzig von seiner Thüre fortgewiesen hat, und ich wollte lieber, meiner Mutter Brüder lebten noch, die es doch nie vergaßen, daß sie eine Schwester hatten. Aber weder meine Mutter noch mein Vater haben jemals Glück gehabt. Wenn Ihr wüßtet, fuhr sie fort, wie es meinem Vater ergangen ist von Jugend auf....

Sie seufzte und wollte mitten in ihrer Rede abbrechen; aber Domenico bat sie, ihm zu erzählen, weil er sie so gern sprechen hörte, und sie ließ sich auch nicht dazu nöthigen, denn sie hatte ja Niemanden als ihn, zu dem sie reden konnte die langen, langen Tage hindurch.

Sie haben ja gewiß von meinem Großvater gehört, sagte sie; denn selbst die Nonnen in meinem Kloster wußten davon zu erzählen, wie prächtig es bei ihm hergegangen sei und wie er in dem neuen Palaste und auf seinen Schlössern Hof gehalten wie ein König. Seine Mutter war auch die Verwandte des Königs von Neapel gewesen, und seine Frau war mit dem Kaiser Napoleon verwandt, der damals fast über die ganze Welt regierte. Er mußte also diesen Verwandtschaften auch Ehre machen, und es war ihm und seiner Frau daher ganz lieb, daß ihrem erstgeborenen Sohne, dem jetzigen Grafen von Castelmarino, keine anderen Kinder mehr nachzukommen schienen. Fünfzehn Jahre lang blieb mein Onkel Don Stefano der einzige Sohn und Erbe des Hauses, und er war schon alt genug, zu wissen, daß es ihm keinen Vortheil, sondern Nachtheil brachte, als wider alles Verhoffen die Großmutter einen zweiten Sohn, meinen Vater, gebar.

Wenn mein Vater es uns bisweilen sagte, daß man sich bei seiner Geburt nicht über ihn gefreut habe, so hat er mir immer leid gethan. Ein Kind, das seine Eltern nicht willkommen heißen — nicht wahr? — das ist wie ein Enterbter von Anfang an — und mein armer Vater hat denn auch von Anfang an kein Glück gehabt. Graf Stefano war groß und schön und fröhlich, denn er hatte die Lebenskraft und Gesundheit und die stolze Gestalt des Grafen Castelmarino mitbekommen; mein Vater aber war nur ein schwächliches Kind, und weil man zur Zeit, als er auf die Welt gekommen war, gerade fürstlichen Besuch — ich weiß nicht, von wem — erwartete, so hatte die Großmutter keine Lust und keine Zeit, sich um den Kleinen zu bekümmern, und gab ihn nach Castelmarino hinaus, wo die Frau des Gärtners, die eben auch ein Kind geboren hatte, ihn säugen und auferziehen sollte.

Es ging ihm doch im Grunde auch nichts ab, denn seine Amme und ihr Mann hatten ihn lieb, als wenn er ihr eigen Kind gewesen wäre; aber er war doch nicht in seiner Familie und in dem Palaste, in den er hingehörte. Im Frühjahre und im Herbste, wenn die Großeltern nach Castelmarino kamen, sah mein

Vater sie, und sie nahmen ihn dann auch zu sich in das Schloß. Er kannte sie indessen nur sehr wenig, und weil er sah, wie seine Pflegeeltern und alle die Leute, mit denen er das Jahr hindurch verkehrte, sich in demüthiger Ferne von seinen Eltern und von seinem Bruder hielten, so machte er es gerade so, und Niemand sagte ihm, daß es anders sein könnte oder sollte. Sein Vater und seine Mutter hatten, wenn er auf dem Schlosse war, an ihm immer viel auszusetzen, sein Bruder kümmerte sich nicht um ihn, die Dienerschaft, welche mit den Eltern auf das Schloß kam, behandelte ihn nicht, als ob er der Sohn des Hauses wäre, und mein Vater war denn immer froh, wenn die sechs Wochen, welche seine Eltern auf ihrem Stammsitze zu verleben pflegten, wieder einmal vorüber waren. Man schloß dann die Fensterläden und Thüren des Palastes, mein Vater wurde wieder in die Gärtnerwohnung zurückgebracht, in der man sich schon auf ihn freute, ihn liebte und ihn als den jungen Grafen, der er war, behandelte. Das ging so vom Frühjahre zu dem Herbste und vom Herbste zum Frühjahre immer ruhig weiter, bis mein Vater sein siebentes Jahr vollendet hatte und man ihn fortnahm, um ihn in das Collegium zu thun; denn man hatte von Anfang an beschlossen, ihn in den geistlichen Stand treten und wo möglich in ein Kloster gehen zu lassen, damit durch ihn das Erbe des Stammhalters nicht mehr als gerade nöthig, geschmälert werde.

Das Dominicanerkloster, in welchem mein Vater von da ab durch seine ganze Jugend geblieben ist, war einst von seinen Voreltern gegründet worden, und weil mein Großvater es ausgesprochen hatte, daß er geneigt sei, für das Kloster eine neue Dotation zu machen, wenn sein Sohn einmal in demselben zum Abte gewählt werden würde, so hielten die Väter Dominicaner viel auf ihn und gaben sich große Mühe mit seiner Erziehung. Das fiel auf einen guten Boden, denn mein Vater hatte viel Verstand und lernte gern. Er kam von Classe zu Classe rasch hinauf, und weil er dabei immer still war und wenig mit seinen Gefährten Verkehr hielt, meinten die Väter, daß seine Eltern für ihn das beste Theil gewählt hätten, und daß er an nichts Anderes denke, als je eher desto lieber in den Orden einzutreten und auf dem ihm beschiedenen Wege vorwärts zu gehen. Aber die guten Väter täuschten sich über ihn; denn aus all den Büchern, welche er studirte, las er nur immer dasjenige heraus, was darin von den großen Helden und von dem Leben in der Welt geschrieben war, und es half nicht, daß sein Beichtvater, dem er es doch vertrauen mußte, ihm Buße und Uebungen dawider auferlegte. Der arme Jüngling that, was er nur vermochte, sich seine geheimen Gedanken und Wünsche aus dem Sinne zu schlagen, und weil sie das sahen, waren die Väter auch mit ihm zufrieden. Sie meinten, das habe ein Jeder durchzumachen, und in dem

Kampfe komme der Beruf erst recht zum Vorschein. Mein Vater ging denn auch gehorsam vorwärts, es muß jedoch wohl stärker gewesen sein, als all sein guter Wille.

Er sagt, er habe sehr geweint, die ganze Nacht hindurch, ehe er die ersten Weihen auf sein Haupt empfangen habe; aber als wenn sie ihn dafür entschädigen und ihn dafür belohnen wollten, schrieben seine Eltern an ihn — was immer nur sehr selten geschehen war — und gaben ihm Erlaubniß, zu seiner Erholung während der Vacanzen das Kloster zu verlassen und sich zu ihnen nach Castelmarino zu begeben, wo sie damals zur Herbstvilleggiatur mit allen ihren Gästen waren.

Giuditta hielt inne und stützte nachdenklich das schöne Haupt auf ihre Wange. Ich bin nie in einem Schlosse und auch auf dem Lande bin ich nicht gewesen, seit ich mich erinnern kann, sagte sie; aber es muß schön sein in solchem Schlosse, und ich höre gern davon, wenn die Mutter es beschreibt. Mein Vater war zwölf Jahre hindurch fast nicht aus seinem Kloster und aus dessen nächsten Umgebungen hinaus gekommen. Er war neunzehn Jahre alt, als er zum ersten Male wieder zu den Seinen kam, und sie nahmen ihm freundlich bei sich auf. Die Mutter sprach mit ihm davon, daß sie zufrieden mit seinem Fleiße wären und daß sie ihm mit ihrem Einflusse zur Seite stehen würden, um ihm zu einer großen Laufbahn zu

verhelfen; er solle einmal Prior in seinem Kloster
und dann Monsignore und, wenn es glücke und wenn
er sich dazu eignete, sogar Cardinal werden, denn es
hatte seit Jahrhunderten immer große Würdenträger
aus dem Hause gegeben, und mein Vater hörte das
alles an, aber des armen jungen Menschen Herz war
nicht darauf gerichtet, wennschon er nichts davon zu
sagen wagte, weil er wußte, daß man ihn nicht hören
würde.

Es war damals noch mehr Gesellschaft als sonst
im Schlosse, und man hatte eigens die Familien ein=
geladen, welche schöne Töchter hatten, damit Graf
Stefano, der schon in den Dreißigern und zu der
Eltern großer Betrübniß noch immer ohne Frau ge=
blieben war, sich endlich eine Gattin wählen und mit
ihr Kinder zeugen sollte, um des Hauses Namen zu
erhalten. Mein Vater sah es wie die schönen Mäd=
chen sich um seines Bruders Gunst bemühten; er hörte
sie plaudern und scherzen, singen und lachen, er sah
sie spielen und tanzen, aber er stand von fern. Nie=
mand kümmerte sich um ihn, er hatte nicht gelernt,
wie man sich den Frauen nahen müsse, er verstand
die Sprache kaum, in der sie mit den Männern rede=
ten, und wenn er sah, wie fröhlich sie Alle waren,
wie heiter die jungen Männer und die Frauen sich
bewegten, so verwünschte er seine Soutane, die ihm
wie das Leichenhemd aller Freude vorkam, und ihm
schauderte vor der Rückkehr in sein Kloster, obschon

ihm in der Schloßgesellschaft auch nicht wohl zu Muthe war.

Er war an die Menschen und an die Frauen nicht gewohnt und sehnte sich doch danach, mit ihnen so frei beisammen zu sein wie sein Bruder und die anderen Männer. Da ging er denn, so oft er konnte, in die Masseria hinüber, in der seine Pflegeeltern immer noch wohnten und wo er besser zu Hause war, als in dem Schlosse. Sein Milchbruder hatte auch studirt und trug den schwarzen Ordensrock, wie er; nur daß Anselmo zufrieden mit seinem Loose war und mein Vater nicht. Aber sie lasen zusammen, sie machten ihre geistlichen Uebungen zusammen ab, und Anselmo's Schwester, Theresa, hörte ihnen zu, denn für sie waren die beiden studirten und geistlichen jungen Herren der Inbegriff der Vornehmheit und Würde. Sie war erst vier Jahre alt gewesen, als man meinen Vater in das Kloster gebracht hatte. Nun er wiederkam, stand sie in ihrem sechszehnten Jahre, und es konnte sie Keiner vorübergehen sehen, ohne ihr zu sagen, daß sie schön sei. Sie soll damals sehr schön gewesen sein, meine arme Mutter, obschon man's jetzt nicht mehr sieht, daß sie frisch und roth gewesen ist wie eine volle Nelke.

Das Uebrige — nun, das ist leicht zu denken — nicht wahr, Signor Domenico? — Mein Vater und die Teresina gewannen einander lieb, und das war ein großes Unglück. Vertrauen durften sie es Nie-

mandem, denn man hätte meinen Vater gleich in sein
Kloster zurückgesendet und würde meine Mutter sicher=
lich auch in ein Kloster gethan haben. Viel Zeit zum
Ueberlegen und Besinnen war ihnen nicht vergönnt,
und sie waren dazu auch viel zu sehr in Liebe. Da
traf es sich, daß die ganze Schloßgesellschaft zum Be=
suche auf eines der anderen Schlösser ging, und daß
eine kranke Base die Teresa zu ihrem Beistande ha=
ben wollte. Mein Vater sollte von seinen Eltern auf
die Reise in die Nachbarschaft nicht mitgenommen
werden, sondern noch ehe sie heimkehrten wieder in
sein Kloster gehen. Diese Anordnung benutzte er,
seine Plane auszuführen. Er hatte sich aus den
Vorräthen seines Vaters einen weltlichen Anzug zu=
sammengesucht. Mitten auf dem Wege nach seinem
Kloster ließ er sich von dem Kutscher, der ihn dort=
hin fahren sollte, in Porto d'Anzo absetzen, unter dem
Vorgeben, daß er dort ein Fuhrwerk erwarten müsse,
welches ihn zu einem Abstecher auf das Gut seines
Onkels, des Marchese Torreleone, holen kommen
würde. Aber statt sich dorthin zu begeben, wanderte
er nach dem Paese, in welchem sich meine Mutter
bei ihrer alten Base aufhielt, und da er unterwegs
sein geistliches Kleid und seinen dreieckigen Hut am
Rande des Flusses zurückgelassen und die weltliche
Kleidung angethan hatte, so fand er bei der alten
Base unbedingten Glauben, als er sich bei ihr für
einen Künstler ausgab, der im Lande umherziehe, um

zu malen, und der von seinem Wege abgekommen sei. Sie nahm ihn auf, so gut sie konnte, er sollte in ihrem Hause übernachten, und die beiden Liebenden hatten es nun leicht, zusammen und davon zu kommen.

Ehe man von dem Kloster aus dem Grafen meldete, daß der junge Abbate am bestimmten Tage sich nicht wieder eingefunden habe, ehe diese Nachricht den Großvater auf dem Schlosse seiner Gastfreunde erreichte, und ehe die alte Base Jemanden gefunden hatte, der es den Eltern Teresa's schreiben konnte, daß ihre Tochter mit einem fremden Maler entflohen sei, hatten die Liebenden schon einen Fischer aus Ischia gefunden, der mit einer Ladung Thunfische von den Inseln heraufgekommen war und sie mit sich hinunter nahm. Mein Vater gab sich auch vor dem Fischer als einen Künstler aus, der mit seiner jungen Frau nach den Inseln gehen und dort Studien machen wollte — und seine Frau war meine Mutter inzwischen auch geworden, fügte Giuditta mit der Unumwundenheit hinzu, welche die Italienerinnen, Mädchen so wie Frauen, allen geschlechtlichen Verhältnissen gegenüber an den Tag zu legen pflegen. Aber weil Giuditta's Gefühl und ihre Beobachtung sehr fein und richtig waren, entging es ihr nicht, daß ihrem Hörer diese letzte Mittheilung aus dem einen oder dem anderen Grunde unerwartet kam, und vermuthend, daß sie in seinen Augen ihren Eltern mit dem Geständnisse geschadet habe, sagte sie entschuldigend: Was wollen

Sie, Signor? Sie waren Beide jung, sie liebten einander, sich zu verheirathen, war mein Vater noch frei gewesen, denn er hatte ja die großen geistlichen Weihen noch nicht erhalten gehabt, — und sie haben es so schwer gebüßt — so schwer! Sie sehen es ja noch, Signor!

Mit dem Gelde, das mein Vater bei sich hatte, fuhr sie danach zu erzählen fort, fand er einen guten Pfarrer, der sie zusammen gab. Mein Vater hatte das Französische im Kloster ganz und gar erlernt; er sagte also, daß er ein französischer Maler sei und daß er meine Mutter, die sein Modell gewesen, heirathen wolle und müsse. Weil er den Tag nur Französisch zu dem Pfarrer sprach, der ihn nicht recht verstand, und weil solche Dinge bei den fremden Künstlern vorgekommen sein sollen, wie Ihr das selber wissen werdet, nahm der Pfarrer alles, was der Vater vorgab, als Wahrheit an, und wie sie nun erst vor dem Altare Ehegatten geworden waren, meinten die beiden Liebenden über alle Gefahr und Sorge hinweg zu sein. Aber darin hatten sie sich sehr getäuscht. Nicht gerade, daß sie Noth gelitten hätten, es ging ihnen vielmehr gut genug, und sie hatten in den ersten Jahren, was sie brauchten.

Der Pfarrer hatte sein Wohlgefallen an meinem Vater gefunden und, da derselbe eingestanden, daß er arm sei, ihm mildthätig ein Stübchen in seinem Hause eingeräumt. Dafür half mein Vater, der, weil er gelehrt war, ganz anders mit der Feder umzugehen wußte, als der Pfarrer, ihm mit seinem Wissen aus, wo sein Wirth es brauchte, und dieser hinwiederum schaffte dem Vater Gelegenheit, einen oder den anderen Fremden, deren sich immer eine große Anzahl auf der Insel aufhalten sollen, im Italienischen zu unterrichten. Der Vater schrieb auch Briefe für jeden, der das auf der Insel brauchte, und die Mutter sagt, wenn sie sich nicht ein Gewissen daraus gemacht hätte, daß sie doch alle Beide wider ihrer Eltern Willen fortgegangen wären, und daß mein Vater sich doch dem geistlichen Stande entzogen, zu welchem seine Eltern ihn bestimmt gehabt, so würde sie in jenen Tagen auf der schönen Insel Ischia, wo das Leben leicht und billig war, glücklich und wie im Paradies gewesen sein.

Fünf Jahre waren sie in ungestörtem Frieden dort geblieben und zwei Söhne hatten sie schon erzeugt, als wieder ein Sommer kam und die Fremden abermals sich zum Gebrauche der heißen Wasser, die dort aus der Erde quellen, auf der Insel einzufinden begannen. Mein Vater und meine Mutter hatten des kein Arg, denn seit all den Jahren, welche sie auf der Insel in Casa Micciola zugebracht hatten, war ihnen kein Hinderniß in den Weg gekommen; sie dachten in Sicherheit zu sein. Sie hatten in der Welt, aus der sie hinweggegangen waren, wenig Menschen gekannt, und sie meinten, die wenigen würden sie längst ver-

gessen haben. Da hieß es, gerade als meine Mutter
ihr drittes Kind erwartete, das nachher mein Bruder
Claudio geworden ist: es sei eine vornehme Herrschaft
mit großer Dienerschaft auf der Insel eingetroffen;
sie habe den ganzen Gasthof fast für sich allein in
Beschlag genommen und werde den ganzen Sommer
auf der Insel bleiben, um sich durch die Bäder her=
zustellen. Mein Vater hörte das immer gern, denn
er hoffte, daß er durch die Fremden wieder Beschäfti=
gung finden würde, und dann verkehrte er auch gern
mit ihnen; denn so zufrieden wie meine arme Mutter
war er lange nicht mit seinem Loose. Er war mit
ihr entflohen, weil sein Herz ihm das so eingegeben
hatte, und er hatte nichts anders thun können in der
Liebe, in der er sich befunden; aber wenn er sich aus
dem Kloster fort und in die Welt hinein gesehnt, so
hatte er freilich dabei an Anderes gedacht, als heim=
lich und verborgen als ein armer Schreiber und so
in Vergessenheit zu leben.

 Das war auch ganz erklärlich — glaubt Ihr
das nicht auch, Signor? Er war doch geboren mit
seinem schönen, großen Namen, und ein großer Name
ist wie ein schönes Kleidungsstück oder wie ein selte=
ner, alter, angeerbter Schmuck — man will ihn tra=
gen und ihn sehen lassen vor den Leuten. Ich selber
— sie hielt inne und sagte mit einem Lächeln, das
ihr reizend anstand, weil ihr Selbstgefühl und ihre
Verschämtheit in demselben mit einander kämpften —

ich selber, so arm und ohne Erziehung wie ich leider
bin, wenn es mir bisweilen einfällt, daß ich eine Gräfin
bin, und daß ich eine Gräfin von Castelmarino bin
— so möchte ich auch wohl — so möchte ich auch
wohl — aber man muß daran nicht denken — man
muß daran nicht denken! rief sie und stand dann plötz=
lich von ihrem Schemel auf, um den verkohlten
Docht von den drei Armen ihrer Lampe abnehmen
zu gehen.

Domenico ergriff ihre Hand und hielt sie neben
sich fest. Was möchtet Ihr, Contessina Giuditta,
fragte er, was möchtet Ihr?

Sie entzog ihm ihre Hand. Spottet meiner nicht!
sagte sie ernsthaft und verrichtete die kleine Arbeit
schweigend weiter.

Ich Eurer spotten — ich! Wie könnt Ihr das
nur denken? rief er.

O, entgegnete sie, Ihr habt ganz Recht zu spot=
ten! Es steht mir auch wohl an, mich solchen Ge=
danken hinzugeben, armes Aschenbrödel, das ich bin
und bleibe ....

Bis der Prinz kommt, der Euch abholt, Euch in
Gold und Edelsteinen schön zu kleiden! scherzte Dome=
nico, dem jedes ihrer Worte und jede ihrer Bewegun=
gen zu einer Herzensfreude wurden.

Scherzt nicht und spottet nicht! wiederholte sie,
indem sie, leise den Zeigefinger der rechten Hand be=
wegend, ihm nach römischer Weise ein abwehrendes

Zeichen machte. Scherzet nicht und spottet meiner nicht! Es geschehen nicht mehr Wunder wie im Märchen; ich bin nicht so dumm, das nicht zu wissen.

Sie war traurig geworden. Es war das erste Mal, daß sie vor dem Freunde eine Klage über ihr eigenes Schicksal laut werden ließ und einen Wunsch nach Glück und Lebensgenüssen für sich selber aussprach; aber sie machte sich dies augenblicklich auch zum Vorwurfe, und schnell von dem Gegenstande abbrechend, auf dem sie nicht verweilen wollte, sprach sie: Sehen Sie, es ist spät geworden, und Sie werden gehen müssen.

Nicht eher, bis Ihr mir Eure Erzählung von dem Schicksale Eurer Eltern vollendet haben werdet! bedeutete er sie.

So werdet Ihr nicht lange mehr zu bleiben brauchen, denn was noch übrig ist, wird bald gesagt sein, meinte Giubitta und setzte sich wieder auf ihren kleinen Schemel nieder.

Nun denn, mein Vater ging also an dem nächsten Tage nach dem Gasthofe, um zu hören, ob sich dort Beschäftigung für ihn finden würde, und er hatte daneben wohl auch die Hoffnung, daß er von den Fremden, wie gewöhnlich, eines oder das andere von den Büchern würde erborgen können, welche sie zu ihrer Unterhaltung mit sich zu bringen pflegten. Denn zu lesen und zu studiren mußte mein Vater immer etwas haben, das war er von seinem Kloster her

gewohnt. Ganz ohne irgend eine Ahnung und mit
ruhigem Herzen stieg er die Straße nach der "Piccola
Sentinella," so hieß der Gasthof, wie mir meine
Mutter sagte, in die Höhe, und sie war mit ihm ge=
gangen, weil der Pfarrer sie geheißen hatte, dem
Wirthe im Gasthofe einen Korb voll Feigen und Trau=
ben aus des Pfarrers Garten, den sie ihm bebauen
half, zum Kauf hinauf zu bringen. Sie war ihrer
Niederkunft schon nahe, der kleine Tonino hielt sich an
ihrem Rocke, den Lorenzo trug sie auf dem Arme,
und sie konnte, weil sie den Korb mit den Früchten
auf dem Kopfe hatte und weil sie nicht mehr leicht
zu Fuße war, dem Vater nicht bei seinem raschen
Gange, wie sie wollte, folgen.

Sie war noch ein Ende hinter ihm zurück, als
sie gewahrte, was unter der Veranda vor dem Gast=
hofe, unter dem Schatten des weinbelaubten Ganges
sich zugetragen hatte. Mein Großvater, der alte Graf,
stand dort wie unser Heiland am jüngsten Gerichte,
mit aufgehobenen Armen, mit fürchterlichem Blicke
unter der Pergola. Mein Vater lag zu seinen Füßen,
die Gräfin Mutter hatte sich von ihm abgewendet.
Da dachte meine arme Mutter, sie wolle ihrem Manne
zu Hülfe eilen, und der Anblick der Gesegneten und
der unschuldigen beiden Kinder sollte das Herz der
Eltern rühren. Sie setzte also ihren Korb so schnell
sie konnte auf den Boden nieder, und sich neben ihren
Gatten vor dessen Vater und Mutter auf die Kniee

werfend, flehte sie, daß man ihm verzeihen solle, ihm
und ihr, um der Madonna und um der beiden Kna=
ben willen, und um des heiligen Engels willen, den
sie noch ungeboren unter ihrem Herzen trug.

Die Erzählerin stockte plötzlich, als komme es
ihr zu schwer an, auszusprechen, was nun noch zu be=
richten blieb.

Und haben die Eltern ihnen die Verzeihung, die
sie forderten, gewährt? erkundigte sich ihr Hörer, um
ihr fortzuhelfen.

Giuditta schüttelte traurig das gesenkte Haupt.
Nein! sagte sie. Sie haben ihnen nicht verziehen, sie
haben sie verflucht, sie und die armen Kleinen, und
das Ungeborene auch — sie haben sie verflucht!

Und wieder stockte sie und trocknete sich die Thrä=
nen von den Wimpern, die herabzufallen drohten.

Ich habe das Niemandem vertraut, sprach sie
geheimnißvoll, ich kenne ja auch Niemanden, und es
kann dawider uns auch Niemand helfen. Unser Beicht=
vater weiß es, und wir beten, die Mutter und ich,
wie er uns angewiesen hat, um unsere Erlösung und
um unserer theuren Todten Erlösung alle Tage. Wir
beten auch für die armen Seelen des Grafen und der
Gräfin, die unversöhnt mit meinem Vater in die Ewig=
keit gegangen sind.

Und hat Euer Vater seine Eltern danach nicht
mehr gesehen? fragte sie Domenico, welchen die Ge=
walt der Ereignisse unter der schlichten Darstellungs=

weise des geliebten Mädchens nur um so lebhafter ergriff.

Nein, niemals, er hat sie niemals mehr gesehen, denn sie hatten es ihm verboten, ihnen jemals wieder unter die Augen zu treten. Mein Vater mußte mit Weib und Kind noch an dem Tage von der Insel fort, nach Procida hinüber, und sollte gleich noch weiter fort, damit keiner von ihnen Allen den Grafen und der Gräfin mehr begegnete. Der Graf gab das Geld zu dieser Ueberfahrt wie zu der weiteren Reise. Er sorgte, daß sie einen Paß bekamen, und hatte ihnen noch eine Summe angewiesen, die sie nach Jahr und Tag erhalten sollten. Das hat ihnen alles nichts geholfen. Sie sind hierhin gegangen und dorthin gegangen, es ist ihnen nirgendwo geglückt. Der Fluch hat über ihnen gelegen, und sie nicht verlassen. Die beiden ältesten Knaben sind gleich im ersten Jahre gestorben, und die Mutter sagte, sie wären stark gewesen, und wie die Engel schön. Der arme Claudio kam schon im Livorno auf die Welt, die Mutter wurde schwach und krank, es lag Alles auf dem Vater, und er war auch der Stärkste nicht. Die Eltern waren Beide in der Stille groß geworden, waren von je her an Einsamkeit gewohnt gewesen; es war ihnen nicht wohl in den Städten und unter den Menschen, unter denen sie sich doch nicht vorwärts helfen konnten, und auf dem Lande gelang es ihnen auch nicht. Dazu ließ meiner Mutter der Gedanke, daß sie doch einmal verflucht sei, nirgend Ruhe. Hätte sie nicht damals unsern Claudio schon gehabt — Gott sei ihm und seiner armen Seele gnädig —, sie wäre am liebsten von meinem Vater fort und mit einem Permesso in ein Kloster gegangen — und wer weiß, was sie noch einmal thut!

Aber wann sind denn Eure Eltern wieder heimgekehrt? erkundigte sich Domenico.

Giuditta besann sich und fing nachzurechnen ua. Ich bin nun siebenzehn Jahr alt gewesen, sagte sie, und bin schon hier in diesem Palast geboren, als sie damals die Republik gemacht haben. Die Eltern sind mit einem genuesischen Schiffe hierher gekommen, als dieser Papst den Thron bestiegen hatte und die neue Zeit beginnen sollte. Ihr werdet ja wissen, wann das war. Der Großvater und die Großmutter lebten damals nicht mehr, mein Oheim Stefano war der Herr geworden über Alles, und weil der Oheim es mit dem Papste hielt, so hatte mein Vater geglaubt, Graf Stefano würde nun auch für seinen einzigen Bruder neue Zeiten anfangen lassen und vergessen, was vordem geschehen war, er würde ihm jetzt beistehen und helfen. Aber dem war nicht so! Nun, der Oheim war der Herr, zu thun und zu lassen, was er wollte, denn mein Großvater hatte alle Macht in seine Hand gelegt und ausdrücklich bestimmt, daß weder sein zweiter Sohn, wenn er sich jemals blicken ließe, noch dessen Nachkommen irgend einen Anspruch an des Hauses Erbe haben sollten. Mein Vater mußte sich

daher bei seinem Bruder sehr bedanken, als dieser ihm
erlaubte, hier in diesem verlassenen Palaste zu leben,
und als er sich erbot, unter der Bedingung, daß mein
Vater und wir nie in seinen Weg kommen und sonst
nichts von ihm fordern würden, für meinen Bruder
eine freie Schulstelle bei den Vätern Jesuiten im
Collegio Romano zu erwirken, damit der arme Clau=
bio, der doch immer ein Graf Castelmarino war und
blieb, dem Namen durch seine Erziehung keine Schande
machen sollte. Und er war so fleißig, unser Clau=
bio — so fleißig und so gescheit — er sprach wie von
der Kanzel! — Ihr hättet ihn hören sollen, wie er
Verse las. — Giuditta küßte ihre Fingerspitzen und
warf die Hand mit einer reizenden Bewegung in die
Höhe —, es war ein Entzücken, ihn zu hören!

Ueber der zärtlichen Erinnerung an ihren Bruder
hatte sie den Faden ganz verloren. Domenico brachte
sie erst mit der Frage, wie ihr Vater es angefangen
habe, die Seinen zu erhalten, wieder zu derselben
zurück.

Er machte es, wie er's eben konnte und wie es
gehen wollte, bedeutete sie ihn. Er gab Lehrstunden,
wenn die Gelegenheit sich bot, aber die Heimischen
brauchten keine Lehrer, und die Fremden wollten
Lehrer haben, die sich in seiner Kleidung sehen
lassen konnten. Als es immer weniger Schüler
für ihn gab und Claudio zu Felde gezogen und
krank wieder gekommen war, so daß er nun auch

nichts mehr verdienen konnte, ging der Vater öfter
nach den Orten, welche die Fremden besuchen, ihnen
die Ruinen zu erklären, von denen er aus seinen
Büchern gründlichen Bescheid weiß. Aber — ich habe
es Euch gesagt, der Fluch lag auf ihm, es gelang ihm
nichts. Er kam nach Hause und wieder nach Hause
und hatte Niemanden getroffen, der sich hätte seiner
bedienen wollen, denn er war finster geworden mit
jedem Tage mehr. Es ging ihm schlecht und schlech=
ter; wir hatten bisweilen das Brod nicht mehr. Die
Klostersuppe war dann unsere letzte Hülfe, wenn die
Mutter sie heimlich holen konnte. Da hat der Vater
sich denn überwunden und ist vor seines Bruders
Thüre, in sein Vaterhaus gegangen, und die Thüre
hat sich aufgethan, doch nicht des Bruders Herz. Das
hat ihm den letzten Stoß gegeben, er hat nicht weiter
fortgekonnt. So habt Ihr ihn gefunden, Signor,
und . . . .

Sie brach mitten in ihrer Rede ab und sah ihm
mit einer Zärtlichkeit in's Auge, die ihm in die Tiefe
des Herzens drang.

Und nun? fragte Domenico mit einer Bewegung,
die er nicht bemeistern konnte und auch nicht be=
meistern wollte.

O, nun ist Alles, Alles anders! rief sie. Die
Sonne ist über uns aufgegangen, seit Ihr über diese
Schwelle getreten seid, und ich liebe Euch, Domenico,
o, ich liebe Euch sehr, denn Ihr habt uns errettet!

rief sie noch einmal und warf sich, ehe er es hindern konnte, vor ihm nieder, um seine Kniee zu umschlingen.

Was machst Du, Giuditta? Märchen, stehe auf! bat der Erschütterte und beugte sich nieder, ihr seine Arme wonnevoll entgegenbreitend.

Da hob sie das in Freude strahlende Haupt zu ihm empor, und sich schnell erhebend, warf sie sich ihm an das Herz, ihn an sich pressend mit der Kraft und dem Feuer ihrer frischen Jugend. Er hatte Noth, Meister über sich zu bleiben um der Liebe willen, die er für sie fühlte. —

Eilftes Capitel.

Es war spät geworden an dem Tage; unseres Gastfreundes Schwestern riefen uns, das Abendessen einzunehmen. Am folgenden Abende sollten wir von Signor Cesare das Weitere hören. Als wir ihn zeitig an die Fortsetzung seiner Erzählung erinnerten, sagte er heiter:

Wir sind Alle jung gewesen und wissen also, wie es thut, wenn die Flammen der Leidenschaft uns durchglühen und wir uns fragen, ob wir denn wirklich nichts als arme, staubgeborene Menschen, nichts als sterbliche Geschöpfe mit endlichen und beschränkten Kräften sind. — Flügel, die uns plötzlich von der Erde durch die Lüfte trügen, würden uns in solchen Stunden nur als etwas Selbstverständliches und vielleicht noch als etwas Ungenügendes erscheinen; und wenn mitten im Winter sich um uns des Frühlings Blüthenpracht entfaltete, würde es uns nicht eben überraschen. Denn was wir in uns tragen, was wir in solchen Stunden mit dem neubelebten Auge sehen, ist herrlicher, als was sich die Wirklichkeit erschaffen kann — und ich beklage jeden, der sich nicht an eine solche Stunde, an eine solche Phantasmagorie der Leidenschaft in seinem Leben zu erinnern hat.

Seit Jahren hatte Domenico in Rom gelebt, sein Wochen und Wochen war er allabendlich durch den einsamen Hof des einsamen Palastes geschritten. Als er aber an jenem Abende von Giuditta fortgegangen war, glaubte er Alles das zum ersten Mal zu sehen.

Es war herrlich, wie der Mond so hell in den viereckigen Hof hernieder leuchtete; der greisenhafte, verwitterte Neptun schien Farbe und Leben gewonnen zu haben und ihm zuzunicken, als freue er sich, daß wieder einmal ein paar frohe Herzen in den öden Mauern klopften, in denen nur Eulen und Fledermäuse gewohnt hatten seit langer Zeit, und nur Sorgen und Thränen die Stunden der Nächte abgezählt hatten, seitdem wieder Menschen in dem Hause weilten. — Geh' nur, so schien er dem Jünglinge zuzunicken, geh' nur, ich wache hier! Mein Plätschern soll ihr gute Träume von dir bringen — ich wache hier! —

Ja, da Domenico von Giuditta fern war, begriff er nicht, wie er sie aus seinen Armen habe lassen können. Er empfand ihr Dasein, als wäre sie bei ihm, es war ihm Alles nur eine Erinnerung, ein Bild von ihr. An der Fontana di Trevi stand er stille.

Er mußte Athem holen in der quelligen, schäumenden Frische; aber die Wasser, die unter dem Fußtritte des Meergottes über die Felsenblöcke rauschend niederströmen — auch sie sprachen ihm nur von ihr. So frisch, so voll, so sinnbethörend und berauschend wie die Fluten dieser tief aus der fernen, wilden Gebirgseinsamkeit kommenden Jungfrauquelle, dieser lebenerfrischenden, stärkenden Aqua vergine, so hatte Giuditta's Liebe ihn umfangen; so klar wie hier der Grund des mondbedeckten Wasserbeckens lag des geliebten Mädchens Seele vor ihm offen. Er pries sich glücklich in dem Besitze eines Wesens, das so ursprünglich und so unentweiht war, als gehörte es nicht dieser Welt und nicht der Zeit an, in der es lebte. Es kam dem Glücklichen Alles wie ein Wunder vor von dem Tage an, da er solche Schönheit nicht für möglich gehalten, von dem ersten Blicke, mit dem er sie danach erschaut, bis auf diesen Tag und diese Stunde, da die Geliebte an seiner Brust gelegen. Er wußte nicht mehr, wie er eine Stunde sein und leben sollte, ohne sie, entfernt von ihr.

Er eilte seiner Behausung zu, denn es verlangte ihn nach ihrem Bilde, er konnte es kaum erwarten, die geliebten Züge wieder anzusehen. Aber es war noch bei guter Zeit am Abende, noch in der Stunde, in welcher irgend ein Freund ihn aufzusuchen kommen konnte, und er mochte nicht daran denken, sich jetzt in ein gleichgültiges Gespräch hinabziehen zu lassen. Ge=

heimnißvoll, als habe er die Geliebte neben sich, schloß er seine Thüre, zog er die Vorhänge zu, damit kein Lichtschein es verrathe, daß er zu Hause sei. Geheimnißvoll, als gälte es einem mystischen Gottesdienste, hob er das Bild der Arethusa auf die Staffelei und setzte die Lichte und die Lampe davor zurecht. Dann trat er weit davon zurück, in schweigendem Betrachten.

Daß er dieses Bild, das Bild Giuditta's nicht verkaufen, daß er es niemals einem Anderen überlassen könne, das hatte schon lange in ihr festgestanden, obschon der Engländer zu verschiedenen Malen sich erkundigt hatte, ob das Bild noch nicht vollendet sei. Domenico hatte seine ganze Liebe in dieses Bild gelegt.

Und je länger er vor dem Bilde da stand, um so wärmer, um so freudiger klopfte ihm das Herz, um so stolzer hoben sich seine Pulse, um so mächtiger leuchtete sein Auge. Ja, das war Giuditta! Ja, das war Arethusa! Das war seine Nymphe, seine Muse; die frische Quelle, aus der seine Kunst ihre höchste Begeisterung geschöpft, das war die Egeria, die Erweckerin, an der sein künstlerisches Können und Vermögen sich gesteigert und erhoben hatte.

Seine Liebe und sein Selbstgefühl feierten einen gemeinsamen Triumph; mit Thränen in den Augen, deren er sich schämte und die ihm doch die Seele lösten, preßte er seinen heißen Mund auf des Bildes jungfräulich schmachtende Lippen, die er selbst geschaffen, und tief aufathmend in heiliger Freude, rief er es vor sich selber aus, jenes erhebende: anch' io sono pittore! — auch ich bin ein Maler! —

Zwölftes Capitel.

Am anderen Morgen hielt die letzte Sitzung an dem Bilde des Brautpaares ihn in seinem Arbeitszimmer fest. Als er dann spät am Tage mit der Freude des Liebenden die hohen Treppen des Palastes emporgestiegen war und die Schnur an der Thürglocke gezogen hatte, öffnete man ihm nicht. Er mußte zum zweiten Male schellen, und noch ließ man ihn warten. Das fiel ihm auf, denn Giubitta hatte seit lange seinen Schritt gekannt und ihm die Thüre aufgemacht, sobald sie ihn vernommen. Was konnte geschehen sein, daß sie heute nicht kam — heute gerade, wo er ihr die Stunde angegeben, in der sie ihn erwarten durfte, in der er um sie werben wollte?

Die Sorge, diese Zwillingsschwester jeder Liebe, fing an, sich in ihm zu regen. Sollte der Graf einen Rückfall erlitten haben? Sollte er so krank sein, daß man ihn nicht verlassen konnte, daß man in der Noth das Klingeln überhörte?

Er schellte zum dritten Male, doch leiser als

vorher. Da endlich bewegte sich im Innern die Thüre des Saales, jetzt kam man näher; aber es war nicht Giuditta. Er hörte es, er fühlte es, sie war es nicht. Er konnte es kaum erwarten, bis man den Schlüssel in dem alten Schlosse drehte, und er hatte nur einen Blick auf das Antlitz der Mutter gethan, als er wußte, daß irgend ein Unheil ihn bedrohte.

Was macht der Graf? erkundigte er sich schnell, weil er sich scheute, nach der Geliebten zu fragen und zu erfahren, was Giuditta zugestoßen sei; denn jede Miene der Mutter sprach es aus, es war Giuditta, um die es sich handelte, ihm, ihm selber hatte man ein Mißgeschick zu künden.

Ich danke, Signor, versetzte die Mutter, mein Mann ist wohl, er hat sogar das Bett verlassen. Er wird sich freuen, Sie zu sehen und Ihnen endlich selber seinen Dank zu sagen für alles, was Sie uns gethan haben.

Das klang sehr natürlich, es war auch gut, aber es nahm ihm nicht die Angst, die über ihn gekommen war; er mußte sich zwingen, die Frage auszusprechen: Und Giuditta, wie geht es ihr?

Gut, Signor, sehr gut; sie ist ausgefahren, entgegnete die Mutter, und er meinte zu bemerken, daß ihre Stimme nicht recht sicher sei, daß sie ihn nicht anzusehen wage.

Ausgefahren — Giuditta ausgefahren? Wie ist

das möglich, da Sie hier sind? rief er mit steigender Besorgniß. Wohin ist sie gefahren und mit wem?

Kommen Sie herein, mein Herr, bat die Mutter, einer Antwort aus dem Wege gehend; mein Mann ist noch sehr schwach, und Sie wissen, schwache Menschen sind leicht ungeduldig. Kommen Sie herein, Sie sollen dann erfahren, was geschehen ist. Sie sollen von dem Glücke erfahren. Sie öffnete die Thüre des Saales und nöthigte Domenico zum Eintritt.

Der Thüre gegenüber erblickte er den kranken Grafen. Man hatte das alte Sopha an den Kamin gerückt, das Feuer brannte auf den Heerdsteinen, der Graf lehnte, in seinen verschlissenen Mantel eingewickelt, gegen die steile Sophawand. Er sah blaß und fast gespenstisch aus, und doch war ein Ausdruck in seiner Haltung und in seinem hohlen Auge, den Domenico früher nicht an ihm wahrgenommen hatte und der ihm nicht gefiel.

Mit der vornehmen Handbewegung, welche ihm angeboren war und welche die Klostererziehung ihn zu benutzen gelehrt hatte, begrüßte Marco seinen Gast. Setzen Sie Sich, mein Herr, sagte er, indem er ihm einen Stuhl anwies. Es ist mir eine große Genugthung, daß ich Sie endlich sehen, Ihnen für alle die Aufmerksamkeiten danken kann, die Sie uns erwiesen haben. Sie sind ein Freund in der Noth für uns gewesen, meine Frau und meine Tochter schulden Ihnen, ich zweifle nicht daran, meine Erhaltung —

und es würde ein schlechter Dank sein, fügte er hinzu, wollte ich Ihnen sagen, daß ich wünsche, Ihnen Gleiches mit Gleichem vergelten zu können. Aber nichts desto weniger — er hielt Domenico die Hand hin — ich danke Ihnen, in der That, ich danke Ihnen! Sie haben ein großmüthiges Herz, ein Herz, auf das man bauen darf — das werde ich Ihnen nicht vergessen!

Er drückte dabei des jungen Mannes Hand mit dem Anscheine von Wärme, aber die Zurückhaltung in seinem Tone und die Verschlossenheit seiner Mienen widersprachen seinen Worten. Domenico empfand das deutlich, und eben deßhalb von seiner ungeduldigen und besorgten Liebe fortgerissen, dachte er nicht erst daran, jene Ablehnung des Dankes zu versuchen, welche die Sitte dem Gewährenden zur Pflicht macht, sondern sagte frischweg, wie's ihm zu Muthe war: Nun denn, Herr Graf, wenn Sie Zutrauen zu mir hegen — und in der That, ich darf es sagen, daß ich es verdiene —, so vertrauen Sie mir . . .

Der Graf ließ ihn nicht zu Ende sprechen. Vergeben Sie mir, daß ich Sie unterbreche, sagte er, aber ich kann nicht anders. Es würde mir zu hart ankommen, Ihnen, dem ich so sehr verpflichtet bin, ein bestimmt ausgesprochenes Verlangen abzuschlagen. — Er machte darauf, da er Domenico's Bestürzung gewahr wurde, eine kleine Pause, wie seine Schwäche sie ihm ohnehin auferlegt haben würde, und sprach danach: Ich weiß, mein theurer Herr, was Sie von mir begehren wollen, und meine Achtung vor Ihnen wird nur von meinem Wunsche übertroffen, Ihnen meine Erkenntlichkeit zu beweisen; aber was Sie wünschen — es kommt mir, ich wiederhole es, hart an, Ihnen dieses auszusprechen —, ist unmöglich.

Unmöglich? rief Domenico.

Unmöglich! wiederholte der Kranke sehr bestimmt.

Und weßhalb unmöglich? stieß der junge Mann hervor, in welchem das Gefühl der Kränkung neben dem der getäuschten Hoffnung mit Heftigkeit emporstieg. Ich werde um die Gründe dieser Weigerung wohl bitten dürfen.

Gewiß, entgegnete der Graf; ich würde sie Ihnen schulden, auch wenn ich weniger verpflichtet wäre. — Er rückte sich dabei in seiner Sophaecke in die Höhe, und einen Ton annehmend, welcher mit seiner Körperschwäche eben so wie mit seiner abgetragenen Kleidung und mit der ganzen Umgebung in einem grellen Widerspruche stand, versetzte er: Als ich das erste Mal die Ehre hatte, Ihnen in den Gärten des Salust zu begegnen, glaube ich es Ihnen unverhohlen an den Tag gelegt zu haben, daß ich kein blinder Verehrer der alten Zeiten und der alten Herkömmlichkeiten bin. Ich habe viel von der Welt gelitten, die uns hier umgibt, viel von der Welt gesehen, habe mit offenen Augen in der Welt gelebt, habe die Mängel unserer alten Zustände erkennen lernen. Ich achte den Mann sehr hoch, den seine Arbeit reich macht und der in seinem Talente seine Auszeichnung findet....

Aber Sie verweigern mir Ihrer Tochter Hand! fiel der beleidigte junge Mann dem Grafen bitter in die Rede, dessen selbstgefällige Auseinandersetzung seiner Handlungsweise dem Liebenden wie ein Hohn erscheinen mußte.

Auf den Grafen machte das keinen Eindruck. Sie sind jung, sprach er, und ich zerstöre Ihnen eine Hoffnung — das muß mich nachsichtig gegen Sie machen; indeß meine persönlichen Verhältnisse legen mir besondere Verpflichtungen auf, denn es lebt in dem Menschen ein Verlangen nach einem ihn auszeichnenden Besitze. Hätte ich das Vermögen, hätte ich die Güter, auf welche meine Geburt mir den Anspruch gegeben, wäre mir der Sohn und Erbe, welchen ich betrauere, nicht gestorben, so würde ich vielleicht anders handeln dürfen. Aber Sie wissen es, mein junger Freund, ich nenne jetzt nichts mehr mein, als den großen Namen meiner Väter und die Tochter, die ihn mit mir trägt. Ich darf diese Tochter und diesen Namen nicht in dem breiten und flachen Strom des bürgerlichen Lebens ihr Ende finden lassen. Ich darf es nicht, wiederholte er, und weder die Thränen meines Kindes, noch mein Verlangen, mich Ihnen dankbar zu beweisen, dürfen mich in dieser Erkenntniß wankend machen.

Der Kranke lehnte sich abermals wie ausruhend

zurück und forderte ein Glas Wasser, während er die
Augen leise schloß. Seine Frau, welche bis dahin
schweigend und mit gefalteten Händen hinter ihm ge=
standen hatte und seinen Worten wie den Aussprüchen
einer Offenbarung gefolgt war, eilte hinaus, ihm den
begehrten Trunk zu holen. Als sie dabei an Dome=
nico vorüberstrich, hob sie die Augen mit ausdrucks=
voll bittender Geberde zu ihm empor und gab ihm ein
Zeichen, ihr zu folgen.

Domenico war unentschlossen. Er traute sei=
nen Ohren, seinem Kopfe nicht. War das derselbe
Mann, den er einst so erbittert über die Zu=
stände seines Vaterlandes hatte sprechen hören, der
Mann, welcher die gegenwärtigen Folgen der alten
Herkommnisse so hart getadelt, derselbe Mann, den er
beinahe sterbend auf der Straße aufgehoben und durch
seine entschlossene Hülfe vor elendem Verschmachten
bewahrt hatte? — An jedem anderen Orte würden
ihm solche Aeußerungen eines fast bis zum Bettel=
stabe herabgekommenen Edelmannes lächerlich und
widerwärtig erschienen sein; hier aber, in dem verfalle=
nen Palaste, hier, wo Alles den Bewohner an die
Vergänglichkeit jedes Besitzes mahnen mußte, machte
es auf das fein empfindende Herz des jungen Künst=
lers wider seinen Willen und wider seine bessere Ein=
sicht doch eine rührende und zugleich eine erschütternde
Wirkung, daß der Enterbte und Verarmte sich also
an den Namen und an die Erinnerungen seiner Familie

anzuklammern suchte, um sich nicht völlig als einen
Bettler zu empfinden. Domenico nannte es in seinem
Inneren eine Thorheit, eine Verkehrtheit. Er verwünschte diese Thorheit, wenn er der Geliebten dabei
dachte, und doch konnte er es nicht über sich gewinnen,
es dem Kranken auszusprechen, was er dachte, und den
Glauben eines Armen an sein letztes ideales Besitz-
thum anzutasten.

Sie sind der Vater und der Herr, sagte er, sich
zusammennehmend und sich überwindend; Sie sind
krank, und ich habe mich zu bescheiden! Damit verließ
er das Gemach. Kaum jedoch hatte er die Thüre
desselben hinter sich geschlossen, als er die Mutter bei
der Hand nahm und sie mit der bringenden Frage
anging: Wo ist Giuditta? Sagen Sie mir, wo ist sie?

Stille, stille! bedeutete ihn die Mutter. Sie
sollen Alles wissen, aber ich muß erst meinen Mann
bedienen! Warten Sie, ich komme wieder!

Sie war inzwischen auf die Galerie hinausgetreten, an der das Schöpfrad zu dem Brunnen befestigt
war. Mit geübter Hand hob sie das alte, kupferne
Gefäß von dem weit vorspringenden eisernen Haken
herunter und ließ es an der laut rasselnden Kette die
drei Stockwerke herniedergleiten, bis man es bei der
im Hofe herrschenden Stille mit klatschendem Aufschlage
das Wasser berühren hörte. Domenico stand, von
Ungeduld gefoltert, neben ihr. Er hatte der Geliebten
bei der gleichen Arbeit oftmals seine Hülfe geliehen,

er legte auch jetzt wieder die Hand unwillkürlich an,
den Eimer mit dem Rade in die Höhe zu winden, so
daß die Mutter den Becher füllen und ihrem Manne
die gewünschte Labung bringen konnte.

Es währte denn glücklicher Weise auch nicht lange,
bis sie wieder auf die Galerie heraustrat; indeß die
wenigen Minuten hatten schwer genug auf dem ge=
quälten Wartenden gelegen, und er wußte nicht, was
es bedeuten sollte, als Signora Teresa eilig mit ihm
die Treppe hinunterstieg. Schon hoffte er, daß er Giu=
ditta in einem der unteren Geschosse finden werde,
daß die Mutter, welche sich ihm stets geneigt erwiesen,
ihm ein Wiedersehen der Geliebten vorbereiten wolle;
aber auf der Galerie blieb die Signora plötzlich stehen.

Ich bin hiehergegangen, sagte sie, damit mein Mann
uns nicht vernehmen möge. Er glaubt, daß Sie Sich be=
reits entfernt haben, und er weiß, daß ich in der
Küche beschäftigt bin. — Sie hielt inne, sah ihn mit
ihren noch immer schönen Augen traurig an und sprach
danach: Armer Signor Domenico, armer Jüngling,
Sie thun mir sehr leid! Auch meine Giuditta thut
mir leid! Ich habe es gleich gesehen, immer gefürch=
tet, daß eure Herzen sich zusammenfinden würden, und
ich weiß es, der Liebesschmerz ist bitter für die Jugend!
Aber was wollen Sie! — Dem Willen Gottes muß
man sich unterwerfen! Seien Sie stark, Signor Do=
menico, es kann nicht anders sein! Giuditta ist für
Sie verloren, indeß trösten Sie Sich — denn es ist

ihr ja das Glück widerfahren, das wir für sie von
Jugend auf ersehnten, und wenn die Arme jetzt auch
um Sie weint, so wird sie bald anders darüber den=
ken! Sie wird von der heiligen Mutter Gottes Ver=
zeihung für ihr Widerstreben finden und für uns Alle
von unserem Herrgott Vergebung erflehen!

Bei diesen letzten Worten der Mutter schoß es
wie ein Blitz vor Domenico hernieder. Alles Blut
wich aus seinen Wangen, und mit seiner kalten Hand
der Mutter Hand so fest ergreifend, daß diese davor
zusammenzuckte, rief er; Sie haben Giuditta in ein
Kloster gebracht.

Die Mutter machte sich von ihm los. Ja,
Signor, sagte sie mit einer Ruhe und Heiterkeit, die
ihm das Herz durchschnitten — ja, Signor! Giuditta
wird in's Kloster gehen! Es ist immer unser Wunsch
gewesen, mein Wunsch und auch des Vaters Wunsch;
aber wir hatten wenig Hoffnung, ihn erfüllt zu sehen.
Nun hat die Madonna mein Gebet erhört — Giu=
ditta wird in's Kloster gehen.

Judith, die schöne Judith, meine Judith in Ein=
samkeit verschmachten! Nimmermehr, nimmermehr!
stieß Domenico hervor, dem sich das Herz bei dieser
Vorstellung empörte.

Signor, bat die Mutter, was hilft es, sich wider
den Willen Gottes aufzulehnen? Sie wissen, wie der
Graf und ich in unserer Jugend zusammengekommen
sind. Das ist lange her, aber es war eine Sünde

gegen die Gebote Gottes, der uns befiehlt, den Eltern gehorsam zu sein, und die Sünde lastet auf dem Menschen und rächt sich an ihm, bis sie gesühnt und gebüßt worden ist. Ich habe Buße gethan, so viel mir auferlegt geworden, aber sie hat das Herz unseres Heilandes nicht erweicht, denn das Opfer soll ein reines sein, und sie sagen, mein Leben sei entheiligt durch den Fluch, der auf uns liegt und der Gottes Zorn auf uns herniedergerufen hat. Schlag auf Schlag hat uns getroffen. Auch der letzte Sohn ist uns, Sie wissen es, gestorben; und wie dann auch mein Mann zusammengebrochen ist und Sie ihn mir wie einen Sterbenden nach Hause brachten, da bin ich, in derselben Stunde, hingegangen und habe in meiner Herzensangst mich niedergeworfen vor der heiligsten Madonna und habe ihr gelobt, wenn sie bei ihrem Sohne Fürbitte thun wolle, daß der Fluch von uns genommen werde und mein Mann mir erhalten bleibe, so würde ich ihr ein reines Opfer bringen, so solle Giuditta ihrem Sohne zur Braut gegeben werden, das Kind, in deren Herzen kein Falsch ist und kein Fehl, denn Giuditta ist ein Engel, in Wahrheit ein reiner Engel — Gott segne und erhalte sie.

Domenico hatte sich gegen die Balustrade der Galerie gelehnt und stützte die Stirn mit der geballten Faust. Die Mutter stand ihm eine Weile schweigend gegenüber. Dann trat sie zu ihm und legte ihre Hand auf seine Schulter. Sie sah ganz heiter aus.

Tröstet Euch, sagte sie, und seid tapfer! Ihr seid noch jung, Ihr seid schön, und ich habe gehört, daß Ihr ein großer Künstler seid — Ihr findet gewiß bald eine andere Frau, Signor!

O, zehn für eine! lachte Domenico in bitterem Hohne auf. Aber Giuditta, Giuditta! — Sie verabscheut das Kloster und sie liebt mich!

Ja, sie liebt Euch, Signor! Sie hat es mir gesagt und auch dem Vater hat sie es gestanden. Sie hat sehr geweint um Euch und hat Euch sehen wollen — aber wozu sollte ihr das sein und wozu Euch? Der himmlische Friede wird sie bald die Leidenschaft vergessen machen, und sie wird ein sanftes, ein glückliches Leben führen, ohne Noth und ohne Sorge und ohne alle Kümmerniß — ein heiliges Leben und ein vornehmes Leben, ein sehr vornehmes, darauf dürft Ihr Euch verlassen!

Domenico erwiederte darauf nichts. Er mußte sich förmlich erst besinnen, um das Geschehene zu begreifen; aber er kannte die Römerinnen genugsam, um zu wissen, daß eine Frau wie Giuditta's Mutter das Beste für ihre Tochter gethan zu haben glaubt, wenn sie sie dem Kloster übergibt; und eben so gut wußte er, daß es ihm kaum möglich sein würde, mit irgend einer Botschaft zu der Geliebten zu dringen oder eine Kunde von ihr zu erhalten, wenn sie einmal erst in dem Kloster war. Dennoch versuchte er, Giuditta's jetzigen Aufenthalt von ihrer Mutter zu erfahren; aber es gelang ihm nicht. Sie wiederholte ihm nur immer und immer, daß sie in einem großen Kloster unter lauter vornehmen Nonnen sein, und daß sie dort wie eine Prinzessin leben werde, denn Signora Aebtissin sei selber eine Fürstin; und — fügte sie mit Stolz hinzu — was noch mehr ist, sie ist unsere Anverwandte! Giuditta wird dort wie im Himmel sein!

Der arme Liebende hörte auf alle diese Versicherungen nur mit halbem Ohr hin. Ihm lag einzig daran, zu ermitteln, wohin man Giuditta gebracht habe, und daß er es auf geradem Wege aus der Mutter nicht herausbringen werde, dessen wurde er jetzt inne. Mit Einem Male aber fuhr ihm ein Gedanke durch den Kopf. — Und wer wird Giuditta die Mitgift für das Kloster geben? fragte er.

Nun, wer anders, als diejenigen, denen dies wirklich zukommt — der Graf, ihr Onkel! entgegnete die Mutter, in welcher eine Aufwallung von Stolz und Eitelkeit die bisherige Vorsicht niederhielt und überwand.

Der Graf Castelmarino? Wie soll ich das verstehen? erkundigte sich der junge Mann, der hinlänglich in die Verhältnisse der Familie eingeweiht war, um zu wissen, wie wenig sie bisher auf die Unterstützung eben dieses Mannes rechnen dürfen.

Die Mutter sah sich vorsichtig um, sie schien es zu vergessen, daß Niemand außer ihnen auf diesen Gängen wandle, und sich, nachdem sie nun einmal so weit gegangen war, mit heimlichen Vertrauen zu dem

schonungslos Zurückgewiesenen hinüberneigend, sprach
sie: Ich weiß, mein Theurer, wie sehr Ihr Giuditta
liebt, aber Ihr meint es auch gut mit ihr. Ihr sollt
daher auch Alles erfahren, Alles, damit auch Ihr es
einseht, wie die heiligste Mutter meine Bitten erhört,
mein Gelöbniß angenommen und ein Wunder, ein
wahres Wunder für uns gethan hat!

Giuditta's Mutter machte eine kleine Pause,
während deren sie das Crucifix ihres Rosenkranzes
an ihre Lippen führte, und hob dann auf's Neue zu
erzählen an:

Ich habe Euch gesagt, sprach sie, daß ich Giu=
ditta der heiligen Madonna angelobt habe, aber so
guten Herzens und so vollen Glaubens ich dabei ge=
wesen war, es war ein Versprechen ohne Zuziehung
des Kopfes gewesen, denn wir hatten keine Mitgift
und welches Kloster nimmt eine Grafentochter — und
Giuditta ist doch eine Gräfin — ohne Mitgift auf?
Tag und Nacht lag es mir auf der Seele, daß ich
zu meinen anderen Vergehen auch noch die Sünde
auf mich geladen hatte, der Mutter Gottes ein Ver=
sprechen gemacht zu haben, das ich ihr nicht halten
konnte. Es peinigte mich im Wachen, und im Traume
sah ich die Madonna, die mich mahnte und mich
fragte: Sage mir, Undankbare, wann bringst du das
mir angelobte Kind? Wann bringst du meinem ge=
segneten Sohne seine Braut? — Ich konnte es end=
lich nicht mehr ertragen und vertraute Alles unserem

Pfarrer Don Eusebio, der uns die Beichte hört. Don Eusebio sprach mir Muth ein. Wenn die Madonna Euch selbst mahnen kommt, sagte er, so ist das ein Zeichen, daß sie Eure Tochter haben will, und sie wird Euch beistehen, wenn Ihr die Mittel sucht, das Kind ihr zuzuführen. Ich fragte, was ich thun könne. Ihr habt mächtige Verwandtschaft; Euer Schwager, der Graf Castelmarino, ist so reich, und sein Einfluß ist noch größer, als sein Reichthum. Seine Cousine ist Aebtissin hier in Rom, in Santa Pudentiana. Ein Wort von ihm, und man nimmt seine Nichte auch mit einer kleinen Mitgift auf. Eine kleine Mitgift aber kann und wird er seiner Bruderstochter für das Kloster nicht versagen, denn das würde ihm Schande machen vor den Leuten, und seine Gattin, Donna Erminia, ist großmüthig. Sie stattet alljährlich, an ihrem Hochzeitstage, drei junge Mädchen für das Kloster aus. An sie müßt Ihr Euch wenden. Ihr Hochzeitstag stand eben wieder vor der Thüre.

Und Ihr seid zu ihr gegangen? fragte Domenico mit Ungeduld. Ihr seid in das Haus gegangen, aus dem man Euren Gatten fortgewiesen hat?

Hört mich ruhig an, ermahnte die Mutter, damit Ihr's recht versteht, wie es gekommen ist. Ja, ich bin gegangen ....

Und Euer Gatte — weiß er, daß Ihr's thatet? fiel Domenico ihr nochmals in das Wort.

Sie schüttelte abwehrend das Haupt. Nein, er weiß

es nicht, und Niemand weiß es außer Don Eusebio; und es ist ein Zeichen, wie wohl ich Euch will und wie viel ich von Euch halte, daß ich's Euch vertraue. Aber wir Menschen sind einer wie der andere, Don Eusebio hat Recht, der Hochmuth ist unserer sündigen, eitlen Seele innerer Kern. Ich dachte und sprach zuerst wie Ihr, bis Don Eusebio mich eines Besseren belehrte und mir sagte, daß ich mich überwinden und, um mein und meines Kindes Seelenheil zu sichern, es über mich vermögen müsse, mich in meinen alten Tagen in dem Hause und vor der Familie demüthigen zu gehen, gegen deren Herkommnisse und gegen deren Willen ich mich in meiner Jugend mit meiner Heirath aufgelehnt und schwer versündigt hätte. Und, wie ich Euch sagte, bin ich auch gegangen.

Und wie seid Ihr dort empfangen worden?

Die Mutter zuckte die Schultern. Wie die Bittenden, wie arme Anverwandte von den Reichen meist empfangen zu werden pflegen. Donna Erminia that erst, als wisse sie nichts von mir, als habe sie meinen Namen nie gehört. Als ich ihr dann von unserem Elend, von meines Mannes Krankheit, von Eurem Mitleiden und Eurer Großmuth für uns sprach, fing sie Acht zu geben an. Sie erkundigte sich, wie alt Ihr wäret, welch ein Gewerbe Ihr betriebet und welches Euer Name sei. Sie wunderte sich, da ich ihn nannte. Sie sagte, daß sie oft von Euch gehört und daß Ihr ein braver Mann wäret. Dann fragte

sie, ob meine Tochter schön sei. Schön wie ein Engel,
sagte ich, und eben darum habe ich sie der heiligen
Mutter Gottes angelobt! Ich hatte das aber kaum
ausgesprochen, als Donna Erminia's strenges und
kaltes Gesicht sich aufzuhellen anfing. Ihr habt Recht
mit diesem Vorhaben, sprach sie; wenn Eure Tochter
schön ist, wird sie bei Euren Verhältnissen im Kloster
sicherlich am besten aufgehoben sein. Führt Eure
Tochter morgen in Eurer Kirche zu Don Eusebio in
die Messe; Ihr werdet mich dort treffen. Wenn ich
mit Euch rede, thut, als hättet Ihr mich nie zuvor
gesehen, und das Uebrige wird sich dann später finden.

Wann ist das geschehen? fragte Domenico.

Gestern vor drei Wochen.

Also Donna Erminia ist die Dame gewesen, die
mit ihrem jungen, schwarzlockigen Sohne Euch in der
Kirche angesprochen und sich so lange mit Euch unter=
halten hat? stieß Domenico hervor, während das Blut
ihm in die Wangen schoß.

Was wißt Ihr davon? fragte die Mutter sicht=
lich betroffen.

Alles, Alles! Giuditta hat es mir erzählt, wie
der Sohn der fremden Dame sie so mitleidig ange=
sehen, daß sie ganz gerührt davon geworden sei, wie
er ihr die Hand gedrückt, wie sie ihr dann mit einem
anderen jungen Fremden an einem der nächsten Tage
abermals in der Kirche angetroffen habe und wie die=
ser Fremde seitdem immer in der Kirche gewesen sei,

wenn sie zur Messe gegangen, so daß es ihr Angst gemacht habe, wenn er ihr an der Thüre das Weihwasser geboten und sie stets auf's Neue, wenn auch sehr höflich, angesprochen habe. — Aber wo ist Giuditta? Nur das Eine beantwortet mir: wo ist sie? Wem habt Ihr sie anvertraut? Redet, redet!

Ihr werdet machen, daß ich schweige, wenn Ihr also in mich dringt! entgegnete die Mutter empfindlich. Glaubt Ihr, daß meines Kindes Heil mir weniger am Herzen liegt, als Euch? Ich habe Euch gesagt: Giuditta ist wohl aufgehoben. Gestern, gerade als Ihr unser Haus verlassen hattet, gerade als Giuditta es mir eingestanden hatte, daß sie mit Euch in Liebe sei und Ihr sie zur Frau begehren würdet, ist ein Diener, ein großer, feiner Diener, an unsere Thüre gekommen und hat uns einen Brief — den ersten in unserer ganzen, langen Ehe — von Donna Erminia übergeben. Sie hatte darin, wie sich's von selbst verstand, um meines Mannes Ehrgefühl zu schonen, von meinem Besuche und von meiner Fürbitte kein Wort gesprochen, sondern nur geschrieben, daß sie durch Don Eusebio von meines Mannes Krankheit, von unseren Bedrängnissen und von unserem Wunsche Nachricht bekommen habe, unsere Tochter dem Himmel zu weihen, und daß sie diese Absicht billige. Sie werde heute in der Frühe Jemanden senden, Giuditta nach ihrer Villa hinaus zu holen, um sie selber kennen zu lernen, und wenn sie sie dessen würdig finde, werde sie ihr eine Mitgift geben und ihr Aufnahme in einem Kloster schaffen. In dem Briefe lag eine Geldanweisung, und zum Schlusse versprach die Gräfin, daß sie, wenn Giuditta in das Kloster träte, die gleiche Summe alle drei Monate meinem Manne zahlen lassen werde, damit Giuditta sich keine Sorge um uns zu machen brauche und alle Gedanken nur auf ihr Seelenheil verwenden könne.

Weiter, weiter! drägte sie Domenico, dessen Unruhe von Minute zu Minute sieg.

Nun, was ist da weiter noch zu sagen! versetzte die Mutter. Mein armer Mann — Gott erhalte ihn! — hat zum ersten Male geweint, aus reiner Freude hell geweint, und ich habe mich auf die Kniee geworfen und gebetet, und gebetet wie noch niemals zuvor. Man ist ein anderer, ein geheiligter Mensch, wenn man es an sich selber gewahr wird, daß die heiligste Madonna unserem Gelöbnisse ihr Ohr geliehen hat, daß wir von ihr erhört sind und der Fluch von uns genommen worden ist. Wir haben sanft geschlafen diese Nacht, endlich einmal sanft geschlafen! In der Frühe ist dann der Diener mit dem Wagen wiedergekommen, unsere Giuditta abzuholen...

Und Ihr habt sie gehen lassen? fiel Domenico ihr, erschreckend, in die Rede. Ihr habt sie allein von Euch gelassen?

Ich verstehe Euch nicht! Wie könnt Ihr denken, daß ich Giuditta allein hinausgehen lassen? Sie ist nicht allein gegangen; ihrer Tante, der Gräfin eigener Diener hat sie in deren Wagen abgeholt.

Kanntet Ihr den Diener?

Wie sollten wir, Signor! Indeß er brachte uns ja Donna Erminia's Schreiben und das Geld!

So kannte also Euer Mann zum mindesten die Handschrift seiner Schwägerin, der Gräfin?

Nein, Signor, die kannte er freilich nicht, denn sein Bruder war noch unvermählt, als wir verstoßen wurden; aber wer sonst als sie konnte wissen, daß wir hier im Elend lebten? Wer als sie konnte von unseren Wünschen Kunde haben und uns helfen wollen in der Noth?

Und Giuditta? Ich beschwöre Euch, Signora, was sagte sie, was that sie? Sie kann nicht freiwillig hinweggegangen sein!

Dürft Ihr das noch fragen? gab die Mutter ihm mißbilligend zur Antwort, nachdem Ihr des Mädchens Sinn mit den heimlichen Fäden Eurer Liebe umsponnen, umgarnt und Euch ihr Herz ohne unser Wissen zugewendet hattet? Ich habe es Euch gesagt, Giuditta hat geweint, wie alle Mädchen weinen, wenn ihr Schicksal sich entscheidet. Aber die Thränen werden bald getrocknet sein.

Es war weiter nichts zu machen. Wie sehr Domenico auch mit Fragen in sie drang, er konnte von der Mutter, die ihres Glückes gar zu voll war, für jetzt nichts Mehreres erfahren. Indeß alles, was er

vernommen, hatte eine furchtbare Besorgniß in ihm
wachgerufen. Er glaubte nicht an eine so plötzliche,
so vollständige Sinneswandlung der gräflichen Familie
zu Gunsten des bis dahin völlig von ihr zurückgewie=
senen Bruders. Es kam ihm unwahrscheinlich vor,
daß die Gräfin ihre Nichte in solcher Weise, ohne alle
vorherige Rücksprache aus ihres Vaters Hause zu sich
hatte holen lassen, und vollends die Geldzusage in die
Zukunft hinaus flößte ihm ein Mißtrauen ein, das
durch die Nebenumstände noch an Schwere gewann.

Er hätte auf der Stelle umkehren, den Vater
warnen mögen, aber der kranke Mann konnte ihm
vorläufig in keinem Falle Hülfe leisten, und Domenico
mußte sich sagen, daß derselbe auch nicht geneigt sein
würde, seinen Bedenken und seinem Argwohn die ge=
bührende Achtsamkeit zu schenken. Armuth, der eine
so unerwartete Abhülfe geboten wird, macht gläubig
und leichtgläubig; mit dem liebenden jungen Manne
war es indessen etwas Anderes. Er mußte wissen,
zuverlässig wissen, wie es um das Mädchen stand, an
dem er — er hatte das nie lebhafter als eben jetzt
empfunden — mit allen seinen Kräften hing.

Auf seine Frage, wann Giuditta wiederkehren
würde, entgegnete die Mutter, daß darüber nicht ge=
sprochen worden sei, aber daß man sie natürlich vor
Ave Maria nach Hause schicken werde. Euch, mein
junger Freund, setzte sie indessen gleich hinzu, Euch
darf das jetzt nicht kümmern, denn Ihr begreift es,

daß Ihr Giuditta von jetzt an nicht mehr wiedersehen dürft. Wenn sie im Kloster sein wird — und das wird ja bald geschehen —, so will ich selber zu Euch kommen, und mein Mann wird zu Euch kommen, wenn seine Kräfte es ihm gestatten, um Euch zu danken für Eure Großmuth, und so oft Ihr uns besuchen werdet, sollt Ihr uns Beiden wie der liebste und nächste Freund willkommen sein. Für jetzt indessen habt Geduld und gebt Euch zufrieden in den Willen Gottes, der uns so sichtbarlich zu Hülfe gekommen ist. — Sie machte darauf die Bemerkung, daß sie sich weit über Gebühr bei ihm aufgehalten habe, daß ihr Mann gewiß sie schon erwarten werde, und ihm einen Guten Tag und das übliche Auf Wiedersehen! bietend, ließ sie ihn zurück und stieg mit leisem Schritte wieder in das obere Stockwerk hinauf. —

———

Dreizehntes Capitel.

Domenico stand eine Weile unschlüssig, was er thun sollte. Dann kam ihm plötzlich ein Einfall, und rasch den Hof und das Portal durchschreitend, trat er zu der Hökerin heraus, die heute wie immer ihren Kohl absott und ihre Kastanien zum Rösten auf den Ofen legte. Sie und Domenico waren gute Freunde geworden, seit dieser alltäglich den alten Palast und seine Bewohner besuchte, und Signora Elena hatte den schönen jungen Fremden um seines guten Herzens und um seiner Wohlthätigkeit willen, von der sie täglich Zeuge war, in ihren ganz besonderen Schutz genommen. Heute, als er an ihrem Ofen vorübergegangen, war sie zufällig einen Augenblick in ihrer Stube gewesen, sonst hätte er schon von ihr erfahren, was für diesen Tag das große Ereigniß unter den Nachbarn auf der Straße war und was sie alle in Athem und in neugieriger Aufregung erhielt — die Ausfahrt Giuditta's.

Domenico brauchte sie gar nicht erst darauf zu

bringen. Sobald sie seiner nur ansichtig wurde, rief sie ihm entgegen, was er dazu sage und was er davon denke, daß man das arme Mädchen in das Kloster bringen wolle.

Unser junger Freund hielt es für gerathen, vorsichtig zu Werke zu gehen. Da ist nichts zu sagen, wenn die Judith damit einverstanden ist, gab er ihr zur Antwort.

Signora Elena schlug sich ärgerlich mit beiden Händen auf die Knie und hob dann die Hände wieder mit lebhafter Geberde zu ihm empor. Macht keine Komödie, rief sie, und spielet nicht den Gleichgültigen! Es hilft Euch zu nichts und Ihr verschwendet Eure Mühe! Denn ich lasse mich nicht täuschen, ich habe es schon lange gewußt! Denn wozu habe ich meine Ohren, wozu meine Augen? Ich habe wohl nicht gesehen, wie eilig Ihr gewesen seid, wenn Ihr an das Portal gekommen? Glaubt Ihr, ich habe nicht gehört, daß Euch das Herz im Leibe vor Vergnügen getanzt hat und Ihr habt singen müssen einen Abend wie den anderen, wenn Ihr von da oben heruntergekommen seid? Ihr werdet mir nicht einbilden, daß das alles nur geschehen ist um des alten, bärbeißigen kranken Grafen willen oder wegen der guten Laune und der schönen Augen von Signora Teresa da oben, die eine Contessa geworden ist, sie wußte selbst nicht wie! Ich bin auch nicht immer fünfundvierzig Jahre alt gewesen — und die Giuditta ist gescheiter als Ihr, und weiß besser als Ihr, Signor, was von mir zu halten ist! Seht her, Signor! Könnt Ihr lesen?

Sie hielt ihm damit einen ganz kleinen, eng zusammengefalteten Streifen Papier dicht unter die Augen. Was bekomme ich, wenn ich's Euch gebe?

Gebt, gebt! rief Domenico und drückte der Hökerin ein Geldstück in die Hand, obschon es derselben offenbar jetzt eben nicht auf die Bezahlung ankam, und den Streifen entfaltend, las er die mit schneller Hand geschriebenen Worte: „Helft mir! Ich liebe Euch!"

Seine ganze Seele kam vor diesem einfachen Aufrufe des geliebten Mädchens nur in eine noch heftigere Bewegung. Es war ihm völlig, als ob ihrer Stimme Ton in seinen Ohren erklinge. Es schwindelten ihm fast die Sinne, und kaum konnte er sich zu der Frage aufraffen, wie Giubitta ausgesehen, ob sie gesprochen, ob sie geweint habe.

Wie wird sie ausgesehen haben? Schön hat sie ausgesehen mit ihrem hellen Ringelhaar und ihren rothgeweinten Augen, wie die heilige Magdalena, die am Fuße des Kreuzes liegt. Sie konnte gar nichts sagen, sie war eine einzige Verwirrung. Ich sah ihr aber an, was ihr am Herzen lag, und ich trat an den Wagen heran und fragte sie: Wohin geht Ihr, Contessina? — Da drehte sie sich zu mir, während der Diener das Portal des Palazzo wieder zumachte, und reichte mir die Hand und gab mir damit diesen Zettel. Er soll mich nicht verlassen! flüsterte sie mir zu. Sagt ihm das, wenn er heute kommen wird! — Dann fuhren sie mit ihr davon, und obschon sie Euch nicht nannte und ich Geschriebenes nicht lesen kann, denke ich doch, der Zettel wird in die rechte Hand gekommen sein.

Sie wendete sich darauf wieder zu ihren Oefen, schüttete aus der kleinen Kiste frische Kohlen auf und fing an, mit dem Federwisch das Feuer anzufachen, als ob sie nun, da sie ihren Auftrag ausgerichtet hatte, auf der Welt nichts weiter kümmere. Für Domenico aber wuchs die Nothwendigkeit des Fragens. Er wollte wissen, wohin der Wagen sich mit Giuditta gewendet habe.

Wohin er sich gewendet hat? Nun, die Straße hier hinunter! Da sie nach der Villa Castelmarino wollten, werden sie dort unten bei San Marco eingebogen sein, um über den venetianischen Platz nach dem Corso zu kommen!

War es des Grafen Diener, der sie holte?

Wie Ihr so fragen mögt! Wie soll ich des Grafen Diener kennen? Er wohnt weit von hier und hat der Diener viele! gab sie ihm zur Antwort.

Aber war es des Grafen Castelmarino Wagen, trug der Diener die Livrée des Hauses? forschte Domenico weiter.

Die Höferin besann sich. Signor Bernardo!

rief sie darauf und winkte dem Schuhmacher, herüber zu kommen, der wie immer auf seinem Schemel vor der Thüre saß und sich dazu nicht zweimal bitten ließ; denn er und alle Nachbarn waren heute in Aufregung. Es wußte es ja seit Wochen und Monaten die ganze Straße, daß die schöne Giubitta des alten Conte mit einem Fremden Liebe mache; man hatte ihr, da sie beliebt war, den schmucken, geldspendenden Freier auch gegönnt, und die Nachricht, daß man sie wider ihren Willen in das Kloster bringen wolle, hatte seit dem Morgen nicht nur die Frauen und die Mädchen, sondern selbst viele der Männer zu ihren Verbündeten gemacht. Auch der Schuhmacher stand auf ihrer Seite, und da er keine Secunde darüber in Zweifel gewesen war, um was es sich zwischen der Padrona und dem Cavaliere handle — denn daß Domenico ein Cavaliere sei, hatte seine Freigebigkeit den Leuten lange dargethan —, so kam der wackere Signor Bernardo mit dem Stiefel in der Hand sofort herüber, um zu hören, was man von ihm wolle.

Der Herr will wissen, ob es des Grafen Castelmarino Wagen und sein Bedienter gewesen sind, mit denen sie heute die Giubitta holen gekommen! Kennt Ihr des Grafen Wagen und habt Ihr den Diener vielleicht auch gekannt, Gevatter? fragte die Höferin den Nachbar.

Ob ich den Wagen kenne? Alle Wagen unserer Nobili und Principi kenne ich so gut, wie die Wagen der Eminenzen und der Monsignori, versetzte Signor Bernardo selbstgefällig. Wozu säße ich denn nun an die einundzwanzig Jahre drüben an der Ecke? Ich brauche so zu sagen die Carossen gar nicht erst zu sehen, um sie zu erkennen; ich darf behaupten, ich unterscheide sie von Weitem mit dem Ohr, noch ehe sie in unsere Straßen kommen! O nein, das war kein Wagen der Castelmarino! Nein, wo würden die einen von ihren Wagen und einen von ihren Leuten hier vor der Thüre dieses Palastes halten lassen! Gott bewahre! Einen Miethswagen, aber freilich einen von den feinen, hatten sie geschickt, und der Diener sah mir nicht aus, als ob von den ihren wäre! Er hatte keine Livrée. Wie einer von den Courieren ist er mir vorgekommen, von denen die Engländer sich über die Berge hierher zu uns bringen lassen; wie ein Römer sah er mir nicht aus.

Domenico verlor keine Sylbe von dem Berichte, aber diese Aussagen konnten ihn nicht von seinen Besorgnissen befreien; er mußte sich andere Auskunft zu verschaffen suchen, und ohne sich lange zu besinnen, ging er in die Wohnung des Geistlichen, auf dessen Anrath Giuditta's Mutter sich an ihre Schwägerin gewendet hatte.

———

Vierzehntes Capitel.

Die Wohnung Don Eusebio's war eng und sehr bescheiden. Er saß bei Tische und nahm mit seiner alten Mutter, die sein Haus versah, das nichts weniger als üppige Mittagessen ein. Eine Schüssel voll Salat, ein Teller voll Salami, Käse und eine Flasche Wein waren reinlich aufgetragen; die Mutter des Pfarrers, welche Domenico die Thür geöffnet hatte, blieb neben dem Tische stehen, als ihr Sohn sich erhob, um den Besucher zu empfangen.

Domenico und Don Eusebio sahen einander nicht zum ersten Male. Sie waren schon zusammengetroffen, als der Pfarrer in das Haus des kranken Grafen gekommen war, um ihm das Sacrament zu bringen, und da Don Eusebio der Beichtiger der Mutter wie der Tochter war, hatte jener es nicht erst nöthig, Auskunft über sich zu geben. Er bat nur höflich um Entschuldigung, daß er den geistlichen Herrn in seiner Mahlzeit unterbreche, und fragte, ob derselbe geneigt sei, ihm eine kleine Weile Rede zu stehen und ihm ein paar Fragen zu beantworten. Die Matrone, welche solcher Besuche sehr gewohnt war, entfernte sich sofort, und die beiden jungen Männer — ich sage: junge Männer, bemerkte Signor Cesare, seine Erzählung unterbrechend, denn obschon der Pfarrer sieben, acht Jahre älter als mein Neffe Domenico sein mochte, so war er doch noch nicht über die halben Dreißiger hinaus — die beiden jungen Männer waren nun allein.

Als Künstler hatte Domenico bei jener früheren Begegnung ein Wohlgefallen an Don Eusebio gehabt. Die feine, schlanke Gestalt des jungen Geistlichen, sein schmaler Kopf mit der weit hervorspringenden, gebogenen Nase, seine bleiche Farbe, das schlicht anliegende, kurz geschorene schwarze Haar und der sanfte Ausdruck der schwärmerischen, blauen Augen hatten den Maler an Daniele Crespi's schöne Bildnisse von Federigo Borromeo erinnert, und die ruhige, würdevolle Haltung des Geistlichen war auch in diesem Augenblicke wieder dem Zutrauen entsprechend, mit welchem Giuditta und ihre Mutter sich immer über ihn geäußert hatten.

Mit jener guten Form, welche dem Italiener fast durch alle Stände eigen ist und in welcher die gebildeten Geistlichen des Landes im höchsten Grade Meister zu sein pflegen, bot er dem Besucher seinen schlichten Lehnstuhl an, nahm ihm gegenüber auf einem anderen Stuhle Platz, und sich erinnernd, daß in jedem Zusammenspiele derjenige einen großen Vortheil für sich hat, der die Tonart und den Rythmus angeben kann, in welchem die Musik sich zu bewegen hat, wartete er nicht erst ab, was der Andere von ihm begehren würde, sondern sagte: Ich irre mich vielleicht nicht, mein Herr, wenn ich annehme, daß es nicht Ihr persönliches Seelenheil ist, welches mir die Genugthuung verschafft, Sie hier zu sehen, daß es sich aber nichts desto weniger um eine Sie nahe berührende Angelegenheit handelt. Haben Sie die Güte, mir zu sagen, worin ich Ihnen dienen kann.

Die ruhige, fast geschäftsmäßige Weise des Pfarrers war unserem Freunde sehr willkommen, denn sie befreite ihn von Erklärungen, für welche es ihm schwer gewesen sein würde, die richtige Einleitung zu finden. Er sagte, daß die Voraussetzungen des Pfarrers zutreffend wären und daß er gekommen sei, um von ihm zu erfahren, was er über Giuditta's beabsichtigen Eintritt in ein Kloster wisse.

Der Curate hatte einige Jahre lang im Hause eines römischen Fürsten gelebt und dessen Söhne erzogen. Das war ihm zu der frühzeitigen Erlangung seiner gegenwärtigen Stellung förderlich gewesen und hatte ihm außerdem die Gelegenheit gegeben, sich jene feinen und gemessenen Umgangsformen anzueignen, welche ihm in der Ausübung seines Amtes sehr zu Statten kamen. Er folgte, leise mit dem Kopfe nickend, den Worten des Sprechenden, um demselben dadurch ein beständiges Zeichen seiner Achtsamkeit zu geben, und sagte, als Domenico geendet hatte: Ich fürchte, mein Herr, daß Sie von mir nicht mehr erfahren können, als Ihnen selber bereits bekannt sein wird. Die Thatsache ist einfach; und was ich über die inneren Beweggründe der dabei betheiligten Personen weiß, ist mir von denselben unter dem Siegel der Beichte anvertraut und muß mir also heilig sein. Daß die Familie des Grafen aus geistigen Beweggründen wie aus weltlichen Rücksichten den Eintritt der jungen Gräfin in ein Kloster wünscht, ist sehr begreiflich; daß diese letztere vorläufig noch ein Widerstreben fühlt, sich dem Willen ihrer Familie unterzuordnen, daran, mein Herr, sind Sie nicht ohne Antheil; aber ich mache Ihnen dieses nicht zum Vorwurfe. Sie sind nicht ohne Gottes Rathschluß in das Leben der jungen Gräfin eingetreten, Sie sind auch ein Werkzeug gewesen in seiner allmächtigen Hand. Er hat seiner Erwählten die Gelegenheit bieten wollen, sich in der Selbstbesiegung zu üben und das Opfer verdienstlicher zu machen, welches sie in ihrem Herzen bringt. Auf diese Weise wird Giuditta das Andenken an Sie ihr Leben lang zu segnen haben.

Domenico war natürlich von diesen Auseinandersetzungen sehr mäßig erbaut. Er antwortete also darauf in keiner Weise, sondern sagte, daß er nur gekommen sei, sich von dem Pfarrer Auskunft auf zwei ganz bestimmte Fragen zu erbitten.

Und welche wären das? erkundigte sich der Pfarrer.

Hat die Gräfin Erminia Castelmarino sich bei Ihnen um die Verhältnisse ihrer Anverwandten und um die Verhältnisse Giubitta's im Besonderen Auskunft gefordert?

Das hat sie gethan, versetzte der Pfarrer, und ich bin glücklich gewesen, der Mutter wie der Tochter nachsagen zu dürfen, daß ihre Frömmigkeit und ihre Familientugenden sie jeder Art des Schutzes in eben so hohem Grade würdig machen, als sie desselben in ihrer Lage bedürftig sind.

Ist Ihnen bekannt, ob Donna Erminia heute ihren Diener in den alten Palast gesendet und heute Giuditta zu sich holen lassen? fragte Domenico, dem nichts mehr als eben dies am Herzen lag.

Davon bin ich nicht unterrichtet, gab der Pfarrer ihm zur Antwort.

Aber halten Sie es für wahrscheinlich, daß ein solcher Schritt geschehen sei? fuhr Domenico zu fragen fort. Hat Donna Erminia Ihnen vielleicht ausgesprochen, daß sie die Absicht habe, ihre Nichte zu sich rufen zu lassen? Hat sie Ihnen vielleicht gesagt, daß sie selber Judith in dem ihr bestimmten Kloster vorzustellen denke?

Der Pfarrer wiederholte, daß er darüber nichts Bestimmtes wisse, meinte jedoch, daß ein solches persönliches Eingreifen von Donna Erminia wohl zu erwarten gewesen sei. Damit endete indessen auch die

Auskunft, welche er seinem Besucher zu geben vermögend oder geneigt schien.

Er erhob sich und sagte mit der milden Gelassenheit, welche seine ganze Haltung kennzeichnete: Verzeihen Sie, mein Herr, wenn ich mich nicht für verpflichtet, ja, nicht für ermächtigt halte, Ihren weiteren Erkundigungen mein Ohr zu leihen. Nicht als ob ich in Ihre Absichten oder in Ihre Wahrhaftigkeit den entferntesten Zweifel setzte. Sie sind ein Ehrenmann, ich weiß das, denn ich hatte es für meine Pflicht gehalten, mir Nachricht über Sie zu verschaffen, als Sie Sich der Familie so hülfreich angenommen haben, deren Seelsorger ich bin. Alles, was man mir von Ihnen sagte, sprach zu Ihrer Ehre; indeß Sie sind ein Weltmann, Sie leben in der Welt, und weltliches, irdisches Glück, wie Sie es in der Ehe mit Giuditta zu finden hoffen, scheint Ihnen deßhalb auch das erstrebenswertheste Ziel des menschlichen Lebens. Ich table Sie deßhalb nicht, Gott selber hat die Ehe eingesetzt, aber glauben Sie mir, es giebt ein höheres Glück, ein dauernderes als jene Genugthuung, welche die Befriedigung unserer augenblicklichen Herzenswünsche und unserer Sinne uns gewähren, und nicht Jedem ist der gleiche Lebensweg beschieden. Auf Judith's Eltern lastet eines Vaters Fluch; und Segen und Fluch hat der Herr erblich gemacht bis in das ferne Glied; Judith ist kein Kind des Glückes, und die Schönheit, die Sie in ihr lieben, ist vergänglich.

Bedenken Sie das wohl. In fünf, in zehn Jahren vielleicht würden Ihre Künstlerphantasie und Ihr lebhafter Sinn in Giuditta nicht mehr ihr künstlerisches Ideal, ihr Eins und Alles sehen; aber in zehn und in zwanzig Jahren über ihr Erdendasein hinaus wird Judith noch die sanfte Befriedigung genießen, welche ihr aus dem Bewußtsein erwachsen muß, den Fehltritt ihrer Eltern durch ihren Gehorsam gesühnt und durch die Hingabe aller ihrer irdischen Wünsche sich ein Anrecht auf eine Seligkeit gewonnen zu haben, die unendlich ist. Die Mutter hat sie dem Himmel angelobt, Giuditta kann die Ihrige nie werden — ein solches Gelöbniß bindet sie, wie ein eigener Eid. Stören Sie daher den Frieden des theuren Mädchens nicht.

Was wollte Domenico gegen diese Ansicht machen? Er konnte nicht daran denken, einem Manne wie diesem im Vorbeigehen eine neue Lebensanschauung aufzubringen, er konnte nicht verlangen, daß Don Eusebio die vielleicht ganz aus der Luft gegriffenen Besorgnisse seines von Liebe und Rathlosigkeit bestürmten Herzens theile, und er durfte daneben keine Aeußerung thun, welche den geistlichen Herrn gegen ihn einnehmen konnte; denn daß die verschiedensten Fälle möglich waren, in denen er auf den guten Willen und den Beistand des Pfarrers angewiesen sein konnte, das leuchtete ihm in aller seiner Verwirrung dennoch ein. Er that also, wie wenn er sich bescheide, sprach von der Anstrengung, welche seine heutige Unterredung mit dem Grafen demselben auferlegt habe, und bat den Pfarrer um die Erlaubniß, sich an ihn wenden zu dürfen, wenn er dazu wieder einen Anlaß haben sollte.

Damit war dieser natürlich einverstanden, er sagte, daß er im Laufe des Tages nach den Eltern Giubitta's hören gehen wolle, und sie schieden dann, ohne daß für Domenico irgend etwas mit diesem Besuche gewonnen, ohne daß seine Besorgniß sich vermindert oder irgend ein Hoffnungsstrahl für ihn sichtbar geworden wäre.

Fünfzehntes Capitel.

Es wár ein warmer, heller Wintertag, und wer nicht gesehen hat, wie an solchen Wintertagen die Sonne über der Siebenhügel-Stadt funkelt, der weiß kaum, was Sonnenschein und was ein klarer Himmel ist. Die Kuppeln der Kirchen, die Obelisken auf den öffentlichen Plätzen, selbst die zahllosen, altersgrauen Schornsteine der Häuser sahen wie vergoldet aus. Aus allen Seitenstraßen bogen die Fuhrwerke der Reichen und der Vornehmen in die Hauptstraßen ein, um durch diese den Corso zu erreichen und in langer Reihe die Auffahrt nach dem Monte Pincio zu unternehmen. Einheimische und Fremde von allen Nationen, Männer und Frauen, Geistliche und Soldaten in den verschiedensten Trachten schlenderten die spanische Treppe und eie Straßen und Wege hinauf, welche nach der Promenade führen, auf der die päpstliche Militairmusik sich an den Nachmittagen hören läßt, und mitten in diesem Leben und Treiben, zwischen allen diesen Menschen ging Domenico umher — er

wußte nicht, weßhalb, er wußte nicht, wohin. Ohne
daran zu denken, war er dem Strome der Lustwan=
delnden gefolgt, bis er plötzlich oben auf dem weiten
Vorsprunge der Passeggiata stand und die fröhlichen
Klänge der rauschenden Musik sein Ohr wie ein
greller Mißklang berührten. Er schaute hinab auf die
wundervolle Weitung der Piazza di Popolo zu seinen
Füßen, er sah hinaus auf die Hügelkette des Monte
Mario, von deren mittlerer Höhe das Kloster Santa
Maria del Rosario im goldrothen Lichte der sich sen=
kenden Sonne in die Ferne leuchtete. Er konnte es
erkennen, wie die fünf Wasserströme der Aqua Paola
auf dem Janiculus in ihre Schalen niederfluteten,
und eine herzerweichende Traurigkeit senkte sich auf
ihn hernieder.

Kaum ein paarmal in ihrem ganzen bisherigen
Leben hatte Giuditta diese Herrlichkeiten ihrer Vater=
stadt erschaut, und nun sollte der Genuß des Daseins
und der Welt dem schönen, geliebten Geschöpfe für
alle Zeit entzogen werden, gerade in dem Augenblicke
entzogen werden, da ihr junges Herz sich in seiner
ersten Liebe zu erschließen anfing, da er sich von die=
ser Liebe das reinste Glück versprochen hatte. Alles,
was er vor sich sah, alles, was ihn hier umgab, er=
schien ihm heute noch schöner, noch großartiger, noch
erhabener als sonst; aber diese Schönheit that ihm
weh, weil er an Giuditta dabei dachte. Er fühlte
eine Sehnsucht nach ihr, die ihm das Herz zerschnitt,

und in die Leidenschaft, deren er sich stets bewußt gewesen war, mischte sich heute ein ihm bis dahin fremdes Empfinden, das Verlangen, die Geliebte zu beschützen, und ihr Glück bereitend für sie einzustehen, jenes ächt männliche Gefühl, das in der Leidenschaft für das ersehnte Weib schon die Keime der sanfteren Vaterliebe in sich trägt.

Je mehr die Promenade sich mit Menschen füllte, um so verlassener kam er sich vor. Er hätte viel darum gegeben, Jemanden neben sich zu haben, zu dem er hätte sprechen können, und doch scheute er sich davor, einem seiner vielen Bekannten zu begegnen. Endlich konnte er die Pein nicht länger tragen und eilte, nachdem er zerstreut eine Mahlzeit eingenommen hatte, in die Einsamkeit seiner Werkstatt, um in der Arbeit sich Sammlung und Fassung zu suchen. Es war eine trügerische Hoffnung.

Mitten in dem Zimmer stand Giuditta's Idealbild, wie er es auf der Staffelei hatte stehen lassen, und was ihm noch vor wenig Stunden das Herz in stolzer Freude schwellen machen, ward ihm jetzt zur Pein. Nicht sich auflösen in die Schönheit der Natur, nicht vergehen in dem Entzücken reinen Genießens sollte diese Schönheit! Eingebannt sollte sie werden in enge, dumpfe Mauern, hinschmachten sollte sie in traurigem Verzagen, ungenossen und ohne Genuß sollte sie verblühen und welken! Das Bild hatte, so meinte er, seinen ganzen Glanz verloren, seine Frische ein=

gebüßt. Er merkte es nicht, daß ihm wider sein Wissen und sein Wollen die Thränen emporgestiegen waren und daß er es durch ihren trüben Schleier sah. Die sanften Augen Giuditta's schienen ihn um Hülfe anzuflehen, ihre schönen Arme, sich zu erheben, um sich, Schutz und Rettung suchend, um seine Brust zu schlingen. Er rief sie laut bei ihrem Namen — er konnte den Gedanken nicht ertragen, sie zu verlieren, das Zimmer engte ihn quälend ein, der eigene Schmerz und die Sorge um die Geliebte ließen ihm keine Ruhe, und es währte nicht lange, so irrte er wieder wie ein verlorener Geist in den Straßen umher.

Er ging aus Gewohnheit in das Café, er nahm aus Gewohnheit eine Zeitung in die Hand, aber er trank die Tasse in Eile hinunter und legte die Zeitung fort, ohne zu wissen, ob er sie gelesen, oder was er gelesen hatte. Er verließ das Kaffeehaus. Das Ave Maria war schon von den Thürmen eingeläutet, es war Nacht geworden, die Gaslaternen brannten schon. Planlos ging er die Straße entlang, vor diesem und und jenem Laden stehen bleibend. Er hatte alle die ausgelegten Sachen oft genug bei Sonnenschein und Gaslicht angesehen, er sah sie wieder und wieder an — er dachte nicht daran, daß er's that. Er ging weiter, in die Seitenstraßen hinein. Sie waren eng und dunkel. Licht und Leben liegen in Rom nur auf der Oberfläche, mit welcher die Fremden in Berührung kommen; hinter dieser, unter ihr ist Alles Nacht und Dunkel.

Wie Felswände hoch und fest gefügt, zogen sich die Mauern der großen Klöster ganze Straßen lang hin. Kein Fenster unterbrach die riesigen Wände nach der Straßenseite, kein Licht schimmerte an ihrem kleinen, geheimnißvoll verschlossenen Eingange. Was konnte in diesen Wällen nicht geschehen! Es drang kein Schrei durch sie hindurch zum Leben und zur Welt! Er mußte wissen, ob Giuditta noch unter den im Freien athmenden Menschen weilte, er mußte sich Gewißheit schaffen.

Es währte nicht lange, so stand er vor den Oefen seiner Freundin, der Hökerin.

Ist sie zurückgekommen, die Giuditta? fragte er.

Die Hökerin schüttelte verneinend das Haupt. Es wundert mich, sagte sie; auch die Mutter wundert sich. Sie ist schon zweimal unten gewesen, um nachzusehen. Sie bat, ich sollte klopfen, wenn der Wagen käme. Ich sagte, sie brauche nicht zuzuschließen, ich paßte auf. Ihr könnt hineingehen, das Portal ist offen!

Und er ging hiein. Er war die Treppen bald in die Höhe. Oben sah es anders als am Morgen aus. Der Kranke hatte sich wieder niedergelegt, aber die Thüren standen alle offen, damit man jede Bewegung auf der Treppe gleich vernehmen könne. Der Graf saß aufrecht auf seinem Lager. Bei dem flackernden Scheine der dreiarmigen Messinglampe, deren Flammen der Zugwind hin und her trieb, konnte man die Unruhe und die Spannung in des bleichen Mannes Zügen lesen. Die Mutter kam dem heute früh so zuversichtlich entlassenen Gaste mit ganz verändertem Tone entgegen.

Sie ist noch nicht zurück! redete sie ihn an. Er entgegnete, daß er es wisse. Der Graf fragte, was die Uhr sei. Er hatte die kleine, goldene Uhr, ein Geschenk seiner Mutter, welche Domenico für ihn aus dem Pfandhause eingelöst, heute Giuditta zu tragen gegeben, damit sie eine anständige und nicht jeden Schmuckes bare Erscheinung in der Villa Castelmarino machen sollte. Als Domenico sagte, daß es ein Viertel nach sieben Uhr sei, wollte der Graf dies nicht glauben. Die Besorgniß hatte ihm die Minuten lang gemacht.

Die Unterhaltung erging sich in Muthmaßungen, aber was der Eine zur Beruhigung des Anderen aufzustellen unternahm, warf dieser mit gerechtem Zweifel immer wieder nieder. Es war undenkbar, daß Donna Erminia die Nichte in ein Kloster führen konnte, ohne irgend eine weitere Rücksprache mit den Eltern zu nehmen; unbegreiflich, weßhalb sie Giuditta so lange bei sich festhielt. Der Vater, um einen Ableiter für seine Unruhe zu haben, schalt auf die Rücksichtslosigkeit seiner Anverwandten; die Mutter, nach Frauenweise geneigt, sich und Andere mit Hoffnungen zu täuschen, meinte: Giuditta sei wohl danach angethan, der Tante ein Wohlgefallen einzuflößen. Sie habe es gleich gesehen, wie Donna Erminia und der junge Graf von Giuditta's Schönheit und von ihren feinen Manieren überrascht gewesen wären. Man werde sie zum Essen da behalten wollen; man esse aber spät in solchen Häusern, und es sei dem armen Kinde wohl zu gönnen, daß es einmal an der vollen Tafel eines solchen Hauses niedersitze, ehe es aus der Welt schiede und in die Reihen der heiligen Schwesterschaft gewiesen werde.

Der Vater hatte die letzten Vermuthungen seiner Gattin, in denen ihre mütterliche Eitelkeit sich erging, völlig überhört, so betroffen war er durch den Verrath geworden, welchen sie gegen sich und gegen ihr bis dahin so glücklich verschwiegenes Geheimniß beging.

Der junge Graf? wiederholte er mit weit geöffneten Augen. Donna Erminia? Was wissen sie von Giuditta? Was wußten sie von ihr bis diesen Morgen? Wie können sie Wohlgefallen gefunden haben an dem Kinde, das sie nie gesehen? Bin ich irre, oder sprichst Du irre? Rede, rede! Was hast Du gesagt, Teresa?

Es war vergebens, daß die Geängstete ihre Worte zu wenden, die Bedeutung derselben abzuläugnen suchte, der Graf hatte zu viel gehört, um ihr leichthin zu glauben, und Domenico ließ es auch zu der von der Mutter beabsichtigten Täuschung nicht mehr kommen. Ohne seinen eigenen Gedanken Ausdruck zu geben, ohne seine von Minute zu Minute wachsenden Befürchtungen zu verrathen, erzählte er, was geschehen war, was er durch die Mutter, was er durch die Tochter selbst erfahren hatte.

Der Graf fuhr mit hellem, bitterem Lachen in die Höhe. Das also ist das gepriesene Mirakel! rief er. Das also ist das große Wunder, welches die Madonna an dem bisher so hart verstockten Herzen meiner Anverwandten verrichtet hat! Das ist die Gnade, für welche ich nach des Pfarrers heutigen Worten dem Himmel zu ewigem Danke verpflichtet und durch welche Giuditta ihm geweiht sein sollte für immerdar! Ein schönes Mirakel, eine wundervolle Gnade, wenn die eigene Mutter und der eigene Beichtiger das Lamm zu Markte führen!

Er schleuderte mit einem Stoße, zu welchem man ihm die Kraft nicht zugetraut hätte, die Frau zurück, die sich ihm mit flehender Geberde genähert hatte. Fort! rief er. Fort aus meinen Augen, daß ich mich nicht vergesse! Schaffe mir mein Kind, schaffe mir mein Kind zurück! Mein armes, armes Kind!

Die Aufregung und der Schmerz des Kranken wie die Fassungslosigkeit seiner Frau nöthigten Domenico, eine Gelassenheit und Zuversicht zu zeigen, die er keineswegs fühlte, denn er hatte die Ahnung, daß der Geliebten ein Unheil zugestoßen sei. Sowohl der Vater als die Mutter schienen es übrigens durchaus vergessen zu haben, wie entschieden sie am Morgen ihren Wohlthäter zurückgewiesen und welchen Schmerz und welche Kränkung sie ihm bereitet hatten. Sie nannten ihn jetzt ihren einzigen Freund, ihren Helfer in aller und jeder Noth, und sie fühlten sich schon erleichtert, als Domenico die Absicht aussprach, nach dem Palast Castelmarino zu gehen, um dort wo möglich Erkundigungen einzuziehen. Sie meinten schon etwas zu thun, indem sie warteten. Es hörte damit doch für eine Weile jener verwirrende Zustand auf, in welchem man sich immer leidenschaftlicher zu quälen pflegt, je unmöglicher jedes andere vernünftige Thun sich zeigt, und es dünkte ihnen, als sei nun eine günstige Wendung in der Angelegenheit eingetreten, als Domenico sie verlassen hatte, als sie hörten, wie schnell er die Treppe hinunter eilte. Sie konnten jetzt auf seine Rückkehr warten, das war schon ein Ableiter für die bloße unfruchtbare Pein.

Die Mutter stellte Vermuthungen darüber auf, ob Domenico die Bewohner des Palastes zu Hause treffen werde, ob sie nicht noch bei der Tafel sitzen, ob sie allein sein oder Gäste bei sich haben möchten. Das unterbrach doch wenigstens für Augenblicke die bitteren Vorwürfe, mit welchen ihr Gatte sie überschüttete, bis er ihre Muthmaßungen plötzlich die Frage hineinwarf: Und wo meinst du, daß Giuditta ist, wenn sie Gesellschaft bei sich haben? Warum hat man sie uns nicht zurückgeführt? Denn zu einer Festtafel hat man sie in ihrem schlechten Trauerkleide doch wohl nicht gezogen!

Während die Mutter betend vor der Madonna

niederkniete, um nur Athem schöpfen zu können und sich nicht immer auf's Neue anklagen zu hören und entschuldigen zu müssen, hielt der Vater immer wieder das Schreiben, das er am verwichenen Tage empfangen hatte, gegen das Licht der unstäten Lampe. Er prüfte jede Zeile, er heftete sich an jedes Wort und vermochte doch gar nichts zu ermitteln, denn er hatte Donna Erminia's Handschrift nie gesehen, er kannte auch seines eigenen Bruders Handschrift kaum. Seit er von seinem Vater auf Ischia mit Weib und Kindern verstoßen worden war, hatte er von seiner Familie keine persönliche Kundgebung mehr erhalten. Den Tod seines Vaters hatte ihm der Advocat des Hauses angezeigt, auf die Bittgesuche und Vorstellungen, welche der Enterbte später an seinen Bruder zu richten genöthigt worden war, hatte nicht dieser selbst, sondern sein Intendant abweisend oder gewährend Bescheid gegeben, wie es sich eben gefügt. Die Handschrift dieses Intendanten war es nicht, die er hier vor sich hatte, aber es schien auch nicht die Handschrift einer Frau zu sein, und wie der Kranke sich auch mühte, fühlte er sich doch völlig außer Stande, es für sich selber auch nur bis zu einer Vermuthung darüber zu bringen, ob man im Hause seines Bruders vielleicht einen neuen Intendanten angenommen habe oder ob die Namensunterschrift, deren Züge nicht völlig mit dem übrigen Briefe zusammenstimmten, vielleicht die von Donna Erminia selber war.

Sein Kopf brannte in wirrem Fieber, seine Hände waren zum Erstarren, und wenn er von dem Sturme in seinem Innern ermattet niedersank, raffte er sich gewaltsam empor, um Herr seiner Sinne zu bleiben und um, von dieser neuen Anstrengung noch mehr entkräftet, wieder in das betäubte Träumen zu verfallen, in welchem er für Augenblicke eine sehr bedenkliche Erholung fand.

———

Sechszehntes Capitel.

Domenico war unterdessen in den ersten Wagen gestiegen, dessen er habhaft werden konnte, und nach kurzer Frist vor dem Palast Castelmarino angelangt. Die Gasflammen brannten hell in dem Portale, sie brannten hell unter den Arcaden, die den weiten Hof umgaben. Helles Licht fiel aus den hohen Fenstern des ersten Stockwerkes auf den großen Springbrunnen zwischen den Gartenanlagen hernieder, welcher seine Wasser in reichlicher Fülle über den ihn umgebenden Rasen und über die beiden Orangenbäume verstäubte, deren goldige Früchte sich aus dem dunklen Blätter=grün hervorhoben. So wenig Domenico in dieser Stunde dazu aufgelegt war, Beobachtungen anzustel=len, empfand er dennoch die heitere Pracht dieses schönen Herrensitzes, und vielleicht um so lebhafter, weil sie scharf gegen die düstere Verfallenheit des al=ten Palastes abstach, den er eben verlassen hatte.

Der Thürsteher in seiner reichen Livrée, mit dem

schweren Stabe in der Hand, trat ihm entgegen, sich
nach seinem Begehren zu erkundigen. Domenico fragte,
ob die junge Gräfin Castelmarino schon zu ihren Eltern
zurückgekehrt sei. —

Der Thürsteher sah ihn mit unverstelltem Miß=
trauen an. Ich weiß nicht, von wem Sie sprechen,
mein Herr! gab er ihm zur Antwort. Der Herr Graf
hat keine Tochter.

Domenico entgegnete, das sei ihm bekannt, er
frage auch nach keiner Tochter dieses Hauses, sondern
nach der Nichte des Herrn Grafen, welche die Frau
Gräfin nach einer gestrigen Einladung heute in der
Frühe aus dem alten Palaste habe zu sich holen
lassen. Des Thürstehers Miene wurde immer bedenk=
licher.

Es ist Niemand von unserem Hause in den alten
Palast gesendet worden, es ist auch niemals eine von
den Anverwandten aus dem alten Palaste in dieses
Haus geladen worden! versicherte er mit einem Nach=
drucke, der jeder weiteren Erkundigung einen Riegel
vorschieben zu wollen schien. Indeß Domenico, dessen
unbestimmte Befürchtungen jetzt ihre Bestätigung er=
hielten, ließ sich natürlich nicht abschrecken, sondern
verlangte, zu dem Grafen geführt zu werden. Man
bedeutete ihm, daß derselbe auf der Jagd sei, und
fügte, um ihm jedes weitere Fordern abzuschneiden,
gleich hinzu, daß in diesem Augenblicke weder die Frau
Gräfin, noch der junge Graf einen Fremden empfan=

gen würden, da man Tischgäste erwarte und einige
derselben schon erschienen wären.

So bringen Sie der Frau Gräfin diese Karte!
heischte Domenico, zog eine seiner Karten hervor und
schrieb die Worte darauf: „Ich bitte Sie, mich zu
empfangen, da mein Besuch sich auf die Sicherheit
und die Ehre eines Mitgliedes Ihrer Familie be=
zieht!"

Der Portier nahm Domenico diese Karte mit
dem ganzen, verdachtvollen Hochmuthe ab, welcher
Leuten seines Standes und Amtes in vornehmen Häu=
sern eigen zu sein pflegt; aber während er dem Die=
ner schellte, welcher die Botschaft hinauftragen sollte,
hatte er selber mit scharfem, schnellem Blicke gelesen,
was Domenico geschrieben hatte, und plötzlich einen
ganz anderen Ton anschlagend, nöthigte er denselben,
in den Wartesaal neben seiner Loge einzutreten, und
bat ihn, sich dort vor dem weiten, kupfernen Becken
niederzulassen, in welchem ausgeglühte und mit Asche
überdeckte Kohlen eine Wärme ausstrahlten, deren
man in dem großen, mit Marmor getäfelten Raume
in dieser Jahreszeit sehr nöthig hatte. Domenico
brauchte aber glücklicher Weise nicht lange zu warten.
Schon nach wenigen Minuten kam der Diener zurück
und forderte ihn auf, ihm zu der Herrschaft zu folgen.

Die prächtige Treppe hinauf, durch eine Reihe
von offen stehenden und sich an einander schließenden
Vorsälen, wie alle diese Paläste sie haben, geleitete

man ihn in das verhältnißmäßig kleine Arbeitszimmer der Frau Gräfin selber. Es war matt erleuchtet, aber grade das Halbdunkel ließ der stylvollen und reichen Einrichtung noch einen erhöhten Reiz, und es sah schön aus, als fast gleichzeitig mit Domenico aus einer sich ihm gegenüber öffnenden Thüre, deren dunkle Gobelintapeten zurückgeschlagen waren, die hohe und üppige Gestalt der Gräfin hereintrat.

Sie war wenig über vierzig Jahre alt, und ihr volles, hellblondes Haar machte, daß sie noch jünger aussah. Wäre Domenico weniger beunruhigt gewesen, so würde die Erscheinung dieser Frau, welche jedes kunstgeübte Auge an die schönsten Bilder eines Van Dyk erinnern mußte, seinem Künstlerblicke einen Genuß bereitet haben, und er hat später ja auch ein vortreffliches Bild von ihr gemacht; an dem Abende jedoch blieb sie neben dem Tische stehen, über dem die Ampel von der Decke niederhing, und ohne Domenico zum Sitzen aufzufordern, fragte sie, um was es sich bei den Mittheilungen handle, die er zu so ungewohnter Stunde ihr machen zu kommen für nöthig erachte.

Weder ihr Ton noch ihre Miene waren ermuthigend. Sie erschien in ihrer stolzen, ruhigen Haltung dem ihr fremden, aufgeregten jungen Manne gegenüber als die personificirte Sicherheit und vornehme Selbstgewißheit. Das Schicksal hatte sich ihr immer gnädig erwiesen; sie besaß also jenes blinde Vertrauen in ihr Glück, das an und für sich schon eine Art von Glück ist, weil es den Menschen des steten ahnenden Sorgens und des plötzlichen Befürchtens enthebt. Aber weit entfernt, durch ihren Stolz gedemüthigt zu werden, richtete Domenico sich hoch empor und sagte mit gleichem Stolze und mit gleicher Sicherheit:

Das Interesse für das Geschlecht der Grafen von Castelmarino würde mich sicherlich nicht bewogen haben, Sie, Frau Gräfin, zu e'ner nicht üblichen Stunde mit dem Besuche eines Unbekannten zu behelligen, wenn ich in dieser Angelegenheit nicht mit der ganzen Liebe meines Herzens betheiligt wäre; ich bitte Sie deshalb nicht, mir Gehör zu schenken, sondern ich fordere Gehör von Ihnen, da gegen die Gräfin Giuditta, Ihre Nichte, mit der ich mich gestern verlobt habe, heute in Ihrem Namen, Frau Gräfin, wie ich fürchte, eine Täuschung, wenn nicht ein Schlimmeres begangen worden ist.

Die Bestimmtheit, mit welcher er sich als den Verlobten Giuditta's bezeichnete, die Festigkeit, welche er der Gräfin entgegensetzte und die ihm bei seiner männlichen Schönheit sehr wohl anstand, verfehlten ihre Wirkung auf Donna Erminia nicht. Das gleichgültig stolze Lächeln schwand aus ihren Zügen, und mit einer Stimme, die schöner klang, weil sie bewegt war, rief sie: Reden Sie, reden Sie, mein Herr! Was ist geschehen?

Domenico berichtete in möglichster Kürze und

Schnelle; der Antheil und die Spannung der Gräfin wuchsen mit jedem seiner Worte. Als er erwähnte, wie sie gestern einen Boten in den alten Palast gesendet habe, wie sie heute die Nichte holen lassen, stand Donna Erminia, die inzwischen Platz genommen und auch Domenico zum Sitzen aufgefordert hatte, rasch von ihrem Sessel auf, und mit fester Hand die Schelle ziehend, rief sie dem eintretenden Diener die Worte zu: Ich lasse den Grafen Massimo bitten, zu mir zu kommen, aber schnell!

Dann sich zu Domenico wendend, sprach sie: Ihre Befürchtungen haben Sie nicht getäuscht, mein Herr, ich weiß nichts von dem armen Mädchen, nichts, durchaus nichts! Ich habe Giuditta nur das eine Mal gesehen, und ich habe, da ihre Schönheit und ihr sanftes Wesen für sie sprachen, allerdings beabsichtigt, mich ihrer anzunehmen und sie für das Kloster auszustatten; aber ich habe nach Giuditta nicht geschickt. Ihre Nachrichten überraschen, beunruhigen mich sehr — im höchsten Grade! — Und sich zu ihrem Sohne wendend, der, hochgewachsen wie die Mutter, in dem Augenblicke eintrat, sagte sie gebieterisch: Die Tochter deines Vater-Bruders, die Giuditta, scheint entführt zu sein. Der Herr hier, ein berühmter Maler....

Ich kenne Signor Domenico, fiel Graf Massimo, sich mit Rücksicht gegen ihn verneigend, der Mutter in die Rede.

Und in der That waren die beiden jungen Männer einander an öffentlichen Orten und in den Fremdengesellschaften hier und da begegnet. Aber Domenico fühlte sich nicht geneigt, die Hand zu ergreifen, welche der Andere ihm in unverkennbarer Verwirrung darbot. Es war jedoch für den Grafen auch keine Zeit, diese Zurückweisung zu beachten. Er folgte mit einer Unruhe, die Domenico auffiel, dem Berichte, welchen dieser auf die Anweisung der Gräfin wiederholen mußte, und er hatte denselben noch nicht ganz beendet, als Graf Massimo, mit einer Verwünschung auffahrend, die Hände gegen seine Stirn schlug.

Abscheulich, abscheulich! rief er. Die Unglückselige, und ich, ich allein trage vermuthlich die Schuld an ihrem Mißgeschick! Kommen Sie, kommen Sie, wir müssen eilen, vielleicht ist's noch nicht zu spät! Kommen Sie, Sie sollen Alles wissen, aber zunächst kommen Sie mit mir!

So aber hatte die Gräfin es nicht gemeint. Gebieterisch, wie es ihr ganzes Wesen war, trat sie dem Sohne in den Weg, und seine Hand ergreifend, herrschte sie: Nicht über diese Schwelle wirst du gehen, bis ich Alles weiß! Was ist geschehen? Wessen schuldigst du dich an? Was weißt, was vermuthest du über dieses Mädchens Schicksal?

Der Anruf seiner Mutter gab dem jungen Grafen augenblicklich seine Fassung wieder, denn beruhigteren Tones und offenbar gewohnt, sich der Gräfin zu unterwerfen, sagte er: Es ist keine Frage für mich, daß Giuditta auf Lord Shesfield's Veranstaltung aus ihrem Vaterhause fortgelockt worden ist.

Lord Shesfield? rief Domenico. Das also war der Fremde, über dessen Annäherungen Giuditta sich beklagte?

Wie kam denn der Lord dazu, von ihr zu wissen, sie zu kennen? fiel die Gräfin ein, während Domenico, von Sorge und Bestürzung überwältigt, sich zu fassen suchte; denn es war ihm, als der Graf Lord Shesfield's Namen nannte, als zerreiße ein Nebel vor seinen Augen und lasse ihn in den Abgrund sehen, an dem er bis dahin ahnungslos gestanden hatte.

Aber der Graf zögerte, zu antworten; seine Mutter mußte die Frage wiederholen, ehe er mit tiefem Erröthen die Worte aussprach: Ich hatte sie dem Lord gezeigt.

Du, fragte die Mutter, du? Und das Mädchen trug den Namen deines Vaters, unseres Hauses?

Sie verstummte vor Zorn; der Sohn hatte die Stirn finster zusammengezogen und die Augen unwillkürlich gesenkt. So standen sie einander einen Moment lautlos gegenüber, bis Domenico, der sich wieder zu sammeln anfing, die Frage nach der Wohnung des Lords aufwarf.

Er hat Rom verlassen, er ist vorgestern oder gestern abgereist, entgegnete der Graf, der seiner Verwirrung noch nicht Meister geworden war.

Um so schneller hatte seine Mutter sich gefaßt. Sie bereute es, daß sie es zu einem solchen Vorgange zwischen sich und ihrem Sohne in Gegenwart eines Fremden hatte kommen lassen, und sich an Domenico richtend, fragte sie: Und Sie sagen, heute erst habe man Giuditta aus ihrem Vaterhause fortgeholt?

Er wiederholte ihr seine Angabe.

Sie ging mit sich selber zu Rathe. Dann befahl sie ihrem Sohne, für sie anspannen zu lassen, bat Domenico, sie ein paar Minuten zu erwarten, bis der Wagen bereit sein würde, und hieß den Sohn, ihr nicht in den Empfangssaal zu folgen, wenn er den Dienern die ihm aufgetragenen Befehle gegeben haben würde, sondern hier im Cabinette ihrer weiteren Anordnungen gewärtig zu sein.

Die jungen Männer hielten, nachdem der Sohn den Anweisungen seiner Mutter nachgekommen war, sich von einander fern. Was Domenico gegen den Grafen auf dem Herzen hatte, das konnte er ihm hier nicht aussprechen, wo er in jedem Augenblicke den Eintritt der Herrin dieses Hauses zu erwarten hatte. Er stand finster und in sich gekehrt an dem großen Tische und hielt ein schön geformtes, kleines Erzgefäß in der Hand, ohne recht zu wissen, daß er's that, und ohne es recht anzusehen. Mit Einem Male kam der Graf, der bis dahin in stummem Brüten neben dem Feuer des Kamins gehalten hatte, an ihn heran.

Ich weiß, sagte er mit einer Stimme, deren

weicher Klang schon an und für sich etwas Begütigendes hatte, wie Sie in diesem Augenblicke über mich denken müssen — doch davon später. Beantworten Sie mir jetzt nur die Eine Frage: hat Giuditta Ihnen zu einem Bilde gesessen?

Niemals; aber ich habe sie gemalt, aus dem Gedächtniß gemalt.

Und kannten Sie den Lord? Hat er Ihr Bild gesehen? Stellte dieses Bild vielleicht eine Arethusa dar?

Domenico bejahte dies alles mit dem Zusatze, daß der Engländer das Gemälde zu besitzen gewünscht habe.

Daher also, daher also sein entzückter Ausruf: „Meine Arethusa!" der mir, als ich ihm Giuditta zeigte, so sehr auffiel, und den er dann auf eine Aehnlichkeit mit einem Bilde schob, rief der Graf, als bekomme die ganze Angelegenheit nun einen Zusammenhang für ihn, den er bis dahin vergeblich gesucht hatte.

Aber auch für den armen Domenico gewann sie an Klarheit. Er erinnerte sich mit großer Deutlichlichkeit aller der bringenden Fragen, welche der Lord an jenem Morgen nach dem Original des Bildes gethan hatte, und der verletzenden Scherze, in denen er sich ergangen. Sie schnitten dem Liebenden jetzt wie ein Messer durch das Herz, und er war nahe daran, sich und sein Bild und die ganze Malerei und vor allen Anderen den Lord und den Grafen Massimo von Grund der Seele zu allen Teufeln zu wünschen; aber weder sein Wünschen noch sein Verwünschen nützten ihm in diesem Augenblicke — und in stummem, ungeduldigem Grimme, in quälender Sorge harrte er der Wiederkehr der Gräfin.

———

Siebenzehntes Capitel.

Man muß es erlebt haben, mit welcher Festigkeit weltgewandte Frauen über Verlegenheiten fortzukommen wissen, welche Anderen unüberwindlich scheinen würden, bemerkte Signor Cesare, um die Haltung nicht zu überschätzen, mit der Donna Erminia in jener Stunde wieder in den kleinen Kreis der Gäste eintrat, der sich inzwischen vollständig bei ihr versammelt hatte.

Erlauben Sie mir, sagte sie mit leichtem Scherze, daß ich Ihnen, allerdings sehr gegen meinen Willen, eine Ueberraschung bereite. Sie haben geglaubt, heute zu mir zu Tische zu kommen, aber Sie werden heute bei unserem theuren Freunde hier — sie zeigte auf den noch jungen Prälaten, der in ihrer Nähe stand — bei Seiner Eminenz dem Herrn Bischof speisen — freilich nicht so gut, als hätte er Sie in sein Haus geladen.

Und sich freundlich gegen den stattlichen, schönen Mann verneigend, den das lange, violette Gewand vortrefflich kleidete und dessen Tafel als eine der glänzendsten in der an Feinschmeckern so reichen Tiberstadt gerühmt ward, bat sie ihn, er möge es sich gefallen lassen, heute einmal den Wirth an ihrem bescheidenen Tische zu machen, da ihr Gatte, wie die Anwesenden es wüßten, zur Jagd auf seinen Gütern sei und sie sich plötzlich genöthigt finde, eines von des Bischofs Aemtern zu verwalten und die Sterbenden trösten zu gehen.

Man wollte wissen, was damit gemeint sei.

O, entgegnete sie mit dem feinen, sicheren Lächeln, das ihr so wohl anstand, meine Cousine, die Fürstin Titschakow, läßt mir wieder eben einmal melden, daß sie sterbe und mich und meinen Sohn vorher zu sehen wünsche. Sie begreifen also ...

Sie lächelte wieder, ihre Gäste lächelten, denn die hypochondrischen Launen der reichen, kinderlosen Wittwe, welche den jungen Grafen Massimo zu ihrem Erben bestimmt hatte, waren der ganzen Gesellschaft bekannt und unter den Vertrauten Donna Erminia's sprüchwörtlich geworden.

Ich weiß, sagte sie, es wird nichts auf sich haben; die Arme ist aber leider so phantastisch, und im Grunde ist sie doch allein. Sie quält sich und uns mit ihren Einbildungen. Gehen Sie immerhin zu Tische, ehe Sie Sich erheben, sind wir wieder hier.

Und mit einem: Auf Wiedersehen! schritt sie der Thüre zu, dem Bischofe, den man für ihren Verehrer und Vertrauten hielt, ein kaum merkliches Zeichen mit den schönen Augen gebend, das ihn aufforderte, ihr zu folgen.

Finde ich den Cardinal — sie nannte den Namen des Chefs der Sicherheitspolizei — jetzt wohl zu Hause? fragte sie schnell und leise, als der Bischof an ihrer Seite war.

Was ist geschehen? erkundigte er sich.

Ein unangenehmer Vorfall — Marco's Tochter ist verschwunden.

Verschwunden?

Wahrscheinlich entführt! bedeutete die Gräfin.

Und? fragte der Bischof, als verstehe er die Sorge und den Eifer seiner Freundin nicht.

Massimo hat vermuthlich den Anlaß dazu durch seine Unvorsichtigkeit geboten; das ist es, was mich peinigt. Ich muß Rath zu schaffen suchen und das Mädchen wieder haben.

So lassen Sie mich zum Polizeipalaste fahren, Massimo kann mich begleiten, bot der Bischof an.

Nein, entschied Donna Erminia, es wird wirksamer sein, wenn ich selber fahre — man ist dort nicht gewohnt, mich als Bittstellerin zu sehen, und auch um meines Sohnes willen ist es besser, daß ich an seiner Seite bin, da man sich meines Namens bei dem Abenteuer bediente. Meinen Sie, daß ich den Cardinal treffe?

Ich sollte denken! gab der Bischof ihr zur Ant=

wort, und mit einem wiederholten heiteren: Also auf Wiedersehen! verließ sie ihre Gäste und das Zimmer und den Freund.

Es sah jedoch in der Seele der Gräfin keineswegs so heiter aus, und es war keine geringe Selbstüberwindung, mit der sie sich entschloß, persönlich die Hülfe der Behörden zur Auffindung Giubitta's in Anspruch zu nehmen. Alle Erinnerungen ihrer väterlichen Familie wie ihre eigenen Ueberzeugungen lehnten sich dagegen auf.

Im Neapolitanischen wie im Kirchenstaate begütert, war ihr Urgroßvater nach Niederwerfung der großen republicanischen Erhebung in Neapel unter dem Beil der Guillotine gefallen. Ihr Großvater hatte lange im Exil gelebt, und auch nachdem die Familie nach der zweiten Rückkehr der Bourbonen wieder in ihre Rechte und in den Besitz ihrer Güter eingesetzt worden war, hatten die Männer und Frauen derselben immer auf Seiten der Partei gestanden, welche für die Einigung und für die Befreiung Italiens von der Fremdherrschaft in die Schranken getreten war. Einer ihrer Brüder war im Jahre achtzehnhundertachtundvierzig in der Lombardei in dem Kampfe gegen Oesterreich gefallen, ein anderer hatte bei der glorreichen Vertheidigung von Rom den Tod gefunden, und es waren hauptsächlich ihre verschiedenen politischen und religiösen Meinungen, welche die Ehe des Grafen Stefano und der Donna Erminia zu jenem kalten und gesonderten Nebeneinanderleben herabgestimmt hatten, in welchem beiden Eltern nur das gemeinsam war, daß Jeder von ihnen des einzigen Sohnes Neigung für sich zu gewinnen und ihn zu seinen Ueberzeugungen hinüberzuziehen suchte. Wie fast in allen solchen Fällen hatte aber auch in diesem elterlichen Wettstreite die Mutter über den Vater den Sieg davongetragen, weil der Sohn mehr Nachsicht für seine Eigenthümlichkeit bei ihr gefunden. Graf Stefano hatte dem Jünglinge, dessen Herz sehr weich und dessen Phantasie leicht aufzuregen war, eine Charakterfestigkeit zu geben gewünscht, zu welcher derselbe die Anlage nicht hatte. Er hatte also gesucht, sich der Strenge seines Vaters, die sich offen kund gab, zu entziehen, und war, ohne es nur zu ahnen, der Mutter unterthan geworden, deren Hand ihn nicht minder festhielt, wennschon sie weniger empfindlich drückte. Sie hatte mit ihrem stolzen Sinne ein lebhaftes Standesbewußtsein in ihm großgezogen und den Gedanken in ihm genährt, daß Abligsein zum Edelsein verpflichte; sie hatte es verstanden, seiner Lebenslust den Zügel der Sitte anzulegen, und hatte ihn zum Nachdenken gewöhnt; aber während sie ihn damit vor schädlicher Zerstreuung zu bewahren gewünscht, war ein selbstquälerischer Zug in ihn gekommen, und wie er leicht zu einer Uebereilung hingerissen werden konnte, war er auch leicht zur Erkenntniß und zum Bereuen derselben geneigt. Zwischen diesen ihren ein=

zigen Sohn, der ihr Stolz und ihre Liebe war, auf dem alle ihre Hoffnungen beruhten, und zwischen dessen festen, schwer zu bestimmenden Vater gestellt, hatte Donna Erminia es sich von je her zur Aufgabe gemacht, jedem Zusammenstoße zwischen den Beiden möglichst vorzubeugen; und diese Rücksicht war es denn auch, welche sie vor allem Anderen antrieb, für die Tochter des Enterbten ohne alles Zaudern mit solcher schnellen Entschlossenheit einzutreten. Sie wollte diese Angelegenheit geordnet haben, ehe ihr Gatte von dem Lande wiederkehren würde. Es lag ihr aber daneben auch daran, durch ihr persönliches Einschreiten jeden Verdacht von dem Verhältnisse ihres Sohnes zu dem entführten Mädchen abzuwenden.

Ihre raschen Pferde hatten sie in kürzester Zeit nach dem Polizeipalaste geführt; ihr Name und die Angabe, daß sie in wichtigen Geschäften komme, verschafften ihr sofort den Eintritt.

Mit größter Zuvorkommenheit ging der Kammerherr und Gesellschafter des Cardinals ihr bis zur großen Eintrittshalle des Palastes entgegen, sie in den Empfangssaal seines Herrn zu geleiten, und je unerwarteter ihr Erscheinen dem einflußreichen Kirchenfürsten war, um so verbindlicher begrüßte und empfing er sie. Er ließ es nicht zu, daß sie es entschuldigte, mit den beiden jungen Männern ohne vorherige Anfrage bei ihm einzudringen. Er versicherte ihr, daß sie und Jedermann, den sie zu ihm bringen könne, ihm hoch willkommen sei, und er war dabei so unbefangen, so durchaus nur Weltmann, als handle es sich hier nur um einen gesellschaftlichen Act, als habe er gar nicht vernommen, daß bereits von einer sehr peinlichen Angelegenheit Erwähnung geschehen war und daß die Gräfin ihren unberechtigten Anspruch an seine Zeit und sein Gehör eben mit der Dringlichkeit dieses ihres Anliegens entschuldigt hatte. Sie mußte ihn eigens erst wieder daran erinnern, auch auch selbst dann versicherte er ihr noch, wie er nicht glauben könne, daß er ihr, eben ihr, der Donna Erminia, als Verwalter seines Amtes, dessen unerläßliche Handlungen und Maßnahmen, wie er wohl wisse, vor dem freigesinnten Geiste der Frau Gräfin nicht immer des Beifalls und der Billigung gewiß gewesen wären.

Die Gräfin konnte den feinen Spott in diesen Worten nicht mißverstehen, aber sie war auf demselben Boden erwachsen, auf welchem der Cardinal-Director seine Schule durchgemacht hatte, und sich verwirren oder unsicher machen zu lassen, lag nicht in ihrer Natur und nicht in ihren Gewohnheiten. Sie ließ also jene Bemerkung völlig fallen, denn sie hatte es nicht mit der Vergangenheit, sondern nur mit dem Bedürfniß des Augenblicks zu thun, und obschon sie überzeugt war, daß man es später in keinem Falle vergessen werde, wie sie eben hier als Hülfesuchende gestanden, war sie ihrerseits sehr fest entschlossen, sich nicht wieder daran zu erinnern, sobald sie erreicht haben würde, was sie zu erreichen trachtete.

Mit der Würde, die sie nie verließ, stellte sie Domenico dem Cardinale vor, und in raschen und bestimmten Worten gab sie demselben Kunde von dem, was sie ihm mitzutheilen hatte. Es lag nicht in ihrer Absicht, irgendwie bei den Zerwürfnissen zu verweilen, welche einst im Schooße der Familie Castelmarino Statt gefunden hatten, oder näher auf die gegenwärtige Lage des Enterbten einzugehen. Sie durfte mit Sicherheit annehmen, daß der Cardinal von allen diesen Verhältnissen völlig unterrichtet wäre, und er kannte sie der That auch sehr genau; aber er fand es nicht nöthig, gerade dieser Frau die Erörterungen zu ersparen, denen sie sich zu entziehen wünschte. Mit dem Anscheine der freundlichsten Theilnahme zeigte er sich darüber verwundert, daß noch ein Bruder des Grafen Stefano am Leben wäre. Er glaubte allerdings vor Jahren einmal davon gehört zu haben, daß ein jüngerer Graf Castelmarino aus dem Erziehungskloster, in dem er sich befunden, entwichen sei, aber er hatte gemeint, daß ein jäher Tod den Irrthümern des Unglücklichen ein zeitiges Ende gemacht habe. Daß der Graf noch lebe, in Rom, im alten Palaste Castelmarino, in Verlassenheit und Verstoßenheit von seiner Familie lebe, daß er eine Mißheirath geschlossen, daß er Söhne verloren, daß eine Tochter ihm noch übrig geblieben sei, schien ihn alles höchlich zu überraschen, und doch konnte Donna Erminia gerade an den Fragen, welche er ihr stellte, es bemerken, wie geschickt sie alle darauf berechnet waren, sie zum Aussprechen der Thatsachen zu zwingen, die zu übergehen sie eifrig bemüht war.

Es währte eine ganze Weile, ehe die Eminenz sich so weit genug gethan hatte, daß sie die Angelegenheiten des unglücklichen Verblendeten, wie der Cardinal den Grafen Marco immer zu nennen beliebte, auf sich beruhen ließ. Er machte endlich eine Pause, und ruhig auf die Schnallen seiner Schuhe niederblickend, während er die rothbestrumpften Beine nachlässig bekreuzt hielt, führte er langsam eine Prise aus der mit Brillanten besetzten Tabaksdose zu der Nase. Er schien nachzudenken, die Ereignisse in Zusammenhang bringen und vor Allem es die Gräfin fühlen lassen zu wollen, daß sie hier nicht die gefeierte, gebietende, Alles mit ihrem Willen beherrschende Donna Erminia sei, sondern daß sie sich zu gedulden und sich seinem Ermessen und Belieben unterzuordnen habe. Nur dem achtsamsten Scharfblicke konnte es bemerkbar werden, wie behutsam er je zuweilen die gesenkten Augen von seinen Fußspitzen abwendete, um sich mit flüchtigem und schnellem Blicke an der Unruhe seines Gastes zu weiden, und die Gräfin war nahe daran, ihre Selbstherrschaft zu verlieren, als der Cardinal sich mit der Aufforderung an den Grafen

Massimo richtete, ihm mitzutheilen, was ihn bewogen
habe, Lord Shesfield mit der jungen Gräfin Castel=
marino bekannt und ihn auf sie besonders aufmerksam
zu machen.

Er hatte dabei unverkennbar den Zweck, dem
jungen Grafen eine Verlegenheit zu bereiten und in
ihm die Demüthigung seiner Mutter fortzusetzen. Er
sah es auch, wie der Gräfin das Blut zu Kopfe stieg,
wie sie unwillkürlich die feinen Lippen fest zusammen=
preßte und wie die Stirn des Sohnes sich mit der
Gluth der Scham übergoß; aber dennoch hatte er sich
verrechnet. Der Gedanke, daß seine Mutter auf ihn
sehe, daß er sich vor Domenico keine Blöße geben
dürfe, half dem Grafen, sich zu behaupten.

Die Augenblicke sind für die Gräfin Giuditta
wahrscheinlich von Wichtigkeit, sagte er: ich werde also
kurz sein, Eminenz. — Er stockte einen Moment,
dann sprach er mit einer Selbstüberwindung, die ihm
sehr wohl anstand, weil sie zugleich freimüthig und
edel war: Ich habe aus Familieneitelkeit leichtsinnig
gehandelt und einen schwer zu verantwortenden Fehler
begangen. Genügt dieses Bekenntniß Eurer Eminenz?

Der Cardinal hatte diese Wendung nicht er=
wartet, und er mißgönnte sie dem Mutterherzen.
Ohne daher auf die Worte des jungen Edelmannes
ein wesentliches Gewicht zu legen, sprach er gleich=
müthig: Es handelt sich hier nicht um Ihr Geständ=
niß, mein theurer Herr Graf, nicht um mein Urtheil

über Ihr Verhalten oder gar um eine Absolution von meiner Seite. Sie werden das mit Ihrem Beichtiger zu ordnen haben, wenn Ihr Gewissen sich davon beschwert fühlt; es handelt sich um Thatsachen. Was haben Sie gethan, Herr Graf, und worauf gründen sich Ihre Vermuthungen wider den Lord Shesfield?

Die bestimmte Frage forderte eine eben so bestimmte Antwort, und mit so viel Ruhe als der Aufgeregte in sich erzwingen konnte, sagte er: Ich habe ganz vor Kurzem in meiner Mutter Begleitung die Tochter des Grafen Marco, zum ersten Male in meinem Leben, in der Kirche gesehen, und ihre Schönheit hat mich überrascht. Ich bin hingegangen, sie wiederzusehen, und habe zu verschiedenen Malen meine Mutter zu überreden gesucht, daß sie die Cousine nicht dem Kloster opfern, sondern sie der Welt erhalten solle. Donna Erminia war dieser Ansicht nicht, vor meinem Vater hatte ich mit einer Verwendung für die Familie des Grafen Marco noch weniger auf Gnade zu hoffen, und gerade beßhalb beschäftigte mich die Erinnerung an meine schöne Anverwandte vielleicht noch lebhafter. In den Tagen war eine Gesellschaft von Männern bei Lord Shesfield zu einem Mittagbrode versammelt. Man sprach beim Weine am Nachtische von schönen Frauen. Man nannte Diese und Jene, man bezeichnete die Eine und die Andere als die Schönste in der römischen Gesellschaft, als die Schönste in der Stadt. Da rissen

Eitelkeit und Uebermuth mich hin. Ich behauptete, daß von allen diesen Frauen an Schönheit keine mit einer meiner Anverwandten zu vergleichen wäre. Man wollte den Namen dieser Anverwandten wissen, wollte wissen, wo sie lebe. Ich sagte, weil ich sofort einsah, daß ich, wie die Verhältnisse einmal lagen, eine Unvorsichtigkeit begangen hätte, daß die junge Dame in einem Kloster sei. Damit war die Sache im Augenblicke abgethan. Aber nach der Mahlzeit, als die Gäste sich entfernt hatten und wir nach meinem Vaterhause fuhren, kam der Lord auf jenes frühere Gespräch zurück, und gereizt von jenem thörichten Verlangen, meine Behauptung aufrecht zu erhalten und Giuditta's Schönheit auch von diesem feinen Beurtheiler des Schönen als unvergleichlich preisen zu hören, widerrief ich freiwillig, was ich über ihren Aufenthalt gesagt hatte, und erbot mich, eben so ohne seine Nöthigung, ihm meine schöne Anverwandte sehen zu lassen.

Und kannten Sie den Mann, dem Sie diese Gunst gewähren wollten? fiel der Cardinal ihm mit Bedeutung in die Rede.

Ja, ich kannte ihn, so weit man sich in der Gesellschaft kennt, und ich wußte auch von den romantischen Abenteuern, welche man ihm nachsagt, entgegnete Massimo, der entschlossen war, überall den Fragen des Cardinals zuvorzukommen, um ihnen damit baldmöglichst ein Ende zu machen, weil dieses Verhör ihn mehr peinigte, als er es zu zeigen wünschte. Ich wußte von den Abenteuern des Lords, aber er nannte sich mein Freund, und Lord Shesfield ist ein Edelmann! fügte er hinzu, als wolle er damit sein Vertrauen rechtfertigen oder doch erklären.

Der Cardinal lächelte über diese letzte Bemerkung. Er war bürgerlicher und geringer Herkunft.

Das kann täuschen, wie Sie leider sehen, sagte er, und diese Erfahrung wird Sie vielleicht vorsichtiger gegen Ihre Freunde und Standesgenossen machen.

Des jungen Grafen Farbe wechselte in Einem fort; er hatte große Mühe, Herr über sich selbst zu bleiben.

Das, was ich künftig thun werde, Eminenz, entgegnete er mit wachsender Bewegung und Lebhaftigkeit, ändert leider in dem Geschehenen nichts. Erlauben Eminenz mir also, fortzufahren. Der Lord und ich gingen am nächsten Sonntage gemeinsam in die Messe. Wir sahen, wir sprachen Giuditta, und seine Bewunderung für sie machte mir große Freude. Es war in den folgenden Tagen, wie ich mich erinnere, zum Oefteren zwischen uns von ihr die Rede. Er fragte mich um ihre Lebenslage, und weil der Fluch und die Verstoßung, welche einst gegen ihren Vater, gegen meinen Oheim ausgesprochen worden waren, mir als eine Grausamkeit erschienen, für welche man endlich auf eine Schablosheltung sinnen müsse, so sprach ich mit dem Lord auch davon. Ich erzählte ihm, wie ich eigentlich erst jetzt an diese Anverwandten erinnert worden sei, um die ich mich bis dahin nicht gekümmert hätte. Ich sagte, daß ihre Noth mir zu Herzen gehe, und daß ich mir einen Vorwurf daraus machte, ihnen nicht gleich zu Hülfe gekommen zu sein, ohne daß mein Vater darum wisse. Auch von dem Vorhaben meiner Mutter unterrichtete ich ihn, auf den Wunsch von Signora Teresa und auf die Empfehlung Don Eusebio's meine Cousine für das Kloster auszustatten; und ich bekenne es, ich hielt dabei mein Bedauern nicht zurück, daß ein Mädchen wie dieses der Welt und dem Lebensgenusse entzogen werden dürfe.

Er brach damit plötzlich ab und sagte dann nach einem Augenblicke des Schweigens: Sie wissen jetzt alles, Eminenz, was ich zu sagen vermag. In den letzten Tagen seines hiesigen Aufenthaltes habe ich den Lord nicht gesehen, ich war nicht in der Stadt. Trotzdem ist und bleibt es meine Schuld, daß er Giuditta kennen lernte, und allein meine Unüberlegtheit hat ihm die Verhältnisse der Familie Preis gegeben; aber an einen solchen Mißbrauch meines arglosen Vertrauens zu denken, war eine Unmöglichkeit für mich! rief er mit nicht zu unterdrückender Entrüstung aus. Und als er darauf schwieg, glaubte er offenbar, die Angelegenheit, so weit sie ihn betraf, damit enden zu sehen.

Der Cardinal war jedoch der Meinung nicht. Sie absolviren Sich sehr leicht, mein theurer Herr Graf, sagte er mit einem Lächeln, das diesem in die Seele schnitt. Sie belieben es eine Unüberlegtheit und nichts weiter zu nennen, daß Sie einer dem Himmel geweihten Jungfrau das heilsame und gesegnete Asyl mißgönnten, welches die Kirche ihr bereitet haben würde; und Sie haben diese Jungfrau, Ihre nächste Blutsverwandte, durch jene sogenannte kleine Unüberlegtheit freventlich in die Arme eines Ketzers, eines Wüstlings gestürzt! fügte er mit einem Tone hinzu, in dessen Strenge das Verdammungsurtheil des Priesters und der schwere Vorwurf des weltlichen Beamten, des älteren Mannes sich vereinten.

Der junge Graf konnte dagegen nichts mehr sagen, er verstummte davor. Seine scheinbare Selbstgewißheit und der Stolz seiner Mutter hatten jetzt ihre Züchtigung empfangen.

Das war es, was der Cardinal gewollt hatte. Er schellte und befahl, ihm seinen Privatsecretär zu senden. Als derselbe gleich darauf erschien, hieß er ihn die Angaben aufnehmen, welche er von Domenico und von dem Grafen erfragte. Dann erhob er sich, und seinem Beamten die Weisung gebend, daß er bleiben solle, bot er selber der Gräfin seinen Arm, um sie in Person bis an die Thüre seines Vorsaales zu geleiten. Dort erst entließ er sie mit der Zusage, daß er alle Mittel aufbieten werde, ihrer Nichte zu Hülfe zu kommen, und mit der Versicherung, wie glücklich und wie geehrt er sich fühle, sich Donna Erminia in einer solchen Familien-Angelegenheit nützlich machen zu können.

Er wußte, was er ihr mit diesem Abschiedsworte that, und sie war die Frau, ihm dasselbe, wenn sie konnte, gelegentlich zu gedenken. —

Achtzehntes Capitel.

Ihre Gäste saßen noch an der Tafel beisammen, als Donna Erminia mit ihrem Sohne in den Speisesaal zurückkehrte, um den Platz der Hausfrau einzunehmen und mit guter Eßlust sich in Eile für das Versäumte schablos zu halten. Sie erwiederte auf die Fragen, die man an sie richtete, daß es natürlich wieder mit dem Anfalle der Fürstin nichts auf sich gehabt, und Niemandem fiel es ein, die Worte der schönen Hausfrau zu bezweifeln, Niemand konnte vermuthen, von welchen Verhandlungen sie eben herkam. Ihre Stirn war frei und klar wie immer, ihr Mund hatte seine gewohnte, feste Ruhe. Man mußte sie so genau kennen wie der Bischof, so genau wie er in die Geheimnisse ihres Mienenspiels eingeweiht sein, um zu bemerken, daß eine Wolke zwischen ihren Augenbrauen schwebte und daß das ihr Lächeln, wenn sie lächelte, heute kein ungezwungenes war. Auch benutzte der Bischof den Augenblick, in welchem die Gräfin die Tafel aufhob, schnell dazu, mit den leise gesproche=

nen Worten an sie heranzutreten: Haben Sie ihn gesehen? — Sie bejahte es. — Und wie war er? fragte er weiter. Die Gräfin warf die Lippen in die Höhe.

Mit der Tiara auf dem Kopfe würde er nichts sein, als seines Vaters Sohn! gab sie dem Freunde zur Antwort, und die beiden stolzen Aristokraten wußten, was sie damit meinten.

Man blieb in lebhafter Unterhaltung den Abend bei der Gräfin wie gewohnt zusammen, nur ihr Sohn entfernte sich bald. Das fiel indessen keinem der Gäste auf, und auch die Mutter beachtete es nicht. Der junge Graf hielt mannigfachen Verkehr mit den fremden, vornehmen Familien, welche Rom zu ihrem Winteraufenthalte wählen; man nahm an, daß eine solche Einladung ihn beanspruche; es war die Rede nicht weiter davon.

Aber nicht hinauf nach der Piazza del Popolo oder der Seite des Monte Pincio, wo die meisten Fremden wohnen, richtete Graf Massimo seine Schritte, als er, fest in den dunkeln Mantel gewickelt, dessen Ende auf gut Römisch über die rechte Schulter zurückgeschlagen war, zum Portal hinausschritt. Er ging den venetianischen Platz entlang, bog in eine der engen, schlecht beleuchteten Straßen hinter demselben ein, und stand endlich vor dem alten Palaste seines Geschlechtes.

Er hatte ihn als Knabe ein einzig Mal betreten, als man ein dort zurückgebliebenes Deckengemälde von einem alten, guten Meister aus seiner Einfassung ge=

hoben, um es in die Capelle des neuen Palastes zu
versetzen, und es war ihm von jenem ersten Besuche
eine so unangenehme Erinnerung zurückgeblieben, daß
er es stets vermieden, ihn zu wiederholen. Zu suchen
hatte er dort nichts gehabt, und es war in der Familie
von dem alten Baue überhaupt kaum jemals die Rede
gewesen. Hier und da hatte Graf Stefano, als sein
Sohn noch ein Knabe gewesen war, wohl einmal da=
von gesprochen, daß man daran denken müsse, den
Palast an irgend einen reichen und vornehmen Frem=
den zu verkaufen; aber der Stadttheil, in welchem
derselbe gelegen, war keiner von denen, in welchen die
Fremden zu wohnen lieben, und wenn man dieses
Vorhaben einmal in oberflächliche Erwägung gezogen,
so hatte die Sache damit in der Regel wieder ihr
Ende für lange Zeit gahabt. Als man dann dem
Grafen Marco die Erlaubniß eingeräumt, sich in dem
alten Palaste niederzulassen, war mit der verschwen=
derischen Läßlichkeit dieser alten Geschlechter auch an
die Möglichkeit des Verkaufes nicht mehr gedacht wor=
den, und weil Graf Stefano stines enterbten Bruders
gern vergaß, war auch der Palast, den er bewohnte,
möglichst von ihm vergessen worden.

Jetzt stand Massimo einsam vor der altersgrauen
Thüre. In der Straße war es still und einsam.
Die Hökerin hatte ihren Kram unter Dach und Fach
geborgen, ihr Freund und Nachbar, der Schuhmacher,
feierte in der nächsten Weinwihrtschaft von seiner Arbeit,

nur hier und da schimmerte aus einem der Nachbar=
häuser ein trübes Licht auf die Straße nieder. Ein
paar stämmige päpstliche Gensd'armen schritten, die
breiten Hüte fest in die Stirnen gedrückt, beobachtend
und Aufsicht haltend, dicht an ihm vorbei und sahen
sich nach ihm um, als er sich dem Thore des Palastes
näherte.

Es ist geschlossen um diese Zeit! rief ihm der
eine der Gensd'armen zu.

Nein, es ist offen! gab Massimo ihnen zur
Antwort.

Die Gensd'armen wurden achtsam. Woher wissen
Sie das? fragte derselbe, der vorhin gesprochen hatte,
während er näher herantrat.

Ich werde erwartet, ich gehöre zum Hause! be=
deutete sie kurz der Graf.

Bei der Bewegung, welche er dabei machte, fiel
ein Schein der trübe brennenden Straßenlaterne auf
sein Gesicht. Der Gensd'arme trat rasch zurück, lüf=
tete höflich den zweikantigen Hut, und mit einem
diensteifrigen: Um Vergebung, Eccellenza! legte er
selbst Hand an, dem allgemein bekannten und beliebe=
ten jungen Edelmanne die Thüre aufzumachen. Dann
wünschte er ihm einen guten Abend und entfernte sich,
um mit seinem Kameraden seiner Dienstpflicht weiter
nachzugehen.

Ein feuchter, eisiger Hauch wehte dem Grafen
über die Stirne, als er aus dem finsteren Portale in

den Hof hinaustrat. Die Nacht war kalt. Der Wind hatte am Abende sich nach Nordwest gewendet und trieb schweres Gewölk vor sich her, so daß der spät aufgegangene Mond nur selten durchdringen konnte und nur dann und wann bemerkbar wurde, wenn er die Ränder der schwarzblauen Wolken mit seinem Lichte röthlich säumte oder wenn eine leichtere Wolkenschicht wie ein gelblich brauner Rauch, schnell verschwebend, über ihn hinwegzog, von dichterem Gewölke rasch gefolgt.

Graf Massimo konnte sich eines Zusammenschauderns nicht erwehren. Das blasse, streifende Licht reichte gerade hin, ihm den fürchterlichen Verfall seines Stammhauses noch melancholischer darzustellen, es war ihm, als thue die Familiengruft sich vor ihm auf, um ihn zu verschlingen. Hätte er seiner Empfindung nachgegeben, er würde zurückgegangen sein; aber er hatte es Domenico gesagt, daß er kommen werde, um nachzuhören, was er etwa thun könne, er mußte also vorwärts; und sich über sein Widerstreben scheltend, stieg er rasch auf der Seite, welche Domenico ihm angegeben hatte, die Treppe hinauf. Indeß noch vor der Thüre von seines Onkels Wohnung blieb er stehen. Es kam wie eine böse Ahnung über ihn, er wollte hineintreten und konnte sich doch nicht dazu vermögen.

Was will ich denn hier eigentlich? fragte er sich und mußte sich doch in demselben Augenblicke die Ant=

wort geben, daß ein unabweisliches Pflicht= und Schuld=
gefühl ihn hieher zu gehen bewogen hätte. Es hatte
sich überhaupt in diesen letzten Stunden ein ihm frem=
der, neuer Gedankenkreis, eine ganz neue Welt vor
ihm eröffnet, er kam sich selber wie verwandelt vor.

Er hatte in der That, wie er es dem Cardinal
sehr wahr bezeichnet, bis zu diesen letzten Tagen an
seine Anverwandten kaum gedacht und für seinen Theil
vom Leben nichts gekannt als Glück und Genuß. All
seinen wechselnden Wünschen und Neigungen war von
Jugend auf die möglichste Befriedigung zu Theil ge=
worden; hatten sich ihm irgendwo einmal Noth oder
Armuth gezeigt, so war er gutmüthig zu der Hülfe
bereit gewesen, die ihn nichts als ein paar Geldstücke
gekostet, oder er hatte sie an die bedächtigere Wohl=
thätigkeit seiner Mutter gewiesen. Er hatte fremde
Leiden, weil er eigene noch nicht gekannt, so leicht
genommen wie das ganze Leben. Es war noch keine
Empfindung, kein Gedanke überwältigend an ihn her=
angetreten; selbst seine Vaterlandsliebe und sein reli=
giöser Glaube waren bisher nicht so tief gewesen. Er
nährte die Hoffnung an die Einheit Italiens als eine
ihm von seiner Mutter überkommene Tradition in sei=
nem Herzen, aber sie war ihm keine Lebensfrage; er
beobachtete, wie und weil es Sitte in der Familie
war, die Gebräuche der Kirche, indeß er hatte der
Tröstungen der Religion noch nie bedurft, er war mit sich
und seinem Loose stets zufrieden gewesen und hatte

sich nur gelegentlich der Melancholie des Glückes überlassen, die eines poetischen Reizes nicht entbehrt. Nun hatte er plötzlich die langjährige Noth und Verlassenheit vor Augen, in welchen seine nächsten Blutsverwandten in diesem wüsten, zerstörten Palaste geschmachtet hatten. Giuditta's Schicksal, die Angst und Sorge ihrer Eltern, der bittere Schmerz des Mannes, der sie liebte, das alles hatte sich mit Einem Schlage auf seine Seele gewälzt und ihn aus seiner bisherigen Gleichgültigkeit und genußreichen Sorglosigkeit gewaltsam aufgeschreckt. Seine warmherzige und gute Natur konnte diese Eindrücke nicht müßig in sich tragen. Es verlangte ihn bringend danach, etwas leisten, etwas thun zu können, das Shakespeare'sche: „Sprich, schlage, stelle her!" war ihm den ganzen Abend nicht aus dem Sinne gekommen; indeß wie er nun hier vor dieser Thüre stand, wie die Wolkenschatten über diesen verlassenen Palast hinzogen, wie es da an den Wänden der Galerieen vorüberhuschte, wie es plötzlich aussah, als scheine ein Licht aus den hohen Fenstern der riesigen Säle hervor, da kam das ganze Entsetzen der Vergänglichkeit mit Einem Male so mächtig über ihn, daß er all sein gutes Wollen, daß er seine Kraft und sein ganzes Dasein davor zusammenschrumpfen fühlte, weil alles Thun ihm mit Einem Male zweifelhaft, in seinen Erfolgen ungewiß, und nur das Erleidenmüssen, das Vergehenmüssen ihm als gewiß erschienen.

Er raffte sich jedoch zusammen und ging hinein.
Die Thüren standen offen, der große Saal war leer.
im Kamine brannte ein erlöschendes Feuer, in der
Nebenstube war Domenico mit seinem Freunde, dem
deutschen Arzte, am Bette des Grafen Marco beschäf=
tigt, seiner Frau Beistand zu leisten. Man hatte dem
Vater die Nachricht nicht vorenthalten können, daß
Giuditta verschwunden sei, und der Unglückliche ächzte
und stöhnte in den Gluthen eines neuen Fieberan=
falles, der seine Sinne umnebelt hielt und ihn mit
den quälendsten Vorstellungen marterte. Er rief laut
und zärtlich flehend nach seinem Kinde, er hob sich
auf seinem Lager in die Höhe, um gegen die Räuber
anzukämpfen, die ihm seine Tochter entreißen wollten,
und sank nach solcher Anstrengung in völliger Ent=
kräftung zusammen, um sich bald darauf in herzzer=
reißendem Aufschreie darüber zu beklagen, daß seines
Vaters Fluch ihm die Knochen gebrochen und seines
Bruders Härtigkeit ihm die Sehnen durchschnitten habe.

Domenico tröstete und sprach ihm bringlich und
und besänftigend zu, aber er sah selber blaß und ganz
entstellt aus. Das Herz brannte auch ihm vor Ver=
zweiflung in der Brust, und seine Gedanken stürmten
in seinem Kopfe halt= und ziellos durch einander. Er
hätte durch die Welt jagen, selber etwas thun, die
Geliebte suchen mögen, hätte er nur ein Anzeichen,
nur erst den Schatten eines Anzeichens gehabt, wohin
er sich wenden solle, hätte nicht der Director der

Polizei ausdrücklich es gefordert, daß keiner der Betheiligten selbstständige Nachforschungen anstellen solle, um die Aufmerksamkeit nicht zu erregen und die Maßnahmen der Behörden nicht etwa zu durchkreuzen.

Das Eintreten des jungen Grafen rief Signora Teresa von dem Krankenbette fort. Sie war durch Domenico davon benachrichtigt worden, daß Massimo kommen würde, sich nach ihr und ihrem Manne zu erkundigen; weil sie, die Niedriggeborene, ihr ganzes Leben hindurch all ihr Hoffen auf den Beistand ihrer vornehmen Verwandten gesetzt hatte, so meinte sie in ihrer Weltunkenntniß, daß sich jetzt nothwendig Alles gleich zum Guten wenden müsse, daß Rettung und Hülfe ihr und ihrem Manne und ihrer Tochter gar nicht fehlen könne, wenn die gräfliche Familie nur erst für sie einträte. Demüthig und zuversichtlich, angstbeladen und doch schon wie erlöst ging sie dem Neffen ihres Mannes entgegen, so wie sie ihn gewahrte.

Ach, Herr Graf, Euch sendet die Madonna! sagte sie, indem sie mit ihren beiden Händen die des jungen Mannes in die ihren faßte. Ich wußte es, sie mußte uns Hülfe schicken! Unser Unglück ist gar zu groß, zu groß! Unser einziges, letztes Kind! Ihr habt sie ja gesehen! Und nun seht den Vater, den armen Mann! Kommt und seht ihn! Er ist jetzt gerade ruhig! Er hat die Augen geschlossen! Ich bin sicher, daß er schläft! Kommt, ich bitte Euch! wiederholte sie, und ihm voranschreitend, wollte sie ihn an das Lager ihres Gatten führen.

Indeß die Ruhe desselben war nur eine scheinbare gewesen, er hatte mit seinen überreizten Sinnen trotz des junges Mannes Vorsicht das Kommen desselben gehört, und sich jäh emporrichtend, rief er: Ist sie da? Ist sie endlich da? Wo warst du, mein Kind? Wo bist du gewesen, meine Giuditta?

Man mußte ihm sagen, daß ihn seine Hoffnung täusche. Er verstand es Anfangs nicht. Endlich, da man es ihm wiederholte, weil er immer leidenschaftlicher nach seiner Tochter verlangte, schien er seiner Sinne Herr zu werden. Er lag eine Weile, das Haupt auf die Hand gelehnt, in finsterem Brüten still, dann winkte er seine Frau heran. Wer ist gekommen? fragte er.

Die Frau, welche ihm dem Trost zu geben wünschte, dessen sie in ihrem eigenen Innern durch des jungen Grafen Anwesenheit genoß, entgegnete: Es ist ein Freund gekommen.

Der Kranke machte eine ungläubige Bewegung. Die Frau neigte sich zu ihm nieder, sie meinte es gut mit ihm, und ihm freundlich zusprechend, wie einem Kinde, sagte sie: Unser Unglück hat sein Herz gerührt, dein Bruder....

Der Kranke fuhr in die Höhe. Nein, nein! rief er, aber es war nicht zu errathen, was der Ausruf meinte, ob er Freude, ob er eine Abwehr bedeuten solle, und von der marternden Pein des Augenblickes fortgerissen, trat Massimo fast unwillkürlich an das Bett heran und sagte: Ich bin gekommen, mein Onkel, um zu sehen....

Aber der Kranke ließ ihn nicht ausreden. Ja, rief er, jetzt bist du gekommen, jetzt haben sie dich geschickt! — Er lachte bitter, wie im Wahnsinne, auf. — Jetzt bist du gekommen, um zu sehen, wie es dem Enterbten ist, da ihr ihm sein Liebstes noch genommen habt! Nichts mehr, nichts besitze ich jetzt mehr — — nichts! Nicht einmal mein letztes, armes Kind! Nichts, gar nichts! — und plötzlich mit den Händen sich wild nach seinem Kopfe fassend, schrie er mit einer Kraft, welche die Anderen erbeben machte: Nichts habe, nichts besitze ich als den Fluch, den Fluch, den mein Vater um Stefano's willen auf dieses arme Haupt geschleudert hat! Nehmt ihn hin! Nehmt denn auch ihn! rief er mit dem Lachen des Irrsinnes. Seid verflucht wie ich! Ihr Alle! Stefano und du! Seid verpflucht wie ich! — Seid verflucht!

Oheim! Oheim! rief Massimo mit einem Entsetzen, das ihn erbeben machte, aber sein Ruf verhallte an dem Ohr des Grafen Marco — er hatte zu leben aufgehört. —

Neunzehntes Capitel.

Signor Cesare räusperte sich ein wenig und meinte darauf: Wir Menschen kommen uns in der Regel alle so wichtig vor, daß fast jeder von uns, wenn auch in dem letzten, heimlichsten Winkel seiner Gedanken, die Vorstellung verborgen hegt, es müsse doch in der Natur irgend wie zu merken sein, wenn er oder einer der ihm Liebsten aus der Gesammtheit der lebenden Wesen ausscheidet; und nur Wenige sind so gescheit, sich daran zu erinnern, daß sie heute fröhlich geschmaust und gescherzt und gestern ruhig gearbeitet haben, als hüben und drüben der Tod auch Lücken riß, welche die Zunächststehenden ebenfalls für sehr wichtige Ereignisse und für unausfüllbar hielten. Aber es ist in gewissem Sinne gut und schön, an die Wichtigkeit des Einzelnen zu glauben, und es ist im Grunde traurig, wenn man durch vielfältiges Erfahren dahin gelangt ist, die Vergänglichkeit alles Vorhandenen mit Gleichmuth zu betrachten. Und für diese Erkenntniß ist gerade Rom eine wunderbare Schule. Es hat mehr gesehen und mehr erlebt als alle anderen Städte unseres Erdtheils — und doch ist das Menschenherz mit seinen Leiden und Freuden dort dasselbe geblieben, wie in alter Zeit, doch sieht ein Jeder in dem Augenblicke des Schmerzes, in dem was ihm das Nächste ist, seine Welt und die ganze Welt, — und es muß vielleicht so sein.

Am nächsten Morgen, als sich die winterliche Sonne über den Dächern der Häuser emporzuheben anfing, standen die Thorflügel des alten Palastes weit geöffnet. Das hatte man seit Menschengedenken nicht mehr gesehen. Auch ging nicht leicht Jemand des Weges, ohne sich darüber zu verwundern, ohne stehen zu bleiben, in den Hof hinein zu gucken und sich zu erkundigen, was das zu bedeuten habe. Die Hökerin hatte vollauf zu thun, all den Fragen, die man an sie richtete, zu begegnen, und sie war dazu heute weit weniger aufgelegt, als sonst. Die Ereignisse gingen ihr selber im Kopfe herum und sehr zu Herzen, und nur mit einem Seufzer und mit traurigem Kopfschütteln gab sie ihren Kunden die Neuigkeit von der Entführung der schönen Giuditta, von dem Tode des Grafen Marco, von dem Dazwischenkommen der reichen Verwandten aus dem Corso, als erwünschte Zulage mit auf ihren Weg.

Alle Kinder aus der Nachbarschaft waren während dessen in dem Hofe des Palastes zusammengelaufen. Sie jagten sich unbehindert durch die weiten, leeren

Hallen, sie kletterten unbehindert auf den Sarkophag hinauf, über welchem der verstümmelte Gott des Meeres nur sorglos Wache hielt; und die beiden päpstlichen Gensd'armen, welche, wie überall, wo eine Gruppe von Menschen sich bildet, gleich vor dem Portale festen Fuß gefaßt hatten, schienen auch kein Arg daran zu haben, daß solch fröhliches junges Leben sich auf der Schwelle eines Sterbehauses tummelte.

Mit einem Male fuhr rasch ein Wagen in den Hof. Die Kinder rannten herbei, ihn zu betrachten, die Gensd'armen salutirten vor dem bleichen jungen Manne, der in demselben saß, und schnell die Treppen des Palastes in die Höhe stieg.

Der junge Graf! sagte die Hökerin. — Ja, jetzt kommen sie! fügte sie hinzu. Der Tod klopft hart an die Gewissen an! Aber was hilft das jetzt dem armen Grafen Marco! Was hilft es jetzt der Giuditta!

Der Meister Schuhmacher von drüben war auch herbeigekommen. Er hatte den Feiertags-Anzug an, ein paar Stunden Arbeit konnte er schon missen. Er hatte nicht gedacht, daß die vom Corso kommen würden, und ganz einsam hatte er den Grafen nicht aus der Straße gehen lassen mögen. Sie waren doch Nachbarn gewesen mehr als achtzehn Jahre!

Der Meister Schuhmacher grüßte tief, als des jungen Grafen Wagen in den Hof fuhr, er fühlte sich und den Todten gleichmäßig dadurch geehrt. Es gefällt mir von dem jungen Grafen, daß er gekommen ist! bemerkte er gegen die Hökerin. Die Padrona war aber so leichten Kaufes nicht befriedigt. Fragt einmal, sagte sie, wo der alte Castelmarino ist, und warum der Herr Bruder sich nicht sehen lassen mag bei der Leiche des armen verstoßenen Grafen Marco?

Der gute Meister hielt die Weisung wegen der Frage für ernstlich gemeint, und mit vertraulicher Bescheidenheit sich dem gräflichen Diener nähernd, der, offenbar verwundert, sich und seinen Herrn hier zu sehen, am Schlage des Wagens wartend da stand, erkundigte sich der Meister, ob der alte Herr Graf nicht ebenfalls noch kommen werde, seinem armen Bruder auf dem letzten Umgange Gesellschaft zu leisten.

Der Diener sah den Meister an, sah seinen Collegen, den Kutscher an, und sah sich in dem öden Hofe um. Er war wohlgeschult und wußte in den Lebenslagen, in denen Diener vornehmer Herrschaften sich zu bewegen haben, sehr wohl Bescheid. Aber ein Leichenbegängniß in einem solchen verfallenen Palaste, sein junger Graf inmitten elenden Gesindels, und ein Mann wie dieser Bürger, der auf die Gesellschaft des Grafen Stefano zu rechnen schien, das war ihm noch nicht vorgekommen. Es ging überhaupt seit gestern Abend, als die Gräfin mitten aus ihrer Tischgesellschaft fortgefahren war, nichts, wie es sich gehörte und gebührte. Er war auch äußerst verdießlich darüber, denn als ein Diener, der auf sich und seine Herrschaft hielt, verlangte er vor allen Dingen, daß die

Ordnung und das Herkommen keine Störungen erleide, und nicht wagend, seinem Unmuthe Worte zu geben, weil er doch in seines jungen Herrn Diensten hier war, sagte er kurz und barsch: Seine Eccellenza der Herr Graf ist auf der Jagd! —

Der Meister sah ihn zweifelnd an. Euer Herr weiß also nicht, daß sein Bruder hier gestorben ist? erkundigte er sich.

Der Diener runzelte finster die Stirn. Laßt mich in Frieden! rief er. Ich bin nicht hier, Euch Rede zu stehen! Ehre genug für den Todten....

Aber er konnte nicht vollenden. Das Läuten einer Glocke schlug an sein Ohr. Chorknaben in schwarzen Talaren mit weißen Ueberwürfen und brennenden Kerzen in den Händen traten in den Hof, zwischen ihnen trug ein Anderer das große, silberne Crucifix der Kirche. Ihnen folgte Don Eusebio, der Pfarrer, mit der prächtigen goldgestickten gelben Stola, das schwarze, viereckige Barett auf seinem bleichen Haupte, mit seinen Sacristanen und Gehülfen. Etwa zwanzig Männer, von Kopf bis Fuß in der weißen Sackcapuze verborgen, welche selbst das ganze Gesicht verhüllt und nur die Augen freiläßt, schlossen sich ihm an. Sechs von ihnen trugen die Bahre auf ihren Schultern, die den Todten empfangen sollte. Es war eine von den noch aus dem Mittelalter stammenden frommen Brüderschaften, in welchen Männer jedes Alters und jedes Ranges sich zu christlichen Liebeswerken zusam=

menfinden. Eine lange Reihe von stattlichen Mönchen aus dem nahen Kloster bildete den Schluß des Zuges, dem eine Masse Volkes, Männer und Frauen, Kinder und Alte auf dem Fuße folgten. Alles entblößte die Häupter. Die Brüderschaft und der Pfarrer mit seinem Gefolge stiegen die Treppen hinan, und nicht lange währte es, so erklangen die Gesänge, welche den Todten fürbittend begleiten. Alle Umstehenden stimmten in sie ein, denn es ist Christenpflicht, dem scheidenden Mitmenschen diesen letzten Liebesdienst zu leisten. Von den hohen Wänden, aus den weiten, öden Hallen tönten die klagenden Fürbitten wieder, während das Glöcklein des Meßners erklang, während die Kerzen in den Händen des Geleites flammten und die Weihrauchwolken aus dem emsig geschwungenen silbernen Becken zu dem hellen Himmel in die Höhe wirbelten.

Als Leichzug sich in Bewegung gesetzt hatte, führte Graf Massimo selber die Witwe des Todten an seinem Arme die Treppen hinunter und half ihr, in seinen Wagen einzusteigen. Domenico nahm ihnen gegenüber Platz.

Die Witwe hatte den schwarzen Schleier über ihr Haupt geworfen, sie konnte vor Weinen das Tuch nicht von den Augen bringen. Auch die Hökerin weinte bitterlich. Der Nachbar Schuhmacher blieb neben ihr stehen.

Nun, warum steht Ihr hier? Warum geht Ihr

nicht? fragte sie, sich die Thränen aus den Augen trocknend, als die Letzten aus dem Hofe fortgegangen waren.

Der Schuhmacher war unschlüssig geworden. Sie haben bei den Franciscanern die große Bezahlung für ihn gemacht, damit sie einen letzten Spaziergang mit ihm machen und damit sie die Sargdecke mit dem großen goldenen Kreuze bringen sollten! Die Brüderschaft that's dem Grafen zu Ehren, es sind mehr als die Hälfte Cavaliere und Edelleute heute mit! Die Lackstiefel sahen aus den weißen Kutten hervor und die weißen Hände aus den engen Hängeärmeln! Sie werden an die drei Stunden brauchen, bis sie wiederkommen! Es wird über Mittag werden, fügte er bedenklich hinzu.

Nun, und was weiter? versetzte die Höferin fragend.

Drei Stunden sind ein gut Stück Zeit! gab er zu bedenken.

Ach was, ein gut Stück Zeit! Die Ewigkeit ist länger, scheint mir! Wollt Ihr denn einmal Euren letzten Gang allein gehen? Soll denn nicht auch für Euch ein Freund ein Miserere sagen? — Schämt Euch, Gevatter! Wenn sich sogar bei seinen hochmüthigen Verwandten das Gewissen rührt, werdet Ihr Euch doch wohl nicht besinnen? Er hat an zwanzig Jahre unter uns gewohnt! Schämt Euch! Macht, daß Ihr hinwegkommt!

Ihr habt Recht! Es ist wahr, es ist Christenpflicht! murmelte der Schuhmacher vor sich hin und schritt nun rasch dem Zuge nach, der schon um die Ecke der Straße gebogen und dem Auge der Hökerin entschwunden war.

Sorgt nicht um den Mittag! rief diese dem Eilenden nach. Ich bewahre Euch was Warmes auf, und auch der Junge soll etwas haben! — Dann schüttelte sie nachdenklich das Haupt und die Thränen kamen ihr noch einmal in die Augen. Ihm hat oft was Warmes zum Mittage gefehlt, dem armen Grafen Marco! — Armer Graf! — wiederholte sie noch einmal. — Und die arme Giuditta! Sie hat den Vater so geliebt — und er sie auch!

Sie blieb eine Weile ganz unthätig vor Mitleid an ihrem Ofen sitzen, bis sie sich mit einem Seufzer in die Höhe richtete. Was für Menschen, was für eine Welt! — Aber lassen wir die Todten! Die haben nichts mehr übrig und die Lebenden wollen essen! sagte sie zu sich selber und fing an, das Feuer neu zu schüren und frisches Gemüse zum Sieden in die eisernen Pfannen zu thun, damit ihre Kunden nicht zu warten brauchten. —

———

Zwanzigstes Capitel.

Signor Cesare hatte an dem Abende seine Erzählung abgebrochen. Als wir am folgenden Tage die Fortsetzung begehrten, sagte er: Sie kennen gewiß auch das Sprüchwort: Ein Unglück kommt nie allein! — Ob Sie, die Sie aufgeklärte Leute sind, auf solche Sprüchworte, die doch immer nach alten Erfahrungen gebildet worden sind, etwas halten, weiß ich nicht. Ich für meinen Theil habe Ihnen nie verborgen, daß ich sehr abergläubisch bin, und mein ganzes Leben hindurch, wenn mich etwas Unangenehmes getroffen hat, habe ich mich gleich immer umzusehen angefangen, woher mir nun wohl die nächste Unannehmlichkeit kommen könne — denn daß sie kommen würde, daran habe ich nicht gezweifelt. Es hilft nicht, wenn man in gewissen Fällen es sich zur Einsicht bringt, daß man sich, genau besehen, selber die zweite Widerwärtigkeit heraufbeschworen habe, eben weil man nicht die rechte, feste Stimmung, nicht die ruhige, gewohnte Besonnenheit gehabt hat. Das kann je bisweilen eine Art von Erklärung bieten, aber eben nur bisweilen; und daneben kommen Ereignisse vor, bei denen auch Sie mit Ihrem philosophischen Festhalten an dem nothwendigen Zusammenhange von Ursache und Wirkung der Sache nicht auf den Grund kommen können und wo Sie dann doch das Walten und Wirken einer Macht oder die Gewalt eines Zufalles gelten lassen müssen, dessen Möglichkeit alle Ihre Vernunftschlüsse zu Schanden macht. Ich für meinen Theil sage mir dann möglichst gelassen, daß es Glücks- und Unglückstage für den Einzelnen gibt, daß der Einzelne wie die Familien Zeiten haben, in denen ihnen Alles gelingt, und wieder andere Zeiten, in denen ihnen nichts gelingen will. Wer je am Spieltische gestanden hat, nennt es die gute oder die böse Chance; und wer kein Philosoph ist, wie Sie sind, und kein abergläubischer Heide, wie ich, wer nie am Spieltische gestanden hat, sondern ein moralischer Mensch ist, mit religiösem Glauben, der kommt bei solchem Zusammentreffen von günstigen oder unheilvollen Ereignissen wahrscheinlich am besten und bequemsten fort. Er kann sie auf das Walten einer Vorsehung schieben, deren Wege nicht zu begreifen er sich bescheidet, während er ohne Weiteres auf die Weisheit dieses geheimnißvollen und unbegreiflichen Waltens sein Vertrauen setzt; wobei sich dann schließlich auch für ihn doch immer etwas wie ein Zusammenhang von Ursache und Wirkung, ein Grundsatz der

Wiedervergeltung, so etwas von der Nemesis der Alten herausbeuteln läßt, das auch der Gläubigste mit seinem menschlichen Gerechtigkeitssinne selbst in den Werken der göttlichen Vorsehung nicht gern vermissen mag.

Als der junge Graf von dem Leichenbegängnisse zurückkehrte, lag eine Schwermuth auf seiner Seele, welche ihm in seinem bis dahin sorglosen und glücklichen Leben völlig fremd geblieben war. Er hatte die Witwe seines Oheims zu ihrer Wohnung in dem alten Palazzo in seinem Wagen zurückgeführt und der jetzt völlig Vereinsamten die wiederholte Zusage gemacht, daß er für sie in jedem Betrachte sorgen und ihr zur Seite stehen wolle. Er hatte ihr natürlich auch versprochen, sie mit Domenico sofort selbst benachrichtigen zu kommen, wenn man irgend eine Kunde von ihrer Tochter erlangen sollte, und er hatte nun eigentlich das Bedürfniß gehegt, sich wo möglich schnell wieder aufzurichten und mit sich selber wieder in das Gleiche zu kommen. Es wollte ihm indessen nicht gelingen.

Es half ihm nicht, daß er sich vorhielt, wie der Mensch im Grunde nur für seinen bösen Willen, nicht aber für die Folgen eines an und für sich harmlosen Thuns verantwortlich sein könne. Der wilde, im Tode brechende Blick seines Oheims, die furchtbaren Worte, welche er gegen ihn und seinen Vater sterbend ausgestoßen hatte, kamen ihm nicht aus dem Sinne.

Vergebens hatte Domenico gleich am verwichenen Abende, als er den entsetzlichen Eindruck wahrgenommen, welchen der Vorgang auf den Grafen gemacht, ihn beschworen, dem Worte eines irren Greises keine solche Gewalt über sich einzuräumen. Die Erinnerung lag wie ein gespenstischer Schatten auf dem jungen Manne, und Domenico fühlte sich, so schwer er selber an seinem Schmerze und seiner Sorge zu tragen hatte, doch gedrungen, den des Leidens völlig Ungewohnten zu beruhigen und zu stützen, wie er eben konnte. Der sehr begreifliche Zorn und die eben so erklärliche Abneigung, welche er gegen den Grafen Massimo am gestrigen Abende zuerst empfunden hatte, waren vor dessen unverkennbarem Bestreben, zu vergüten und zu helfen, allgemach verschwunden; und in der Verstörtheit, in welcher Domenico sich selbst befand, war es ihm auch eine Erleichterung gewesen, Jemanden neben sich zu haben, dem er seine Vermuthungen, seine Befürchtungen und seine Hoffnungen, wie grundlos sie sammt und sonders vielleicht auch sein mochten, immer wieder auseinander setzen konnte.

Graf Massimo seinerseits wurde dieses Gespräches ebenfalls nicht müde. Er wollte von Giuditta hören. Er konnte die bescheidenen Zierrathe nicht vergessen — die kleinen Geschenke Domenico's —, mit denen Giuditta, als mit ihren höchsten Besitzthümern, sich den Kaminsims in dem öden Saale und das Eckchen in der Fensterbrüstung aufgeputzt hatte. Die paar

Blumenstöcke, welche ihre Blätter welk hernieder hangen ließen, weil die Hand des jungen Mädchens sie nicht mehr pflegte und tränkte, hatten ihm eine Wehmuth, eine Reue, eine Sehnsucht nach der Verschwundenen eingeflößt, als habe er sie gekannt und geliebt, als sei ihm mit ihr ein Gut entrissen worden, das er selbst besessen. Neben dem furchtbaren Eindrucke am Sterbebette ging diese Empfindung als ein ganz Besonderes in seinem Herzen nebenher. Sie zog ihn unwiderstehlich zu Domenico hin, dessen stiller und gefaßter Schmerz ihm Achtung einflößte und zugleich seine höchste Theilnahme erregte. Bis tief in die Nacht hinein hatten sie, mit einander sprechend, in Domenico's Werkstatt vor dem Bilde der Arethusa gesessen, dessen schöne und überwältigende Aehnlichkeit mit seiner Cousine den Grafen mächtig ergriffen, und als sie sich dann endlich getrennt, waren sie einander sehr nahe gekommen und hatten sich zum Hoffen ermuthigt, weil Jeder sich in die Seele des Andern versetzte und mit ihm wie mit sich selber Mitleid hatte.

Nachdem aber die Nacht und der nächste Morgen vergangen waren, ohne daß man eine Spur der Entführten gefunden, wollte es mit dem Hoffen nicht wie gestern gehen. Der Polizei=Director hatte seiner Leute nicht geschont und des Telegraphen Wirksamkeit vollauf benutzt; indeß am Morgen, als die beiden jungen Männer, ehe sie sich zu dem Begräbnisse begeben, bei dem Cardinal, wie er sie geheißen hatte, vorgesprochen waren, hatte man noch nicht das Geringste ermittelt, wovon eine Förderung der Angelegenheit zu erwarten gestanden hätte. —

Lord Shesfield war, wie er das allen seinen Bekannten angegeben hatte, am Tage vor Giuditta's Entführung mit seinen beiden Leuten, dem Kammerdiener und dem Courier, nach Ostia gegangen. Dort hatte seine Yacht zur Abfahrt bereit gelegen. Nur von seinen beiden Leuten gefolgt, hatte er sich gerades Weges in sein Schiff verfügt und sofort die Segel gelichtet, da der Wind sich günstig erwiesen. Die Nachfragen, welche man gleich nachdem die Gräfin das Polizeiamt verlassen, in der Wohnung gethan, die der Lord inne gehabt, hatten auch zu nichts geführt. Die Wohnung wie die italienische Bedienung des Engländers, Koch, Kutscher, Reitknecht und zweiter Diener waren nach Landessitte eben so wie die Wagen und Pferde nur für die Dauer der Zeit gemiethet gewesen, die der Engländer in Rom zugebracht hatte, und am Tage seiner Abreise entlassen worden. Man hatte diese Leute in aller Frühe sammt und sonders genöthigt, unter Begleitung von Gensb'armen sich in das Sterbehaus zu verfügen, um von der Witwe zu erfahren, ob sie in einem derselben den Mann erkenne, welcher angeblich im Auftrage ihrer Schwägerin das Mädchen aus ihrem Vaterhause abgeholt hatte; aber Signora Teresa hatte keinen von den ihr Vorgestellten je zuvor gesehen, und auch in den Photographien des englischen Kammerdieners und des Couriers, welche diese dem Hauswirthe des Lords zurückgelassen hatten, erkannte die Mutter den Entführer ihrer Tochter nicht.

Die Nachforschungen auf dem Bahnhofe hatten bis dahin eben so wenig gefruchtet. Niemand erinnerte sich, ein Paar gesehen zu haben, welches durch irgend etwas Besonderes aufgefallen wäre. Auch die Erkundigungen, die man gleich an dem verwichenen Abende bei den Fuhrwerks-Vermiethern anzustellen sich beeilt, hatten bis dahin nicht auf die Spur des Mädchens geführt, und der Polizei-Director hatte es also den beiden Männern freigestellt, nach dem Begräbnisse abermals bei ihm vorzusprechen, um nachzuhören, ob man vielleicht inzwischen in den Bemühungen glücklicher gewesen sei.

Ihr Wagen hielt kaum vor dem inneren Eingange des Polizeipalastes und sie waren eben nur aus demselben ausgestiegen, als der Graf, einen und den anderen der Gensd'armen anblickend, zu seinem Begleiter gewendet, rasch und leise die Bemerkung machte: Diese Leute wissen etwas, das uns angeht; ich sehe es an ihren Mienen.

Wenn Sie Recht hätten, so müßte es nichts Gutes für uns sein, entgegnete Domenico, denn wahr is's, sie sehen mit einer finstern Neugier auf uns, die freilich ihres Amtes ist.

Sie gelangten so sprechend in das Privat-Arbeitszimmer des Directors, in welches sie beschieden worden waren. Er stand mit einem der höheren päpstlichen Hausbeamten am Kamine, offenbar in einer ernsten und lebhaften Unterhaltung begriffen, aber so wie er den Grafen gewahr wurde, ging er mit raschem Schritte auf ihn zu, und die Worte: Sie hier, Herr Graf? Sie kommen nicht von Hause? tönten mit einer so eigenthümlichen Bewegung von seinen Lippen, daß die böse Ahnung der beiden Männer dadurch ihre Bestätigung zu erhalten schien.

Wir kommen grades Weges von dem Kirchhofe, erwiederte der Angeredete.

Sie waren also noch nicht zu Hause, Sie wissen also noch nicht.... hob Jener wieder an, und die Theilnahme, die er an den Tag legte, wurde den Anderen, namentlich dem Grafen so zur Marter, daß er in angstvoller Ungeduld mit der Frage herausfuhr, was er denn wissen solle und was in seinem Hause geschehen sei.

Ihr Herr Vater — der Graf Stefano — sagte stockend der Cardinal, und dann die Hände Massimo's ergreifend, fügte er rasch hinzu: Sie sind ein Mann, Herr Graf, und erfahren müssen Sie es doch — Graf Stefano ist verunglückt — auf der Jagd verunglückt!

Verunglückt? wiederholte der Sohn, als könne er die Rede des Andern nicht fassen.

Er ist über eine Baumwurzel gestolpert, ist ge-

fallen, sein Gewehr hat sich entladen — der Schuß
ist durch die linke Brust gegangen . . . .

Nicht wahr, Eminenz, mein Vater ist todt? fiel
der Graf dem Berichtenden mit einer Ruhe und Ton=
losigkeit in das Wort, welche für die Anderen ent=
setzlich war, weil es wie die Rede eines Geisteskran=
ken klang.

Der Director neigte bejahend das Haupt. Einer
unserer berittenen Leute, sagte er, hat die Kunde hier=
her gebracht; er ist vor dem Thore dem Wagen begeg=
net, in welchem man die Leiche nach Ihrem Palaste
führte.

Massimo stand regungslos da. Man sprang ihm
zu, bot ihm einen Sessel an; er wies ihn zurück.

Ich muß eilen, zu meiner Mutter zu kommen,
sprach er mit derselben kalten Ruhe. Aber seine
Kräfte drohten ihn dennoch zu verlassen. Er lehnte
sich an die Marmorsäule, auf welcher die kolossale
Büste des Papstes stand, bedeckte seine Augen flüch=
tig mit der Hand, und sich darauf zu Domenico wen=
dend, sagte er leise und zusammenschauernd: Hören
Sie es, Domenico? Das ist das erste Todtenopfer!

Theurer Graf, rief dieser, ich beschwöre Sie,
keine solche Vorstellungen! Lassen Sie uns zu Ihrer
Mutter eilen, sie wird Sie dringend nöthig haben!
Aber — sind von Gräfin Giuditta noch keine Nach=
richten gekommen? fragte er, unmittelbar zu dem Car=

binal gewendet, mit der angstvollen Dringlichkeit seiner Liebe.

Keine Nachricht bis jetzt, gab man ihm zur Antwort, und tief niedergeschlagen und neben der eigenen Pein das Leid des jungen Grafen theilend, folgte er diesem in sein Vaterhaus, das inzwischen ebenfalls zu einer Trauerstätte geworden war. —

Einundzwanzigstes Capitel.

Es war wenige Tage später und auch wieder ein heller Wintermorgen, an welchem das bisherige Haupt des gräflichen Hauses derer von Castelmarino zu seiner stolzen Ruhestätte in den prachtvollen Familien-Capelle der alten Basilika geleitet wurde. Der ganze hohe Adel von Rom, die große Zahl der vornehmen Fremden, welche während dieses Winters Zutritt und Aufnahme in dem gastfreien Grafenhause gefunden, hatten sich zu der Feierlichkeit eingestellt. Die Mönche der Klöster, die von dem Verstorbenen und von seiner Gattin regelmäßige Unterstützungen genossen, folgten, singend und die Weihrauchbecken schwenkend, mit aller Pracht, die sie aufzubieten im Stande waren, dem Sarge des Grafen, und wo der Zug vorüber kam, verstärkten neugierige Fremde, solcher Art von Begräbnissen in ihrer Heimath nicht gewohnt, und müßiges Volk, das aus den Seitenstraßen herbeikam, um ein gutes Werk zu thun, indem es mitsingend und mitbetend den Sarg eine Strecke begleitete, die Stattlichkeit des Zuges.

Aber der jetzige Erbe und Besitzer des Namens und der Güter dieses Grafenhauses sah nichts von dem, was auf dem Wege um ihn her geschah. Bleich wie ein Todter saß er an der Seite des Bischofs in dem ersten Wagen hinter dem Sarge, und wo das Volk seiner ansichtig wurde, da konnte man namentlich von den Frauen den Ausruf hören: Welch schöner junger Mann! Aber wie blaß! Er sieht nicht aus wie Einer, der es lange machen wird! —

Dazwischen wurden sonderbare Gerüchte laut. Man konnte nicht sagen, von wem sie ausgegangen waren; indeß sie verbreiteten sich sehr schnell, denn Rom ist noch heute wie vor zweitausend Jahren vorzugsweise die Stadt der Gerüchte.

Es ist wohl nöthig, sagte der Eine, daß sie die ganzen Brüderschaften aufbieten, um für ihre armen Seelen zu beten, denn sie sind Beide ohne Absolution gestorben.

Von welchen Beiden sprecht Ihr? fragte ein neu Hinzugekommener.

Von den beiden Brüdern, von den Grafen Castelmarino, die beide an Einem Tage gestorben sind, der eine auf seinem Lager, der andere auf der Jagd. Der junge Herr im ersten Wagen ist nun der Letzte von dem ganzen Geschlechte; stirbt er, so ist es ausgestorben.

Die Frauen rühmten immer wieder des jungen Grafen Schönheit und erbauten sich an seiner tiefen Traurigkeit. Der schöne junge Herr wird nicht lange zu suchen brauchen, bis er die Herrin für sich findet, meinten sie, und wird schon dafür sorgen, daß sein Geschlecht erhalten bleibt! Und wie sie davon sprachen, fiel es ihnen ein, zu fragen, ob der andere Bruder, der andere gestorbene Graf, keine Kinder hinterlassen und wo er denn gelebt habe, da Niemand ihn je gesehen und Niemand je von ihm gehört hatte.

Ein paar alte Leute im Zuge erinnerten sich, daß er ein Geistlicher gewesen sei; kaum aber hatten sie das gesagt, als ein Bursche von zehn, zwölf Jahren, der hinter einem der Kerzenträger herlief, um in einer Papierdüte das niederträufelnde Wachs zu sammeln, lachend ausrief: Ein schöner Geistlicher, der! Er hat ja in unserer Straße gewohnt, im alten Palaste. Er war ja der Vater von der schönen Giuditta, die vorgestern verschwunden ist.

Und mit diesen Worten hatte die Neugier eine andere Richtung bekommen, und das Fragen und das Verwundern wurden nun erst doppelt lebhaft.

Sie haben ja Rom bewohnt — mit diesen an uns gerichteten Worten unterbrach Signor Cesare sich selber —, und werden es also erfahren haben, mit welcher Schnelligkeit sich dort, trotz des Mangels an aller Oeffentlichkeit und trotz des Mangels an einer

Presse, wie man sie in allen anderen Städten und
Ländern Europa's findet, die Nachrichten von allen
auffälligen Ereignissen verbreiten und welch wunder=
liche Gestalt das Geschehene eben dadurch annimmt.
Hier hat Einer etwas gehört, dort weiß ein Anderer
auch etwas davon, und ehe man sich dessen versieht,
setzt sich aus lauter kleinen Einzelnheiten wie ein
Mosaik eine Geschichte zusammen, die Anfangs der
Wahrheit nahe genug kommt. Weil aber die That=
sachen nicht überall zusammenpassen, bildet ein Jeder
sie nach seiner Ansicht von dem Geschehenen ein we=
nig um, und es währt dann nicht lange, bis ein
Ganzes zusammengekommen ist, wie es eben der Phan=
tasie eines lebhaften und mit festen Nerven begabten
Volkes entspricht, das sich gern durch starke Eindrücke
und Empfindungen erschüttern läßt.

Der Zug hatte noch nicht die Basilika erreicht,
als man schon die Behauptung aufstellen hörte, daß
der Graf Stefano nicht durch einen unglücklichen Zu=
fall, sondern durch die Hand des jungen Mannes er=
mordet worden sei, dem er die schöne Nichte zur
Frau verweigert habe; und während gutherzige Seelen
die arme, wider ihren Willen in das Kloster gebrachte
junge Gräfin beklagten, freuten sich Andere darüber,
daß es ihr gelungen sei, mit ihrem Geliebten, dem
reichen englischen Milordo, glücklich zu entkommen.
Darin stimmten aber Alle überein, daß man solch
auffallende Ereignisse für die nächste Woche in der

Lotterie benutzen und die Nummern rasch besetzen müsse, welche nach dem Lotteriebuche, dem verbreitetsten Volksbuche Roms, mit Tod, Mord und Entführung in Verbindung stehen.

Indeß nicht allein auf das Volk machte der Tod der beiden Brüder Castelmarino und die Entführung der Gräfin Giubitta einen gewaltigen Eindruck. Die vornehme Welt und die Gesellschaft der Fremden waren eben so dadurch aufgeregt worden. Die Ausländer, Männer so wie Frauen, sahen sich die Paläste der römischen Großen in den Tagen mit einem besonderen Interesse an, weil man hinter den Mauern derselben jetzt noch mehr als sonst romantische Familienabenteuer vermuthete. Diejenigen, welche mit dem glänzenden Lord Shesfield in näherem Verkehr gestanden, waren unangenehm davon berührt, ihn als den Helden eines so mißlichen Romanes bezeichnen zu hören. Man nahm für und wider seine Unschuld leidenschaftlich Partei; englische Gentlemen, die ihre blonden Töchter auf den continentalen Ehemarkt geführt, wurden stutzig vor den Möglichkeiten, denen sie sich damit aussetzten, als ob Entführungen und Davongehen jenseit des Canals zu den ungewöhnlichen Ereignissen gehörten, und vor Allem war die Phantasie der Leute mit der Schönheit der jungen, entführten Gräfin beschäftigt, welche die Geliebte und das Ideal eines Künstlers, des viel genannten und von allen Fremden besuchten Malers Domenico, gewesen sein sollte. Es war gut für den Armen, daß seine Interessen ihn eben jetzt von seiner Werkstatt fern hielten, denn die Klingel zu seiner Wohnung hatte wenig Ruhe. Von früh bis spät ließ man sich bei ihm melden, um das Bild der Arethusa, dessen man sich von früheren Besuchen gar wohl als eines Meisterwerkes entsann und von dem sich, man wußte nicht, wie, urplötzlich das Gerücht verbreitet hatte, daß die Verschwundene dazu Modell gestanden habe, noch einmal zu betrachten. Hätte er damals diese Arbeit in so viel Exemplaren vorräthig gehabt, als es Copieen von dem Bilde der unglöcklichen Beatrice Cenci gibt, Amerikaner und Engländer würden sie sich bald sammt und sonders angeeignet haben. Domenico und Giuditta, die beiden gestorbenen Brüder Castelmarino und der junge Graf Massimo waren in aller Leute Munde.

Auch in den schönen Sälen, in welchen Gerhard und seine Frau bald nach dem Neujahrstage zum ersten Male ihre Freunde in ihrer eigenen Häuslichkeit empfingen, war die Gesellschaft noch nicht lange beisammen, als einer der deutschen Gäste, der sich eine lästige Zudringlichkeit erlauben zu können meinte, weil er sich als einen guten, alten Bekannten des jungen Hausherrn ansah, diesen mit der Frage neben sich festhielt: was denn seinen Schwiegervater bewogen habe, eben jetzt, beim Bevorstehen der lebhaftesten Geselligkeit, Rom so unerwartet zu verlassen und

sich nach Neapel zu wenden, das doch weit weniger
Zerstreuung biete.

Gerhard erwiderte dem zudringlichen Frager ab=
lehnend: Zerstreuungen habe Neapel allerdings weit
weniger, dafür aber sei das Klima besser, und seine
Schwägerin habe sich in der letzten Zeit nicht wohl
befunden; es sei ihr deßhalb zu einer Luftveränderung
gerathen worden.

Damit war der gute Freund jedoch noch nicht
zufrieden. Er machte das heiterste Gesicht von der
Welt, und seine Hand vertraulich, aber fest auf Ger=
hard's Arm legend, damit dieser ihm nicht entwischen
konnte, sprach er: Da wir gerade von Ihrer schönen
Schwägerin reden — sagen Sie, weßhalb hat sich
eigentlich Fräulein Flora's allgemein erwartete Hei=
rath mit Ihrem Freunde, dem Maler Domenico, zer=
schlagen?

Gerhard versicherte, daß von einer solchen Ver=
bindung die Rede nicht gewesen sei.

Das wollte der gute Freund jedoch nicht gelten
lassen. Es mag davon nicht die Rede gewesen
sein, nicht direct die Rede gewesen sein, meinte er,
aber daß Ihre Schwägerin eine Neigung für den
Maler hatte, war eben so unwiderleglich sichtbar, als
daß dieser ihr sehr den Hof machte. Es wäre übri=
gens ein schönes Paar geworden. Er ist eine präch=
tige Figur, und ein großer Künstler ist er auch.

Gerhard nahm das gleichmüthig hin. Ich streite

Domenico diese Vorzüge keineswegs ab, sagte er mit großer Würde; zum Glück der Ehe gehören aber doch noch andere Eigenschaften, als ein vortheilhaftes Aeußere und ein bedeutendes Talent. Der Charakter eines Mannes muß Zutrauen verdienen, und abgesehen davon, war mein Schwiegervater nichts weniger als geneigt, seine Tochter einem Künstler zur Frau zu geben. Er konnte für seine beiden Töchter größere Ansprüche erheben.

Dabei warf er sich mit der ihm eigenen Selbstgefälligkeit ein wenig in die Brust, so daß seine Hemdenknöpfe, ein Paar prachtvolle Solitaire, welche sein Schwiegervater ihm am Hochzeitstage geschenkt, ihr flüssiges Feuer unter der Beleuchtung der vielarmigen Kronleuchter weithin sichtbar machten, und bemerkte leichthin: an diesem Manne — an Domenico — habe er seine alte Erfahrung wieder recht bestätigt gefunden, daß es mit den Künstlern, mit den Malern, den Musikern, den Dichtern, kurz, mit den sogenannten genialen Menschen überhaupt, eine mißliche Sache sei. In ihrer Phantastik gehe ihnen die wahre bürgerliche Solidität verloren. Er habe im Grunde von diesem Künstler ausnahmsweise viel gehalten — und doch müsse er jetzt, trotz der großen Menschenkenntniß, deren er sich rühmen dürfe, eingestehen, daß er sich in ihm getäuscht gefunden habe.

Sie sprechen wohl von Domenico? fiel ein Dritter ihnen ein, der, unfern stehend, hier und da ein Wort von der Unterhaltung jener Beiden und schließlich Gerhard's Aeußerung vernommen hatte, die er sofort auf ihren rechten Platz zu bringen wußte. Ist er denn noch hier? Kann er denn hier bleiben?

Ich wüßte nicht, was ihn daran verhindern sollte! meinte Gerhard.

O, rief ein Vierter, einer jener schwachfarbigen, nazarenischen Maler, deren es in Rom immer eine gute Anzahl gibt und der Domenico seiner Erfolge wegen stets beneidet hatte, die ganze Sache ist doch äußerst widerwärtig! Wenn ein Künstler solcher Abenteuer bedürfte, um daraus seine sogenannten glühenden Farben zu schöpfen, so würde es schlimm stehen um die sittliche Idealität, die doch in aller Kunst die einzig wahre Quelle der Begeisterung ist. Man brauchte aber freilich diese viel besprochene, sogenannte Arethusa nur zu sehen, um zu wissen, welchem Boden sie entwachsen war und wo man die Originale zu solchen Frauengestalten zu suchen hatte.

Um Vergebnng, nahm ein älterer Mann das Wort, der als Kunstkenner und als Mensch gleich sehr in Ansehen stand, die Arethusa ist ein Meisterwerk, eine der schönsten unter allen Darstellungen der unbekleideten weiblichen Gestalt, die seit langer Zeit geschaffen worden sind, und eines der glücklichsten Motive, die weibliche Nacktheit vor denjenigen zu rechtfertigen, vor welchen die volle, unverhüllte Darstellung menschlicher Schönheit überhaupt der Rechtfertigung bedarf. Nebenher war die junge Gräfin Castelmarino, welche Domenico zu dem Bilde begeistert hat, ohne ihm je dazu gesessen zu haben, nach allen Aussagen eine völlig unbescholtene, ja, eine in tiefster Einsamkeit und Weltfremdheit auferzogene junge Dame.

Der Nazarener lächelte spöttisch unter seinem blonden, gescheitelten Gelock hervor. Man kennt die Weltfremdheit und Unbescholtenheit der Modelle dieser Herren Naturalisten und Coloristen! sagte er höhnisch.

Ich zweifle nicht an Ihrer Kenntniß und Bekanntschaft mit den römischen Modellen, entgegnete mit einer scharfen Lebhaftigkeit der Kunstfreund; sie ist Ihres Amtes, und man kann im allgemeinen Interesse der Kunst nur sehr wünschen, daß Sie sie nach Kräften benutzen. Aber die Gräfin Giuditta, die, ich wiederhole es, keinem Maler je zu einem Bilde gesessen hat, haben Sie sicherlich so wenig wie irgend ein anderer Künstler, außer Domenico, gekannt. Unser Wirth weiß es so genau, wie ich, welch einem eigenartigen Zufall und welchen Umständen unser beiderseitiger Freund Domenico die Bekannschaft der jungen Gräfin dankte, und welche Folgen, welche schmerzlichen Verwickelungen für ihn daraus entsprungen sind.

Der Hausherr, von dem allgemein verehrten Manne in solcher Weise vor vielen Zeugen — denn es hatte sich allmälig ein ganzer Kreis um die Spre-

chenden zusammen gefunden — an seine mehrjährige
und vertraute Freundschaft, mit dem Angefochtenen
gemahnt, hielt es denn doch jetzt für geboten, ein=
zulenken.

Ja, sagte er, es ist eine traurige Geschichte, und
da ich Domenico kenne, zweifle ich keinen Augenblick,
ja, ich behaupte sogar, daß drei Viertel von allem,
was über ihn und über die Familie Castelmarino ge=
sprochen wird, auf müßigen Erfindungen beruht. Aber
die Ereignisse sind so auffallend....

O, so außerordentlich auffallend und so außer=
ordentlich anstößig! lispelte eine blondlockige Englän=
derin, deren jugendliche Reize schon seit einem Decen=
nium in den Sälen der römischen Fremdengesellschaft
allwinterlich die Herzen der Neuangekommenen ent=
zückten, ohne jedoch einen von ihnen dauernd fesseln
zu können. So außerordentlich in jedem Betrachte,
daß man in der That kaum davon sprechen darf. So
etwas, glaube ich, könnte bei uns ganz unmöglich
Statt finden; das kann nur in Italien geschehen.

Eine alte Engländerin bekräftigte diese Behaup=
tung noch mit einem so regelrechten: Es ist sehr an=
stößig in der That, wahrhaft scandalös!

Sie hatten das mit all der anspruchsvollen Ge=
ziertheit ausgesprochen, welche nicht wenigen Frauen
ihres Volkes eigen ist, und dabei übersehen, daß sie
nicht unter lauter Fremden, sondern daß auch einige
Italiener sich in dem Kreise der Gesellschaft befanden.

Die alte Dame hatte aber ihr Verdammungsurtheil kaum über die schmalen Lippen gebracht, als über das Gesicht eines in der Nähe stehenden jungen Römers eine dunkle Röthe flog, und mit der weichen Stimme seines Volkes, aber mit der ganzen Kraft des beleidigten Nationalgefühls, sagte er: Auffallend und scandalös finde ich in der ganzen Angelegenheit nichts als das Verhalten des Engländers, der den Verrath gegen des jungen Grafen Castelmarino Vertrauen begangen und der das unglückliche junge Mädchen aus dessen Vaterhause betrügerisch fortgelockt hat.

O, es soll also ein Engländer in diese Angelegenheit verwickelt sein? fragte die blonde Miß, als ob sie zum ersten Male davon reden hörte, als ob man seit den letzten Tagen in der englischen Gesellschaft von etwas Anderem, als von dieser Entführungsgeschichte, gesprochen hätte. Ich hoffe, dem ist nicht so; es ist ein Mißverständniß. Man sagte, der Maler Domenico habe das junge Mädchen, das sein Modell und gar keine rechtmäßige Gräfin gewesen sei, von Rom fortgebracht. Darüber habe des jungen Mädchens Oheim, der dem Mädchen aber näher als ein Oheim gestanden habe — er soll eigentlich dessen Vater gewesen sein, sagen sie —, den Maler zur Rechenschaft gezogen — und . . . .

Und Domenico, der Rom nicht eine Stunde lang verlassen, hat in den Bergen von Subiaco den Grafen Stefano meuchlings auf der Jagd erschossen! fiel der ältere Deutsche mit einem spöttischen Lächeln achselzuckend ein, weil es ihm der abgeschmackten Gerüchte über den armen Domenico doch gar zu viel wurde.

Die Engländerin war aber so leichten Kaufes nicht abzuweisen. Ich weiß nicht, sprach sie, indeß sie sagen es so. Aber in der That, ich möchte gern erfahren, ob etwas Wahres daran ist.

Da trat ein Weltgeistlicher, ein schon bejahrter, ernster Mann, mit gemessener Ruhe in den Kreis der Sprechenden, deren bunt durch einander gehender Unterhaltung er bis dahin schweigend aus einiger Entfernung zugehört hatte, und seinem jungen, aufbrausenden Landsmanne ein Zeichen gebend, daß er ihn gewähren lassen solle, erzählte er in der schlichten Weise, in welcher gute Redner die Thatsachen allein für sich sprechen lassen, was sich eben in wenig Worten über die in der Familie Castelmarino vorgefallenen Ereignisse sagen ließ und was ich Ihnen allmälig ausführlich berichtet habe.

Damit waren alle böswilligen Vermuthungen, soweit sie das gräfliche Haus und Domenico betrafen, sofort abgeschnitten; die Fremden fanden keinen Anlaß weiter, sich über die schlechten Sitten und die schrecklichen Ereignisse zu äußern, die nur in Italien möglich sein sollten, und die Unterhaltung nahm bald eine andere Richtung, besonders da man über den eigentlichen Urheber der Entführung wie über den

Aufenthalt der Gräfin Giubitta auch von dem, offen=
bar in die Verhältnisse wohl eingeweihten Geistlichen
nicht das Mindeste erfahren konnte, denn alle Nach=
forschungen waren und blieben ohne jeglichen Erfolg.
Es war, als sei das Mädchen von einem bösen Geiste
durch die Luft entführt worden; man wußte in der
That nicht, was man davon denken sollte.

Zweiundzwanzigstes Capitel.

Der Polizei-Director, der seine Hoffnung getäuscht sah, von der Vortrefflichkeit der päpstlichen Polizei in dieser höchst auffälligen Angelegenheit den getreuen Unterthanen der päpstlichen Regierung wie den Fremden aus allen fünf Welttheilen einen leuchtenden Beweis zu liefern, war erzürnt gegen seine Beamten und noch mehr erzürnt gegen die ohnehin nicht wohl angeschriebene gräfliche Familie. Er nahm es fast den Castelmarino's übel, daß er sie nicht durch seine Erfolge zu Dank verpflichten konnte, und da es ihm nicht gelang, sie in dieser Weise zu demüthigen, erhielten die Zeitungen, die natürlich ganz und gar in den Händen der Behörden sind, die Anweisung, wenigstens auf ihre Weise aus den Ereignissen für die gute Sache Vortheil zu ziehen.

Ich habe die Zeitungsblätter, welche Domenico mir damals gesendet hat, noch in meinem Pulte liegen, und es ist ergötzlich, zu sehen, welch ein Capital namentlich der Osservatore (der Beobachter, den das

Volk il bugiardo, den Lügner, nennt) aus dieser Familiengeschichte zu machen wußte. Sie bewiesen daraus die Theorie von der Wirksamkeit des Segens und des Fluches, sie bewiesen, wohin der Ungehorsam gegen den Willen der Eltern führe. Sie thaten dar, welch ein Verbrechen es sei, wenn Kinder sich den Planen ihrer Eltern widersetzten, sofern diese sie für das Kloster oder den geistlichen Stand bestimmt hätten, sie zeigten, wohin es bringe, wenn man Verkehr mit Ketzern halte, und zum Schlusse wurden dann die jenseitigen Qualen derjenigen Unseligen in höllischem Brillantfeuer ausgemalt, welchen unser Herrgott, eben weil sie keine guten Christen gewesen wären, einen Tod sendet, der sie verhindert, die Gnade der letzten Oelung zu erhalten und gereinigt durch die derselben vorhergegangene Vergebung der Sünden in sein Himmelreich einzugehen. Es wurde zugleich daran erinnert, daß nur die größten geistlichen Opfer von Seiten der Ueberlebenden, daß nur die unausgesetztesten Fürbitten den Todten einiger Maßen zu Hülfe kommen könnten, und man fing denn auch unter der Hand im Volke davon zu sprechen an, daß die Gräfin Erminia in dem alten Palaste ein neues Kloster zu gründen und die Mutter der Gräfin Giuditta als erste Büßende in dasselbe einzutreten denke.

Wie immer, war in all diesen Gerüchten ein kleiner Kern von Wahrheit verborgen, und dieser bezog sich auf die Mutter Giuditta's. Man hatte natürlich nicht daran denken können, die unglückliche Frau einsam in dem alten Palaste zu lassen, und man hatte sie hinwieder auch nicht gleich aus demselben entfernen mögen, weil man an die Möglichkeit dachte, daß die Geraubte doch vielleicht schriftlich oder durch einen Boten noch eine Kunde von sich geben und diese nach dem Hause ihrer Eltern senden könne, und man wollte namentlich für den letzteren Fall sich nicht der Gefahr aussetzen, daß der Bote Niemanden mehr in dem Palaste finde. Man hatte also das Auskunftsmittel gewählt, der Witwe eine barmherzige Schwester zur Gesellschaft zu geben, und wie die Tage einer nach dem anderen hinschlichen und wie der Januar und der Februar zu Ende gegangen und nach dem Carneval die Fastenzeit herangekommen war, ohne daß Giuditta von sich hören lassen, da hatte deren Mutter, an das Zusammenleben mit der frommen Schwester nun bereits gewöhnt und von deren werkthätiger Frömmigkeit eben so erbaut als gerührt, den Wunsch ausgesprochen, in den Orden der barmherzigen Schwestern einzutreten und ihr vereinsamtes Leben den leidenden Mitmenschen nützlich zu machen.

Don Eusebio, mit welchem sie diesen Plan berathen, hatte ihn mit richtiger Einsicht in das Herzensbedürfniß seines Beichtkindes zu fördern gesucht. Giuditta hatte niemals einen Beruf für das Kloster gefühlt, ein Gelöbniß war der heiligen Jungfrau aber doch gethan worden, und es schien also wohl geeignet,

daß die Mutter, welche es geleistet, an der Tochter
Stelle trat, sofern diese das Versprechen nicht erfül=
len konnte oder wollte. An Arbeit, an Entbehrung,
an Unterordnung jeder Art war die Witwe des Gra=
fen Marco ihr Leben lang gewohnt gewesen, Verkehr
mit den Menschen stand ihr als geistlicher Kranken=
pflegerin offenbar weit mehr bevor, als ihr seit zwanzig
Jahren zu Theil geworden war, und da ihr Gemüth durch
den Gedanken an ihren ohne Absolution gestorbenen
Gatten sich höchlich beunruhigt fühlte, so leisteten
Donna Erminia und Graf Massimo der Vereinsam=
ten allen Beistand, dessen sie in dieser Angelegenheit
bedurfte, und gleich im Beginne der Fastenzeit trat
denn Signora Teresa ihre Probe in einer der barm=
herzigen Schwesterschaften an.

An dem Tage, da sie ihre Behausung verließ,
wurde der alte Palast Castelmarino wieder ein= für
allemal geschlossen, wie er es gewesen war, ehe die
Familie des Enterbten in demselben eine Zufluchts=
stätte gefunden hatte. Niemand betrat jetzt seine
Schwelle mehr. Domenico's von liebender Sehnsucht
beflügelter Schritt tönte nicht mehr von den ausge=
tretenen, breiten Marmorstufen wieder, Giuditta's
lockiges Haupt sah nicht mehr von den verfallenen
Galerien nach dem Erwarteten aus, ihr fröhliches
Singen schallte nicht mehr durch den Hof. Gleich=
mäßig und unaufhörlich fielen die Wassertropfen der
Fontaine in den Sarkophag hernieder, das Gras am

Brunnen wuchs üppig in die Höhe, da keines Menschen Fuß es niedertrat, die Vögel, welche in der Krone Neptun's ihr Nest gebaut hatten, hüpften und flogen und schossen durch den weiten Hof; die Eidechsen sonnten sich den ganzen Mittag in den mosigen Stellen an der südlichen Mauer; und wenn hier und da ein Laut vernehmbar wurde, so war es das Zwitschern der Sperlinge oder der Ruf eines der Falken, die in den hohen Firsten des Seitenthurmes nisteten. Ein paar Tage sahen die Nachbarn nach der geschlossenen Thüre hin, dann wurden sie es müde. Es war eben aus. — Nur die Hökerin dachte noch an ihre alten Freunde.

Dafür aber war man in dem Palaste auf dem Corso um so mehr mit dem Schicksal der beiden Frauen beschäftigt, welche Graf Marco zurückgelassen hatte. Donna Erminia selber hatte ihre Schwägerin in das Kloster eingeführt, in welchem diese ihre Probezeit bestehen sollte, Graf Massimo und Domenico hatten gemeinschaftlich darüber gewacht, daß die ärmlichen Kleinigkeiten, an denen des entführten Mädchens Neigung gehangen hatte, in den Palast nach dem Corso hinübergeschafft wurden. Der Gärtner mußte die Blumenstöcke holen lassen, welche Giubitta gepflegt hatte, um sie unter seine besondere Obhut zu nehmen. Sie sollten wieder frisch und blühend sein, wie unter ihren Händen, wenn sie zurückkommen würde; denn daß sie zurückkommen, daß man sie finden werde, daran hing die Hoffnung Domenico's fast nicht leidenschaftlicher als die des jungen Grafen und seiner um ihn sorgenvollen Mutter.

Es war nämlich mit Massimo eine Veränderung vorgegangen, die sich jeder, auch der flüchtigen Beobachtung verrieth. Ohne daß er krank war, hatte er den Glanz der Jugend verloren, und während sich ihm mit dem Besitze seines Erbes die Möglichkeit eines erhöhten Lebensgenusses eröffnete, hatte er, der Lebenslustige, wie es schien, die Lust am Leben plötzlich eingebüßt. Man schob seine trübe Stimmung am Anfange auf den plötzlichen Tod seines Vaters; aber obschon seine Ehrerbietung gegen denselben groß gewesen war, hatte doch keine wirkliche Liebe zwischen ihnen obgewaltet; und die Mutter, gewohnt, in ihres Sohnes Brust zu lesen, hatte es auch vom ersten Augenblicke an errathen, daß seine Seele an dem Fluche seines Oheims krankte, daß er sich einem frühen Tode, sein Haus dem Untergange verfallen hielt. Das Unrecht, welches sein Vater und Großvater gegen die Familie des von je her zurückgesetzten, enterbten und verabsäumten Grafen Marco begangen hatte, drückte ihn neben seinem eigenen Schuldbewußtsein. Mit dem Gerechtigkeitssinne seiner guten Natur hatte er die Ueberzeugung in sich ausgebildet, daß eine Ungerechtigkeit, wie sie zum Besten seines Vaters in seiner Familie begangen worden war, sich rächen müsse. Er hatte die Freude an seinem glänzenden Loose und an einem Besitze verloren, die über dem Unglücke seiner nächsten Angehörigen aufgerichtet und mit deren Thränen und Sorgen befestigt worden waren; ja, es schien der Gräfin Erminia, als knüpfe der Sohn mit einem geheimen Fatalismus an die Rückkehr Giuditta's und an die Möglichkeit, sie für alles dasjenige zu entschädigen, was gegen ihren Vater gesündigt und an ihrem Bruder verabsäumt worden war, die Hoffnung für seine eigene Erlösung von dem Fluche, für die Erhaltung seines Lebens und für die Möglichkeit seiner eigenen, glücklichen Zukunft.

Indeß troß dieser Einsicht konnte sie mit sich nicht darüber in's Reine kommen, wie sie am sichersten dieser Geistesverdüsterung ihres Sohnes begegnen möchte. Er war bisher nicht in dem Sinne gläubig gewesen, daß sie sich durch eine kirchliche Einwirkung, durch Bußen, wie die Kirche sie auferlegt, eine wirkliche Beruhigung für ihn versprechen durfte, und sie scheute es bei ihres Sohnes lebhafter Phantasie, einen Geistlichen Einfluß auf ihn gewinnen zu lassen. Er war sehr erschüttert, sehr gedrückt, und er war der letzte Erbe eines hoch begüterten Geschlechtes, dessen reicher Besitz jedem Kloster eine sehr willkommene Erwerbung sein mußte. Andererseits war sie in den Angelegenheiten des Lebens und mit dem oft wechselnden Sinne der Jugend so vertraut, daß sie nicht wünschte, Massimo möge sich durch vorzeitiges Aussprechen dessen, was ihn peinigte, oder durch Aeußerungen über

die Art und Weise, wie er sich von dem Fluche und
dem Drucke, die auf ihm lagen, zu befreien gedenke,
auch nicht einmal ihr selber gegenüber bindende Verpflich=
tungen auferlegen, die ihm vielleicht später lästig fal=
len konnten. Sie zeigte es ihm deshalb nicht, wie sie
seinen Zustand ganz durchschaute. Sie ließ ihn schein=
bar gewähren, sie unterstützte ihn in den Bestrebun=
gen, welche er und Domenico zu dem Wiederfinden
des Mädchens zu machen nicht ermüdeten; sie ergab
sich sogar darein, daß er aller dieser Verhältnisse selbst
innerhalb ihrer Gesellschaft Erwähnung that und daß
auf solche Weise Giuditta unmerklich in ihre Rechte
eingesetzt und als ein Mitglied ihrer Familie aner=
kannt wurde, gegen das man Pflichten zu erfüllen
und für dessen Zukunft man also Sorge zu tragen
habe. Noch war Giuditta ja nicht da, und die Wan=
gen Massimo's sollten nicht erbleichen, er sollte nicht
in dieser immer tiefer werdenden Verdüsterung und
Schwermuth untergehen. Hätte sie in diesen Tagen
des Mädchens plötzliches Erscheinen mit den größten
Geldopfern erkaufen können, sie würde sicherlich nicht
dabei gemarktet haben.

Aber die Tage gingen einer um den andern hin,
Giuditta kehrte nicht zurück, und Massimo fing an,
sich mehr und mehr wie einen Kranken, wie einen von
dem Leben Scheidenden zu betrachten. Tausend kleine
Züge gaben das bei den verschiedensten Anlässen kund.

Er begann allmälig, die Gesellschaft zu fliehen, und mochte endlich nur noch mit Domenico verkehren, dem selbst Sorgen und Kummer die gesunde Lebenslust und die Hoffnung nicht zerstören konnten. Das war freilich kein so großes Wunder. Ein Mensch wie er, der eine wirklich bedeutende Schöpferkraft besaß, konnte nie ganz unglücklich werden, nie in völlige Abspannung und Entmuthigung versinken. Denn Freude und Leid werden einem solchen, jedes auf seine Weise, zu einem Antriebe zum Schaffen. Sie leihen ihm ihre Flügel, sich über sich selbst hinauszuschwingen, sich über die Noth und Pein, die ihn umfangen und unterjochen wollen, emporzuheben; und indem er von dem Inhalte seines Schmerzes durch freie schöpferische Thätigkeit das Persönliche und das Zufällige abstreift, gelangt er zu einer Verklärung dieses Schmerzes, in der er selber sich befreit, während auch Andere in Nähe und Ferne, in der Gegenwart und in der Zukunft Genuß und Freude aus dieser Selbstbefreiung des Künstlers schöpfen, wenn dieselbe Wort oder Gestalt gewonnen hat und durch die Kunst zum Ideal erhoben worden ist.

Ah, rief Signor Cesare, selbst erfreut, wie es schien, von seiner Bemerkung über das Glück des künstlerischen Vermögens, der Künstler, der wahre Künstler ist nicht wie alle Welt, und wo man einem solchen zu begegnen das Glück hat, da soll man von ganzem Herzen den Hut vor ihm abziehen; aber man soll sich auch daneben sagen: du wirst viel erlebt haben, mein Werther, ehe du zu leisten vermochtest, was uns so entzückt! Ich habe die Mars einmal im Theatre Français an einem Abende auf der Bühne gesehen, an welchem sie noch ganz voll Verzweiflung über die Untreue eines Geliebten war. Da konnte man erfahren, was die Leidenschaft ist, und wenn der geborene Künstler auch viel errathen kann, gewisse, das Herz der Menschen erschütternde Momente findet er nicht, wenn nicht sein eigenes Herz von ähnlichen Gewalten erschüttert worden ist.

Während der junge Graf sich in seiner müßigen Melancholie verzehrte, arbeitete Domenico von früh bis spät, um sich über die Stunden fortzuhelfen, deren er in den letzten Monaten so manche in des schönen Mädchens Gesellschaft zugebracht hatte, und er war dabei in ein ihm neues Gebiet der Darstellung gerathen.

Er hatte in den letzten anderthalb Jahren abwechselnd mythologische Gegenstände und das sogenannte römische Genre gemalt, soweit dieses die wirkliche Schönheit darzustellen trachtet. Das Komische, das ihn im Beginne seiner Laufbahn vielfach angezogen, hatte seinen Reiz für ihn verloren, und auf das eigentlich Historische war er nicht gekommen, weil er, als ein fröhliches Kind des Augenblickes, die Motive zur Rechten und Linken aufzugreifen liebte, wie sie sich ihm dargeboten hatten und wie er sie mit

Leichtigkeit wiederzugeben vermochte. Jetzt, da ein großer Schmerz, da düstere Vorstellungen in seinem Geiste sich bewegten, da er mehr mit sich beschäftigt und darum den äußeren Eindrücken weniger zugänglich war, kamen durch halb unbewußte Vergleiche andere Gedankenreihen und Bilder in ihm auf, und die Lucrezia, welche Sie in diesem Frühjahre in der pariser Ausstellung bewundert, wie der schöne Carton zum Raube der Sabinerinnen, von dem wir hier in unserem Saale die erste Skizze hängen haben, danken jenen ersten Monaten nach Giuditta's Entführung, und der Sehnsucht des Malers nach seinem geliebten Ideale ihre ursprüngliche Entstehung.

Graf Massimo konnte endlich gar nicht mehr leben ohne seinen neuen Freund. Die rastlose Thätigkeit Domenico's schien etwas Beruhigendes für den melancholischen jungen Mann zu haben. Es war ihm der größte Genuß, in der Malerwerkstatt zu sitzen, um dem Schaffenden bei seiner Arbeit zuzusehen, und da es in den römischen Palästen immer ganze Flügel gibt, welche das Bedürfniß der gegenwärtigen Besitzer nicht in Anspruch nimmt, so lag es nahe, daß Donna Erminia dem Freunde ihres Sohnes eines Tages den Vorschlag machte, sich sein Atelier und seine Wohnung in ihrem Palaste einzurichten, damit Massimo das Vergnügen, mit ihm zusammen zu sein, ganz nach seinem Wunsche befriedigen könne. Da Sie verstehen, was für einen Historienmaler ein großes, hohes, prächtig ausgestattetes Atelier bedeutet, so brauche ich Ihnen nicht erst zu sagen, daß Domenico das Anerbieten annahm; und welche Wirkung es auf die englischen und namentlich auf die amerikanischen Kunstfreunde machte, daß sie den Meister in dem ersten Stockwerke eines der schönsten römischen Paläste aufzusuchen hatten und daß ein betreßter Thürsteher mit einem dicken Goldknopfe auf seinem Stabe ihnen Auskunft über die Stunden gab, in denen man das Atelier besuchen konnte — nun, das brauche ich Ihnen auch nicht erst besonders klar zu machen.

„Ich habe für Jahre und Jahre die größten Bestellungen," schrieb Domenico mir in jenen Tagen, „und ich könnte eine Familie auf dem glänzendsten Fuße mit dem Ertrage meiner Arbeit erhalten, wenn ich das geliebte Geschöpf nur wiederfände, mit dem es mir allein ein Glück sein würde, mir eine Familie zu begründen."

Dreiundzwanzigstes Capitel.

Es war schon nahe an Ostern, und Rom leuchtete wieder einmal in dem Zauberlichte seines unvergleichlichen Frühlings. Aber obschon die Sonne draußen funkelte, als wolle sie mit jedem ihrer die Luft durchzitternden Strahlen die Menschen aus den Zimmern in das Freie locken, stand Domenico, noch tief in seine Arbeit versenkt, vor seiner Staffelei und merkte es in dem nach Norden gelegenen, wider das Blendlicht von drüben sorgfältig gewahrten Saale nicht, wie sich die leichten Wolken an dem blauen Himmel in dem schönsten Rosenroth färbten, wie breite, goldige Ränder sie umsäumten, wie draußen selbst die dunkeln immergrünen Eichen sich in ein tiefes Rothbraun hüllten und wie das Sonnenlicht an allen Baumstämmen und allen Mauern, auf jedem Rasenflecken, wie auf den breiten, mit Kieseln beschütteten Wegen des Spazierganges, auf den Flügeln der schnell hinschießenden Vögel und auf dem biegsamen Rücken der vorüberhuschenden kleinen Eidechse

wahre Wunder von Lichtwirkungen mit kaum erfaß=
barer Schnelligkeit entstehen machte und kaum wahr=
genommen, zerstörte, um sie durch neue, noch über=
raschendere Erscheinungen zu ersetzen.

Er malte still und ruhig an dem schönen Kopfe
seiner Lucrezia fort, und weil ihm eben heute das
Schicksal der Geliebten wieder einmal schwer das Herz
bedrückte, dachte er in seinem Sinn darüber nach, wie
es doch gar sonderbar sei, daß sich an diesem Bilde,
welches er mit solcher schmerzlichen Sorge male, noch
lange nach seinem Tode die Menschen erfreuen wür=
den; und mehr noch ging es ihm nahe, daß vielleicht
Giuditta den Fortschritt, den er durch seinen Kummer
unwiderleglich gemacht zu haben fühlte, mit ihren
bittern Thränen und mit Leiden bezahlen mußte, die
auszudenken seine Phantasie sich sträubte.

In dem Augenblicke klopfte es an seine Werk=
statt, und der Diener kam ihm melden, daß eine
Frau ihn zu sprechen verlange. Er fragte, wer es
sei. Der Diener meinte, es wäre eine Frau aus dem
Bürgerstande. Sie sage, Signor Domenico kenne
sie sehr wohl, und sie habe mit ihm allein und unter
vier Augen etwas zu bereden. Der Diener fügte
hinzu, es sei eine sehr schöne Frau, und sie möge
vielleicht sich als Modell anbieten kommen. Das war
Domenico sehr wahrscheinlich, da er eben damals
einige schöne ältere Frauenköpfe zu den Müttern im
Raube der Sabinerinnen brauchte, und seine Bekann=

ten gebeten hatte, sich nach solchen für ihn außerhalb der Reihen der gewohnten Modelle umzusehen. Er hieß also, die Angemeldete hinaufzuweisen, und als ein paar Minuten später der Diener die Thüre des Vorsaales öffnete, um sie zu ihm zu führen, sah er zu seiner großen Ueberraschung seine Freundin, die Hökerin von dem kleinen Platze vor der Thüre des alten Palazzo der Castelmarino's vor sich stehen. Also Ihr seid es, meine liebe Padrona! rief er. Euch hatte ich nicht erwartet! Was führt Euch her? Was bringt Ihr mir? Aber setzt Euch vor allen Dingen, denn Ihr werdet müde sein!

Die Hökerin, die ihr großes, buntfarbiges Shawltuch umgeschlagen, zu ihren Korallen noch eine wuchtige goldene Kette um den fetten Hals gehangen, und trotz der Eile, mit welcher sie gekommen war, noch ein halb Dutzend Ringe mehr an den Finger gesteckt hatte, ließ sich in dem hochlehnigen Sessel, den Domenico ihr anbot, mit der ganzen, breiten Behaglichkeit nieder, mit welcher eine Römerin ihres Alters es sich bequem zu machen liebt. Sie lüftete das Tuch, das hinten am Nacken mit großen Falten weit zurückgesteckt war, und den Fächer brauchend, sagte sie: O, ich bin nicht gegangen, Signor, ich habe einen Wagen genommen, ich bin nicht gewohnt, so große Wege zu machen, außer in der heiligen Osterwoche in der Procession nach der heiligen Treppe! Ich bin in einer Carosse gekommen, aber die Treppen hier sind hoch, sehr hoch — mir fehlte der Athem, als ich sie ersteigen mußte! — Dann sah sie sich vorsichtig nach allen Seiten um, und da sie keine offenstehende Thüre oder sonst etwas gewahrte, was ihr Besorgniß einflößen konnte, erhob sie sich, trat nahe an Domenico heran und sagte, indem sie ihre Hand auf seinen Arm legte: Signor Domenico, ich bringe Ihnen etwas sehr Wichtiges! Ich bringe Ihnen Nachricht....

Von Giuditta? rief Domenico, während das Herz ihm gegen die Rippen anschlug, weil Furcht und Hoffnung ihn zugleich bestürmten.

Still, still! warnte die Hökerin. In solchen Häusern haben die Wände Ohren, und es ist besser, Ihr erfahrt es ganz allein!

Aber was wißt Ihr? Redet, redet! drängte Domenico, den schon im voraus die Gelassenheit seiner alten Freundin peinigte.

Hört mich ruhig an, sagte sie, denn wenn Ihr mir immer das Wort abschneidet, kann ich Euch nichts melden. Ihr kennt doch den Pater Isidoro....

Nein, ich kenne ihn nicht! fiel Domenico ihr ein.

Nun, das schadet nicht, meinte sie. Ich kenne ihn, er ist von den Capucinern auf Piazza Barberini, und auch Giuditta und ihre Mutter kennen ihn, denn arm wie sie gewesen sind, haben sie immer etwas für ihn übrig gehabt, wenn er vor den Ostern in ihr Haus gekommen ist und das Haus geweiht und den gedeckten Tisch gesegnet hat. Nun denn — ich hatte den guten Pater lange Zeit nicht mehr gesehen, und als ich einmal den Pater Clemens gefragt habe: Wo ist der Pater Isidoro? Er ist doch nicht gestorben? — hat er mir geantwortet: Nein, Padrona, er ist auf Reisen; er war ein wenig melancholisch geworden, da hat der Cardinal-General ihn in die Schweiz hinausgeschickt! — Heute nun, gerade wie ich aus der Vorrathskammer komme und mir eine frische Fogliette Oel aus dem Schlauche gefüllt habe, sehe ich einen Pater Capuciner um die Ecke her die Straße herunterkommen, und wie ich recht hinblicke, erkenne ich unseren Pater Isidoro und merke, daß er geraden Weges auf mich zukommt. Wenn man so einen alten Bekannten mit Einem Male wiedersieht, der so weit in der Welt herum gewesen ist, so macht das immer ein großes Vergnügen, und ich sagte das dem Pater und wollte, daß er mir erzählen sollte, wo er überall gewesen sei.

Und er hat Ihnen das erzählt? unterbrach sie Domenico hastig, um damit ihren Bericht in einen schnelleren Fluß zu bringen.

Die Padrona schüttelte verneinend das Haupt. Er hat Anfangs nichts erzählt, sagte sie, sondern er hat gefragt, ob der Graf Marco zu Hause sei und wie es oben in dem Palaste stehe. Darauf, wie ich ihm meldete, was inzwischen alles geschehen sei, hat er sich erschrocken über des Grafen Tod. Aber was sagt Ihr dazu, daß Giuditta fort ist? fragte ich, weil ich meinte, das müßte ihn am meisten in Verwunderung setzen. Da bog er sich herüber und versetzte: Seid still, Padrona, ich habe sie gesehen!

Er hat sie gesehen? Aber wo denn, wo denn? rief Domenico, indem er die Hände der Frau ergriff und angstvoll gespannt mit seinen Augen an ihren Lippen hing.

Indeß das machte auf die Gelassenheit seiner Freundin keinen wesentlichen Eindruck. Ja, nicht wahr — ich habe gerade so gerufen: Wo denn, aber wo denn? — Und was hat er mir geantwortet? Im Schweizerlande habe ich sie gesehen, in einem schönen Schlosse in den Bergen, über einem großen See, nahe vor der Stadt Luzern, wo der Melchior her ist, der in der Schweizergarde des heiligen Vaters dient, und sie hat mich auch gesehen und mir ein Zeichen gegeben.

Weiter, weiter! beschwor Domenico.

Nun, meinte die Padrona, was denn weiter? Weiter weiß ich nichts. Aber — und sie faßte in ihr Busentuch — das Weitere, denke ich, wird wohl alles hier in diesem Briefe stehen. Damit zog sie aus dem Tuche den Brief heraus und reichte ihn Domenico hin, der in leidenschaftlichster Erregung ihn eben öffnen wollte, als die Ueberbringerin ihm bemerklich machte, daß das Schreiben nicht an ihn, sondern an den Grafen Marco gerichtet sei.

Die Aufschrift lesen, die Züge der geliebten Hand erkennen, mit stürmischer Hast der treuen Freundin danken und die Stiege hinuntereilen, um den Grafen Massimo aufzusuchen, das alles war für Domenio das Werk weniger kurzen Augenblicke.

Ich habe Ihnen schon vorhin gesagt, schaltete Signor Cesare hier ein, wenn der Mensch im Unglücke ist, mißglückt ihm Alles, und wenn er seine gute Stunde hat, schlägt Alles zum Guten aus und gelingt und glückt ihm Alles. Ganz gegen ihre Gewohnheit waren denn auch der Graf und seine Mutter, welche sonst um diese Stunde regelmäßig die Corsofahrt und die Runde auf dem Monte Pincio mitzumachen pflegten, heute noch zu Hause, als Domenico zu ihnen hinabeilte; aber der Wagen stand bereits im Hofe angespannt, und statt hinauf zu fahren nach der Passaggiata, fuhr man augenblicklich nach dem Tiber hinunter in das Hospital Santo Spirito, gegenüber der Engelsburg, zu der Pia Casa degli Esposti, dem Findelhause, in welchem Signora Teresa ihre Probe- und Lehrzeit angetreten hatte.

Donna Erminia's Name und die Art ihres Anliegens verschafften ihr denn trotz der vorgerückten Tagesstunde mit ihren beiden Begleitern auch den sofortigen Einlaß in das Sprechzimmer, in welchem gleich darauf Giubitta's Mutter unter Aufsicht der Oberin erschien. Man händigte ihr den Brief der Tochter aus — er trug die Ueberschrift: „Seiner Eccellenza dem Grafen Marco von Castelmarino, meinem lieben Herrn Vater, und auch meiner lieben Frau Mutter!"

Signor Cesare hielt inne. Er machte mit bedächtiger Miene wieder eine seiner Kunstpausen, die er uns auch jetzt noch nicht erließ. Ah, rief er, da er sah, daß wir mit Spannung an ihm hingen, ich sehe, ich habe meine Sache nicht übel gemacht, denn ich habe Sie richtig in Mitleidenschaft gezogen! Ja, was wollen Sie? Unsereiner, der einmal daran gewohnt gewesen ist, als Künstler vor einem Publicum zu stehen, verlernt es nicht, auf den Effect hinzuarbeiten. Und wie mir selbst dieser kleine Erfolg ein großes Vergnügen bereitet, so sind Sie jetzt wahrscheinlich auch zufrieden, daß wir unserer jungen Schönen doch wieder auf die Spur gekommen sind. Von der Freude der Mutter, von der Aufregung Domenico's, von der Bewegung des Grafen und dem Antheile Donna Erminia's mögen Sie Sich selber eine Vorstellung machen, denn das übersteigt mein Darstellungstalent. Aber auch die kindliche Einfalt von Giuditta's Brief würde ich nicht wiedergeben können, und es kommt uns also sehr zu Statten, daß Domenico mir damals, als er mich zum Vertrauten seines Liebesabenteuers machte, eine Abschrift dieses Briefes gesendet hat, die ich mit heruntergebracht habe, um sie Ihnen mitzutheilen.

Er nahm bei diesen Worten ein Blatt Papier aus seiner Brieftasche hervor und las, wie folgt:

24*

"Meine verehrtesten und liebsten Eltern! Ich habe viel Kummer gehabt alle diese Zeit her, denn ich wußte, daß ich Ihnen Sorge machen würde, und das war doch nie mein Wille. Aber jetzt hat unser Herrgott ein Wunder gethan und mir den guten Pater Isidoro gerade als ich auf der Gartenterrasse gestanden habe, in dieses ferne, fremde Land geschickt. Ich kann Ihnen also sagen, meine theuren Eltern, daß ich noch lebe und daß ich standhaft bin; ich bitte Sie indessen sehr, daß Sie eine Hülfe für mich finden und mich nach Hause holen, denn ich trage Verlangen nach meinem Lande und nach Ihnen, und will lieber, wie Sie es beschlossen hatten, in ein Kloster eintreten, als länger in der Gesellschaft von lauter Ketzern verweilen und bei einem Manne ohne Ehre und ohne ein Gewissen leben.

"Den Tag, an welchem ich in böser Absicht von meiner lieben Eltern Hause fortgeführt wurde, ist es also zugegangen. Als ich in den Wagen eingestiegen war, fiel es mir auf, daß ein schöner Damenmantel und ein schöner Frauenhut darin lagen. Ich dachte, sie würden wohl Donna Erminia gehören und ihr gebracht werden sollen. Wir fuhren aber eine ganze Weile, und ich bemerkte, daß wir schon sehr lange außerhalb der Mauern waren. Ich bog mich also aus dem Wagen hinaus und fragte: wohin fahren wir? — Da trat der Diener an den Schlag, nahm höflich seinen Hut ab und sagte: Die Contessina wissen es ja, nach der Villa der Frau Gräfin in Ostia! — Ich erschrak darüber, denn von einer Villa in Ostia hatte ich nichts gehört; und das sah der Diener wohl. — Die Frau Gräfin haben's ja geschrieben, daß sie Sie nicht in ihrem Hause unter des Herrn Grafen Augen empfangen kann, sagte er. Sie wünscht Sie also in ihrem Landhause in Ruhe zu sehen und zu sprechen, und deßhalb hat sie Ihnen auch den Mantel und den Hut geschickt, damit Sie Sich nicht erkälten sollten. Ich habe das alles Ihren Eltern heute noch mündlich wiederholen müssen, während Sie gegangen waren, Ihren Shawl zu holen. — Ich bekam nun mit Einem Male Furcht vor dieser Reise und wollte zurückkehren zu Ihnen, meine lieben Eltern! Der Diener meinte jedoch, das gehe nicht an, er habe den Befehl, mich zu meiner Frau Tante zu bringen, und dem müsse er gehorchen; auf den Abend würde ich wieder bei meinen Eltern sein. Ich wußte nicht, was ich thun sollte; ich wollte die Gunst der Frau Tante doch nicht gern verscherzen und Ihnen, meine theuren Eltern, damit Unrecht und Schaden thun; ich blieb also im Wagen und wir fuhren weiter.

„So kamen wir bis an das Meer. Es war sehr schönes Wetter und es lagen Schiffe auf dem Wasser. Weil ich am Meere nie gewesen war und auch solche Schiffe nicht gesehen hatte, machte es mir Vergnügen. Die Pferde wurden abgespannt, der Diener sagte, sie müßten gefüttert werden und ob ich

indessen nicht aussteigen und etwas essen wollte. Ich
fragte, ob wir nun bei dem Schlosse meiner Tante
wären. Er antwortete, das sei noch eine kleine halbe
Stunde weiter und ein wenig könne ich mich ergehen,
bis man wieder anspannen würde. Weil die Luft
frisch war, hing ich mir den Mantel um, setzte mir
auch den Hut auf, und wie ich am Wasser umher=
spazirte, stand mit Einem Male der Fremde vor mir,
der Engländer, welcher — Sie, liebe Mutter, haben
ihn ja gesehen — mit dem Grafen Massimo in un=
serer Kirche gewesen und nachher viele Male wieder=
gekommen ist. In der Kirche war er mir zuwider
gewesen, aber hier, wo ich allein war und mich in
der Fremde fürchtete, freute ich mich sehr, ihm zu
begegnen, weil ich ihn als einen Freund des Grafen
kennen gelernt hatte und ich nicht glaubte, daß dieser
schlechte Freunde haben könnte. Der Lord — denn
ein Lord ist er, wenn auch kein edler Mensch — hieß
mich im Namen meiner Tante sehr willkommen.
Donna Erminia ist von der Villa mit mir auf mei=
ner Barke hierhergefahren, sagte er, und läßt Sie
bitten, Sich auf das Schiff zu bemühen, ich bringe
Sie und die Frau Gräfin dann zusammen nach der
Villa, wo Sie auch Ihren Vetter finden werden. —
Ich war froh, daß ich nun doch wußte, wo ich war
und wohin ich ging; ich sagte ihm, daß ich mich ge=
fürchtet hätte. Er lachte dazu. Gräfin Giuditta hat
wohl gedacht, daß die Türken sie rauben wollten!

scherzte er, und meinte, schön genug sei ich dazu; aber
es gebe hier keine Seeräuber mehr, und man entführe
schöne Mädchen jetzt nur noch aus großer Leidenschaft
und Liebe.

„Das heiterte mir das Herz auf. Er leitete mich
an seinem Arme, ich wurde recht vergnügt, und so
kamen wir bis an das Wasser. Es war jedoch keine
Barke, sondern ein großes Schiff mit Segeln, in das
wir stiegen, und kaum hatte mich der Lord in die
Kajütte hinuntergebracht, in der ich meine Frau Tante
finden sollte, so fing das Schiff zu schaukeln und zu
schwimmen an — und wir gingen fort.

„Tag und Nacht sind wir so gefahren, und es
war immer dasselbe. Immer Wasser und Himmel
— und auf alle meine Thränen und auf all mein
Flehen, mich zu meinen Eltern und nach Hause zu
bringen, hatte er immer nur die eine, selbe Antwort.
Er sagte, daß er mich liebte, daß ich seiner Seele
Leben sei und daß er nicht ohne mich leben könnte.
Er habe mein Bild gesehen, das Signor Domenico
gemalt hätte — das war nicht recht von ihm, und
ich habe es erst nicht von ihm glauben wollen — der
arme Domenico! —, und der Lord sagte, seit er das
Bild gesehen, hätte es ihm keine Ruhe gelassen, und
er hätte mich gesucht in allen Kirchen und durch die
ganze Stadt. Und wie er dann mit dem Grafen
Massimo in unsere Kirche gekommen wäre und mich
gesprochen hätte, da hätte er nicht mehr von mir

lassen können. Er hätte viele Frauen gekannt, und sie wären alle schlecht gewesen, und er hätte das Heirathen verschworen und die Frauen verachtet und nicht an sie geglaubt. Mir aber glaube er, ich werde nicht lügen, und ich solle ihm vertrauen und auch an ihn glauben, denn er lüge auch nicht, und es sei ihm heiliger Ernst mit allem, was er sage. Er liebe mich mehr, als er je eine Andere geliebt, und er habe gewußt, daß meine Eltern mich ihm nicht zur Frau geben würden, weil er nicht von unserer Kirche sei. Er habe es auch nicht blos um seinetwillen angefangen. Er habe gehört, ich wolle nicht in's Kloster gehen, darum habe er mich befreien wollen. Und dann sprach er, was ich gar nicht wiederholen kann, weil es eine Sünde ist. Denn gewißlich, es ist Niemand auf der Welt gut und schön genug, die Braut des Heilandes zu werden, geschweige denn, daß Eine zu schön und zu gut für ihn wäre. Aber ich habe mich geweigert, mich dem Himmel und unserem Herrn Jesus Christus zu verloben, dafür straft mich Gott mit dieser großen Noth.

„Vom Schiffe sind wir nach der Eisenbahn gefahren und sind lange auf der Eisenbahn und unterwegs gewesen, daß mein armer Kopf mir schwindelte von der Welt, die an uns vorbeigegangen ist. Wir sind durch Frankreich nach der Schweiz gefahren. Niemand hat dort unsere Sprache geredet, und ich habe seit ich hier bin auch Niemanden gefunden, dem ich hätte ein Schreiben anvertrauen können. Denn der Lord ist fast den ganzen Tag bei mir, und wenn er fortgeht, läßt die Kammerfrau, die er mir gegeben hat, mich nicht aus ihren Augen. Sie denken, ich könnte ihnen entfliehen; ich möchte es auch gern — wenn ich nur wüßte, wie ich's machen könnte, hier, wo Niemand mich versteht. Die Kammerfrau wartet mir wie einer Fürstin auf und schläft in meiner Stube und thut alles, was ich will. Aber ich kann auch mit ihr nicht sprechen und ich liebe sie nicht. Ich werde auch den Lord nie lieben, weil er mich betrogen hat; und ich höre gar nicht darauf, wenn er mich alle Tage bittet, daß ich Mitleid mit ihm haben und ihn erhören und ihn zum Manne nehmen solle. Mein Gott, ich wüßte wohl, wen ich zum Manne nehmen möchte, wenn ich nicht in das Kloster gehen müßte! Verzeihen Sie mir dies, liebe Eltern! Ich werde Ihnen ja gehorchen. Den Lord aber hasse ich und ich verachte ihn, denn so handelt kein Ehrenmann, und er hat großen Kummer über mich und meine lieben Eltern und über unser Haus gebracht. Ich frage nicht nach seiner Liebe und nach seinen Leiden. Sie kümmern mich gar nichts.

„Meine lieben, verehrten Eltern! Ich werde nicht ablassen, zu beten, daß Pater Isidoro die weite Reise zu Ihnen glücklich beenden und den Brief zu Ihnen bringen möge, und daß Sie mit der heiligen Jung=

frau Beistand bald zu Hülfe kommen möchten Ihrer tugendhaften und sehr betrübten Tochter.

„Ich lege den Brief unter den Epheu an dem Gitter, an dem ich den Pater gestern gesprochen habe und wo er ihn holen kommen wollte. Ich redete mit ihm, während die Kammerfrau nach meinem Shawl gegangen war, denn hier im Lande ist es kalt.

„Wenn unser guter Pater dieses Schreiben findet, will ich hoffen, daß unser lieber Herr Jesus mir jetzt wieder gnädig sein will. Meine theuren Eltern! Beten Sie für mich, und wenn Sie können, lassen Sie eine oder zwei Messen für mich lesen, denn es sind nun an die vier Monate, daß ich die Messe nicht gehört und daß ich nicht gebeichtet habe, und die Ostern sind vor der Thüre. Meine theuren Eltern! Möchten Sie gesund sein und die heiligste Madonna uns in ihren Schutz nehmen, damit ich bald wieder zu Ihnen komme — und dann will ich, weil ich, wenn Sie es befehlen und es also Gottes Wille ist, auch der Welt entsagen und, wie Sie, meine Mutter, es gelobt haben, in das Kloster gehen." —

Signor Cesare faltete den Brief zusammen und steckte ihn wieder ein. Dieser Brief, sagte er, war, da Pater Isidoro ihn nicht der Post übergeben, sondern ihn, wie er Giuditta versprochen, selber überbracht hatte, mehr als einen Monat alt; trotzdem können Sie leicht denken, welche Wirkung dieses Schreibens Kindeseinfalt auf die Mutter Giuditta's und nament=

lich auf die beiden jungen Männer machte. Die Mutter wußte sich dabei nach keiner Seite Rath und konnte nichts als weinen und die Hände betend falten. Sie hatte, wie sie immer wiederholte, vor jenen Jahren auch das Meer durchschifft und in der Fremde gelebt, sie wußte also, wie es that, und dazu war sie damals doch mit einem Manne zusammen gewesen, der trotz des Unglücks, das auf ihnen gelegen hatte, immer ihr rechtmäßiger Mann gewesen war, und nicht mit einem ehrbergessenen, gewissenlosen Ketzer.

Daß man eilen müsse, das arme Mädchen aufzusuchen, um es aus den übeln Händen zu befreien, in die es gefallen war, darüber war von Allen kein Einziger in Zweifel, nur über das Wie war man verschiedener Ansicht. Die Mutter wollte zu Fuß wandern, und sich betteln von Thüre zu Thüre, um damit für sich und die Tochter ihre Buße zu thun; die jungen Männer hatten natürlich eine schnellere Reiseart und eine schnellere Hülfe im Sinne. Sie waren beide entschlossen, noch an demselben Tage, noch in in dieser Stunde aufzubrechen.

Domenico wollte, von Zorn, Sorge und Liebe aufgeregt, im Augenblicke reisen, und Graf Massimo, dessen Wangen vor Empörung glühten, wollte keine Minute zögern und verlieren; der Eine wollte fort, der Andere wollte fort; sie waren sicher, Giuditta zu finden, sie wollten vor Allem den Elenden zur Rechenschaft ziehen; nur Donna Erminia hatte schweigend da gesessen und mit ihren ruhigen, großen Augen ihren Sohn betrachtet, in den ein neues Leben gefahren zu sein schien, seit sich ihm die Aussicht dargeboten hatte, für die fast verloren gegebene Giuditta handelnd eintreten zu können.

Mit Einem Male erhob sie sich und sagte mit der festen und bestimmten Sprechweise, die ihr eigen war: Weder Herr Domenico wird reisen, noch wirst du gehen, mein Sohn! Die Ehre und der Ruf eines jungen Frauenzimmers sind durch junge Männer nicht zu wahren. Ich werde gehen, sobald wir sicher sind, ob wir Giuditta noch in dem Schlosse treffen, in welchem Pater Isidoro sie gesprochen hat. Und die Frau Oberin wird die Güte haben, anzuordnen, daß Giuditta's Mutter mich begleitet; der Tochter zu Hülfe zu kommen, ist für eine Mutter die erste aller frommen Pflichten. Laß den Wagen vorfahren, mein Sohn. Es heute noch viel zu thun, wenn wir anfangen wollen, uns für unsere Reise zweckmäßig vorzubereiten.

Vierundzwanzigstes Capitel.

Das war ein Machtspruch, gegen dessen Richtigkeit die jungen Männer nichts einzuwenden haben konnten, obschon Domenico sich durch denselben weit weniger als der junge Graf befriedigt fühlte. Indeß man hatte zu Besprechungen und Erörterungen wenig Zeit. Der Tag war weit vorgerückt und die letzten Stunden gingen in den mannigfachsten Geschäften hin.

Man fuhr nach dem Capucinerkloster, den Pater Isidoro abzurufen, um ihn vor dem Cardinal-Polizeidirector seine Aussagen noch einmal wiederholen zu lassen. Man brachte die päpstliche Regierung dahin, ein Telegramm an ihren Bevollmächtigten in der Schweiz zu senden, damit er im Verein mit den zuständigen schweizerischen Behörden den Lord aufsuchen und, wenn man ihn und Giuditta fände, die sofortige Auslieferung derselben verlangen und für die schickliche Unterbringung der jungen Gräfin Sorge tragen sollte, bis ihre Verwandten sie holen kommen würden. Man hatte auf alle Fälle die Pässe für die Reisenden zu bestellen;

der Kammerdiener und die Kammerfrau, welche sie
begleiten sollten, packten die Koffer, weil Alles fertig
sein sollte, sobald man eine Gewißheit über Giuditta's
Aufenthalt erlangt haben würde, und müde von dem
Kraftaufwande, mit welchem sie alle diese Vorkehrun=
gen in kürzester Zeit zur Ausführung gebracht hatte,
saß Donna Erminia gegen die Nacht hin einsam in
ihrem Arbeitszimmer — völlig unzufrieden mit sich
selbst und in hastigen Gedanken es erwägend, wie sie
es anstellen könne, den Folgen einer Uebereilung vor=
zubeugen, die ihr, wenn ihr dies nicht gelang, noth=
wendig äußerst lästig fallen mußten.

Um einer Begegnung ihres Sohnes mit Lord
Shesfield und den fast unausbleiblichen Consequenzen
eines solchen Zusammentreffens zwischen zwei jungen
Männern vorzubeugen, hatte sie sich in der Angst
ihres Mutterherzens bereit erklärt, die Reise selbst zu
unternehmen. Jetzt, da sie sich daran erinnerte, wel=
ches Aufsehen diese leidige Angelegenheit bereits ge=
macht, zu welchen Erörterungen über ihre Familien=
verhältnisse dieselbe schon Gelegenheit gegeben hatte,
konnte sie es sich nicht verzeihen, daß sie, wie sie es
nannte, Oel in's Feuer gegossen habe, indem sie sich
erboten, die Entführte selber heimzuholen; und doch
war ihr in jenem Augenblicke kein anderer Ausweg
eingefallen. Während sie noch mit sich darüber zu
Rathe ging, ob sich nicht ein Vorwand finden ließe,
der es ihr möglich machte, zurückzubleiben und Do=

menico mit ihrer Schwägerin auf das Abenteuer auszusenden, ließ ihr Sohn sich bei ihr melden. Er kam ihr unerwartet, aber sehr erwünscht, und die freie Stirn, die warme Herzlichkeit, mit welcher er ihr nahte, machten sie hoffen, daß es ihr gelingen werde, ihn für ihre Absichten zu gewinnen.

Er sagte ihr, daß er gekommen sei, zu sehen, wie weit sie mit den Vorbereitungen für die bevorstehende Reise gediehen wäre: aber die Mutter fühlte ihm an, daß er noch Anderes auf dem Herzen habe. Sie hatte sich damit auch nicht geirrt; denn obschon sie ihm einen gleichmüthigen Bescheid gab, knieete er, wie er es wohl als Knabe oder sonst in einer glücklichen Stunde zu thun gepflegt, auf dem Schemel neben Donna Erminia's Ruhebette nieder und schlang seine Arme um ihren Leib, so daß seine Wange sich an die Wange seiner Mutter schmiegte.

Ach, rief er, ich mußte Sie heute noch sehen — denn ich mußte Ihnen sagen, meine Mutter, daß ich mich wie neugeboren fühle. Sie wissen nicht, welche Wohlthat Sie mir erwiesen, als Sie selber Sich zu dieser Reise erboten. Es ist nur eine Mutter, die so im voraus des Sohnes Wünsche zu errathen vermag, und nur eine Mutter wie die meine, die den Wahlspruch unseres Hauses, das omnia aut nihil — Alles oder nichts — zu einer so schönen Wahrheit zu machen versteht.

Er küßte der Mutter Hände, er dankte ihr aus

der Fülle seines Herzens, und die Gräfin fühlte, daß sie ihn zunächst gewähren lassen müsse. Mit einer Lebhaftigkeit, die sie erschrecken machte, sprach er ihr zum ersten Male von den Qualen, unter denen er in den letzten Monaten gelebt hatte.

Als ein Knabe, sagte er, hatte ich einmal davon sprechen hören, daß mein Großvater seinem jüngeren Sohne geflucht habe, aber ich hatte keine bestimmte Vorstellung damit verbunden. Als ich dann erwachsen und ein Mann geworden war, habe ich an die Gewalt des Segens und des Fluches in keinem Sinne geglaubt — und doch sollte ich es empfinden lernen, was ein Fluch bedeutet und wie die Gewalt des Fluches einen Menschen niederschmettern kann. Der Athem stockte mir in der Brust, die Kniee wankten mir davor, als der Oheim mich und unser Haus verfluchte. All' das bittere Weh, das der Großvater auf diesen Sterbenden gehäuft, all das Elend, daß dieser verscheidende Mann getragen durch die langen Jahre, bis nichts mehr in ihm lebendig geblieben war, als der Haß gegen uns, die wir ihn verstoßen und verlassen hatten, das fiel mit Einem Schlage wie ein verzehrendes Feuer auf mich nieder, und brannte in meiner Seele und beugte mir das Haupt zu Boden. Und als ich dann nach Hause kam, als ich so furchtbar und unerwartet die Leiche meines Vaters vor mir sah — da, meine Mutter, da ging sie mir in einem neuen Sinne auf, die Bedeutung der irdischen Buße, der nothwendigen, büßenden Vergeltung. Ich sah nur Einen Ausweg, ich hatte nur die Eine Hoffnung, mich vor Verzweiflung und vor Wahnsinn zu bewahren: ich mußte Giuditta wiederfinden, ihr vergelten, ihr vergüten, was an den Ihren verbrochen worden war, oder den mit einem Fluche behafteten Besitz von mir abwerfen und besitzlos und arm, wie jener enterbte Bruder meines Vaters, büßend untergehen als der Letzte unseres unbarmherzig und mitleidslos gewordenen Geschlechtes!

Graf Massimo hatte das mit einer solchen Leidenschaftlichkeit gesprochen, daß er sein Haupt ermüdet eine Weile an das Knie der Mutter lehnte. Dann athmete er tief auf und sprach: Das mußte ich Ihnen heute einmal sagen, theure Mutter, damit Sie wissen, was Sie mir mit Ihrem Anerbieten geleistet haben. Und nun ruhen Sie aus für morgen. Ich will auch mein Lager suchen, und ich werde schlafen — wie ich nicht geschlafen habe seit dem Unglückstage.

Er ergriff noch einmal ihre Hand, um sie an seine Lippen zu drücken; aber die Hand der Gräfin war kalt und bebte leise. Sie behielt ihres Sohnes Rechte in der ihren, ohne sich zu regen, ohne seine Liebkosungen zu erwiedern. So saßen sie eine Weile schweigend bei einander, Jeder in seine Gedanken vertieft, bis der Sohn sich emporrichtete.

Sie haben kein Wort für mich, meine Mutter! sagte er mit vorwurfsvoller Weichheit.

Aber gerade seine sanfte Stimme gab der Gräfin ihre Entschlossenheit und ihre Fassung wieder. Ich überlege, was wir mit Giuditta machen sollen, gab sie ihm zur Antwort, da ihr Schicksal dir so sehr am Herzen liegt, mein armer Sohn!

Sie überlegen? fragte Massimo und stand von seinem Sitze zu der Mutter Füßen auf. Sie holen Giuditta in unser Haus und überlegen, was mit Ihrer verwaisten Nichte werden solle?

Ich habe nie daran gedacht, das Mädchen in mein Haus zu führen, und noch weniger daran denken können, die Tochter einer Signora Teresa als meine Nichte zu betrachten. Die Häupter unserer Familie, dein Großvater und dein Vater, haben diese Heirath deines Onkels und diese Frau von niedrigstem Stande nicht anerkannt, und sie haben damit ihre Pflicht gethan — wennschon ich eingestehe, daß man deinem Onkel hätte mehr zu Hülfe kommen müssen. Für seine Wittwe ist durch ihren eigenen Entschluß die Zukunft jetzt entschieden; Giuditta müssen wir für das Kloster oder für die Ehe mit Domenico ausstatten, wie sie das verlangen wird. Sie in mein Haus zu nehmen, sie als meine Nichte öffentlich anzuerkennen, würde unnütz, würde unnütz, würde Thorheit sein — und das verweigere ich bestimmt.

Sie hatte sich bei den Worten ebenfalls erhoben und wandte sich ab, als sei mit ihrem Ausspruche die Entscheidung nun getroffen; denn sie verließ sich auf die Herzenserschlossenheit, in welcher sie eben jetzt den Sohn vor sich gesehen hatte. Aber sie hatte dabei nicht in Anschlag gebracht, daß ein Mann, gerade wenn er sich in offenem Vertrauen einer Frau, und wäre sie selbst seine Mutter, hingegeben hat, nichts weniger erträgt, als statt der Theilnahme oder des Dankes auf Herrschsucht zu stoßen, welche sich ihm schroff entgegen, ja, sich über ihn stellt. Auch wirkten ihre Aeußerungen erkältend auf den Sohn, wenngleich er es nicht mit Worten aussprach. Er sah sie nur mit einer Art von Ueberraschung an.

Sie haben nicht daran gedacht, Giuditta in dieses Haus, in mein Haus zu holen? sagte er mit einer starken Betonung seines Herrenrechtes, das er der Mutter gegenüber bisher nie geltend gemacht hatte. Aber verzeihen Sie mir, meine Mutter, was bestimmte Sie denn, Sich aus freiem Antriebe zur Beschützerin des theuren Mädchens aufzuwerfen? Was nöthigte Sie, diese Reise über Sich zu nehmen, die mir zustand und die ich mit tausend Freuden angetreten hätte?

Donna Erminia zögerte einen Augenblick zu antworten. Die Erklärung ihres Sohnes, die Erinnerung daran, daß er jetzt in diesem Palaste gebiete, hatten sie tief gekränkt und ihren Widerwillen gegen ihre Nichte noch gesteigert. Sie fand es jedoch nöthig, von dem Allen eben jetzt nichts zu verrathen, und sich überwindend, sagte sie, anscheinend ganz gelassen: Man hatte sich meines Namens bedient, das Mädchen aus ihrem Vaterhause fortzulocken; das brachte mich auf den Gedanken, jetzt auch selber in dieser Angelegenheit zu handeln, doch will ich es dir nicht verbergen, daß ich eine Uebereilung damit begangen zu haben glaube. Man hätte es Domenico und der Mutter überlassen sollen, die Tochter heimzuholen; dann könnte Domenico, seiner und des Mädchens Neigung folgend, sich mit ihr verbinden, und der ganze peinliche Vorfall wäre damit ein für alle Male abgethan.

Nein, nein, meine Mutter, rief er mit einer Bestimmtheit, die sie von ihm nicht gewohnt war, Sie gehen oder ich! Es gibt für mich kein Drittes!

Er hielt einen Augenblick inne, als sei er selbst über die Entschiedenheit erschrocken, mit welcher er der Mutter entgegengetreten war, und sagte dann mit ruhigerem Tone, als wolle er seine frühere Weise erklären und begütigen: Wer kann es denn wissen, ob Giuditta es noch wirklich wünschen wird, die Frau Domenico's zu werden? Wer kann es sagen, wie ihr Sinn sich nach den Erfahrungen, die sie jetzt gemacht hat, geändert haben kann? Sie war ein Kind, als sie hier fortgegangen ist. Sie hatte keinen anderen Mann gekannt als ihn. Aber selbst wenn sie unseren Freund noch liebte! Man soll nicht sagen können, daß wir ihn und seinen Namen, den fleckenlosen Namen eines Ehrenmannes dazu benutzen, den durch meine Schuld bedrohten Ruf des armen Mädchens herzustellen. In der That, meine Mutter, es bleibt dabei — Sie gehen oder ich, und erst in diesem Hause soll Giuditta über sich beschließen!

Die Gräfin sah, daß sie nicht Aussicht hattte, ihn für ihre Meinung zu gewinnen, und es mußte ihr ja im Grunde lieb sein, daß Massimo sich so ermannte; sie lenkte also augenblicklich ein.

Ich habe mein Anerbieten freiwillig gemacht, sagte sie, und bin bereit, es auszuführen; aber — sie konnte diese Bemerkung nicht unterdrücken, und sie wollte es auch nicht — aber ich wiederhole es dir, nicht um dieses Mädchens willen, sondern um dich zu befriedigen, mein Sohn. Was man dann später für Giuditta thun soll, damit durch ihr Wohlbefinden dein Gemüth beruhigt werde, das zu überlegen, haben wir Zeit, wenn sie erst hier in unseren Händen sein wird, und wenn wir wissen werden, wohin ihre Neigung, wie du richtig sagst, sich nach den Erfahrungen, die sie jetzt gemacht hat, wendet — ob in die Welt, ob in das Kloster. Und nun Gute Nacht, mein Sohn! Schlafe wohl, wie du es hoffst und wie ich's für dich wünsche!

Sie umarmte und küßte ihn dabei, der Sohn erwiderte es, aber das gute Einvernehmen zwischen ihnen war zum ersten Male schwer getrübt; sie hatten Beide gegen einander etwas auf dem Herzen und gingen mit einem verschwiegenen Mißtrauen von einander. Die Gräfin konnte sich des ihr unerträglichen

Gedankens nicht entschlagen, daß Massimo für sich selber Absichten auf Giuditta habe und daß er auf diese Weise eine ihn befriedigende romantische Lösung seiner inneren Kämpfe herbeizuführen denke — und sie hatte sich wahrscheinlich darin auch nicht geirrt. —

Fünfundzwanzigstes Capitel.

Ob die Beiden in der Nacht den Schlaf gefunden haben, sagte Signor Cesare, als er an dem folgenden Abende seine Erzählung wieder aufnahm — ob die Beiden in der Nacht den Schlaf gefunden haben, das weiß ich nicht zu sagen; das aber steht fest, Domenico schlief nicht. Er hatte in der Bestürzung und Ueberraschung des ersten Augenblickes sich den Anordnungen der Gräfin Erminia nicht widersetzt; je mehr er aber über die Lage der Dinge nachdachte, desto weniger konnte er sich darein finden, sich da auf Andere zu verlassen, wo er sich selber am besten helfen zu können meinte. Die völlige Unthätigkeit, zu der er in diesen vier Monaten in Bezug auf das Schicksal der Geliebten verdammt gewesen war, hatte ohnehin schwer auf ihm gelastet, und obschon er an den guten Absichten des Grafen Massimo nicht zweifelte, so war in dessen Art und Weise doch ein Etwas, das Domenico schon seit geraumer Zeit nicht mehr gefallen und das sich denn auch in der letzten Unter=

redung zwischen dem Sohne und der Mutter kundgegeben hatte.

Der Graf schien es nämlich, je länger er sich mit dem Gedanken an Giuditta beschäftigte, mehr und mehr zu vergessen, daß Domenico's Verhältniß zu ihr das ältere und ein von ihm anerkanntes war. Er sprach von Giuditta in der Regel nur als von seiner Anverwandten, von seiner Angehörigen; er schien zu glauben, daß er, wie er unläugbar Pflichten gegen sie hatte, so auch ein Anrecht an sie habe, und Domenico hatte ihn schon bei einem bestimmten Anlasse einmal daran erinnern müssen, daß Giuditta, seit ihr Vater gestorben sei, von Niemandem abhange, als von ihrer Mutter und von sich selber. So lange man ohne alle Kunde von der Geraubten gewesen war, hatte der Liebende sich in das quälende Abwarten ergeben müssen, denn planlos und auf einen Verdacht hin einem Manne nachzureisen, der sich offenbar geflissentlich verbarg, so daß selbst die Behörden bislang seinen Kreuz= und Querzügen vergebens nachzukommen gesucht hatten, wäre das Unternehmen eines Don Quixote gewesen. Jetzt aber, da Domenico wußte, daß Lord Shesfield in der That der Entführer seiner Geliebten sei, und daß er an einem bestimmten Tage noch mit ihr auf dem Schlosse in der Schweiz gewesen, jetzt kamen alle Vorkehrungen, welche man durch die Regierung treffen ließ, und alle Rücksichten, die Donna Erminia für den unbescholtenen Namen des Mädchens geltend gemacht hatte, ihm völlig nichtig vor neben dem einfachen Gefühle, daß er selber die Geliebte suchen müsse, da sie zu ihm, und zu ihm ganz allein gehöre.

Ihm war an ihrem möglichst schnellen Wiederfinden mehr gelegen, als an ihrem sogenannten guten Rufe. Giuditta hatte sich in dem Briefe an ihre Eltern ihrer Standhaftigkeit gerühmt und sich „ihre tugendhafte und sehr betrübte Tochter" genannt. Sie hatte sich in demselben auch bereit erklärt, wenn man es von ihr fordere, sogar in das Kloster zu gehen, und es dabei doch nicht verschwiegen, wohin ihr Herz gerichtet sei. Das alles ließ dem armen Gesellen jetzt nicht Ruhe mehr. Er wußte, wie verhaßt der Gedanke an das Kloster seiner Geliebten stets gewesen war, und daß dieses Herz in seiner Liebe wankend werden könnte, daran zu glauben, hätte er auch ohne ihr Versichern für eine Sünde gehalten. Er sagte sich also: wie unglücklich muß die Arme sein, wenn sie dahin gebracht ist, selbst das Kloster den Zuständen vorzuziehen, in denen sie sich jetzt befindet! — Bis man die Nachricht durch die Behörden erhielt, bis die beiden Mütter aufbrachen, die ohnehin nicht so wie er die Nacht zum Tage machen und in Einem Zuge reisen konnten, mochte viel Zeit verloren gehen, und jede Stunde konnte wer weiß welch neues Unheil, welche neue Verwicklung bringen. Und selbst wenn Alles wohl gelang, wenn die beiden Frauen Giuditta erreichten, fühlte Domenico sich über sein und der

Geliebten Schicksal nicht beruhigt. Ihm bangte vor Signora Teresa's Frömmigkeit wie vor dem Einflusse der Gräfin Erminia, der ohne alle Frage nichts gelegener kommen konnte, als wenn Giuditta sich entschloß, der Welt zu entsagen; ihm bangte auch vor der Wirkung, welche die Nachricht von des Grafen Marco Tode auf die Tochter haben konnte. Er dachte — wenn er schließlich überhaupt noch etwas dachte, wo seine Leidenschaft ihn fortzog —, er dachte wahrscheinlich an das alte Sprüchwort: Selbst ist der Mann! und er sprang eben wieder einmal von der Höhe des Ueberlegens mit raschem Satze auf den eigenen Weg hinab.

Die Reisetasche in der Hand, den Plaid über der Schulter, so stieg er früh am Morgen, als ob es einen seiner gewohnten Studienausflüge gälte, in den ersten besten Wagen, den der Portier ihm hatte holen müssen. Er hatte, um vor des Grafen Begleitung sicher zu sein, geflissentlich demselben von seinem Vorhaben nichts gesagt, und als am Nachmittage Graf Massimo, wie es seine Gewohnheit war, in das Atelier seines Freundes trat und statt seiner nur ein Schreiben vorfand, in dem dieser Kunde von seiner Abreise gab, war Domenico schon auf dem Wege nach dem Meere, um das Dampfschiff zu erreichen, das eben an dem Abende nach dem Norden ging.

Der Zufall war ihm dabei in doppeltem Sinne günstig gewesen. Er hatte ohnehin in wenigen Tagen eine Reise in die Heimath antreten wollen und hatte also die nöthigen Mittel für dieselbe eben so wie die nöthigen Papiere bereits im Hause gehabt, und er fühlte sich mit Einem Male wie neu belebt und wie beflügelt, als er es nicht mehr, wie in den letzten Monaten, mit den melancholisch wechselnden Stimmungen des jungen Grafen, nicht mehr mit den Ueberlegungen Donna Erminia's und nicht mehr mit dem von Thränen gebleichten Antlitze der Signora Teresa zu thun hatte. Er war glücklich, sich losgerissen zu haben, wieder allein auf sich gestellt und frei zu sein. Die Luft des Palastes hatte ihn befangen wider seinen Willen; er war sich selbst entfremdet worden, ohne daß er wußte, wie. Nun war er wieder sein eigen, wieder er allein und frei.

Das Herz schwoll ihm in der Brust, als die Dampfessäule des Schiffes in die Höhe stieg, als man die Anker lichtete, als ein frischer Windhauch durch die Lüfte zog, als man die Segel aufspannte und er sich sagen konnte: Ich gehe zu ihr, ich allein, dem sie gehört! —

Ich glaube, bemerkte Signor Cesare, daß es in gar manchen Fällen auf der weiten Gotteswelt gar nichts Dümmeres giebt, als das vielgepriesene sogenannte reifliche Ueberlegen, da es doch ganz unmöglich ist, alle Zwischenfälle, die sich uns in den Weg stellen, mit Sicherheit voraussehen und allen durch unsere Vorsicht begegnen zu können. Irgendwo findet sich bei diesem Rechnungtragen, wie man es zu nennen beliebt, immer ein Bruch, der das Exempel nicht zum Stimmen kommen läßt, und wenn ich einen entschlossenen Menschen auf gut Glück sich in ein Abenteuer stürzen sehe, habe ich in der Regel, was auch zunächst dabei passiren und wider die Erwartung gehen mag, mehr Zutrauen zum Gelingen, als bei den allzu lange erwogenen Unternehmungen. Das Meer war denn auch schnell genug durchschifft, die Alpen überschritten, der Vierwaldstättersee gekreuzt, und von seiner ungeduldigen Sehnsucht rastlos fortgetrieben, langte Domenico in der kürzest möglichen Zeit vor dem Schlosse an, in welchem er die Geliebte finden sollte — aber — er langte eben auch nur vor dem Schlosse an. Das schöne Eisengitter vor demselben öffnete sich nicht, so heftig er die Klingel zog; die Thüren und Fensterladen des ganzen Baues waren fest verschlossen, nirgends eines Menschen Spur zu sehen. Nur über der Eingangsthür hing eine Tafel, die, wie üblich, in den drei Sprachen die Anzeige trug, daß dieses Grundstück mit seiner ganzen Einrichtung zu vermiethen oder zu verkaufen sei.

Obschon sich Domenico in vielen Stunden die Möglichkeit dieses Ausganges seiner Unternehmung vorgehalten hatte, fühlte er darum die Enttäuschung doch nicht minder schwer. Er stand an dem epheuumrankten Portale, an dem Giubitta gestanden, als Pater Isidoro sie gesprochen hatte, er sah die Steine, unter

welchen sie den Brief verborgen, den derselbe mit nach
Rom gebracht — aber Giubitta war nicht da. Aus
dem, aus jenem Fenster mochte sie hinausgeschaut
haben in das Thal und auf den See und zu den
Bergen, mancher geschäftig und gleichgültig Vorüber=
ziehende hatte sie vielleicht erblickt — und er, der sie
die ganze Zeit im Herzen getragen und gehegt, er,
dessen liebendes Verlangen auf sie gerichtet war —
er sah sie nicht — sie war und blieb verschwunden.
Es war ihm herzlich schlecht zu Muthe, aber er war
doch sehr zufrieden, mit sich selbst allein zu sein, und
nachdem er das Schloß wieder umgangen war und
es wieder und wieder betrachtet hatte, als müsse ihm
ein Aufschluß von daher kommen, schritt er nach dem
nächstgelegenen Gehöfte zu, um wo möglich wenigstens
zu erkunden, wann das Schloß verlassen worden war.

Er fragte hier, er fragte dort, er wendete sich an
den Beamten des benachbarten Fleckens, der mit der
Verwaltung des Grundstückes beauftragt war, indeß
die Auskunft, die er erhielt, diente seinen Planen nicht.
Das Schloß war in den letzten Jahren, da sein
Eigenthümer sich in Italien niedergelassen hatte, viel=
fach vermiethet gewesen. Zumeist hatten es Russen
oder Engländer bewohnt. Auch in diesem Jahre,
sagte der Verwalter, sei ganz früh ein sehr junger
Mann mit seiner Familie angekommen, habe das
Schloß monatweise gemiethet, seine Miethe im voraus
deponirt, und sei dann so plötzlich wie er angelangt

auch wieder fortgegangen. Niemand hatte bei den Schaaren von Reisenden, welche zu allen Jahreszeiten die Schweiz durchziehen, an dieser Familie ein besonderes Interesse nehmen können. Alles, was man wußte, beschränkte sich auf den Tag der Ankunft und den Tag der Abreise. Die letztere war, wie Domenico ersah, fast unmittelbar nach der Anwesenheit des Pater Isidoro erfolgt, aber weitere Angaben und Aufschlüsse konnte er nicht erhalten. Der Gärtner, welcher den Garten im Auftrage des Besitzers zu besorgen hatte, wohnte nicht in dem Schlosse; die Dienerschaft, welche man angenommen, hatte mit der Herrschaft des Sprachunterschiedes wegen nicht viel verkehren können; man hatte die junge, schöne Dame, von der die Rede war, für die Schwester des jungen Herrn gehalten, und die Kammerfrau hatte sich so geäußert, als ob es mit dem Verstande des Fräuleins nicht ganz in Ordnung gewesen wäre. Der Herr hatte sich als einen Americaner angegeben und gesagt, daß er von den westindischen Inseln komme und daß seine Schwester nichts als Spanisch spreche. Der Fuhrmann, welcher das Gepäck der Herrschaften aus den Bergen an den See gebracht, hatte sie auf dem Landungsplatze des Dampfschiffes verlassen; ob sie sich danach zur Rechten oder zur Linken hingewendet hatten, darüber wußte er nichts zu melden.

Also — nach Luzern oder Bern! sagte sich Domenico. Indeß man wußte dort nicht mehr, als er selbst erkundet hatte. Es ist keine Kleinigkeit bei der Art des jetzigen Verkehrs, Jemanden aufzufinden, der nicht gefunden sein will und dem die Mittel zu Gebote stehen, sich rücksichtslos von einem Orte nach dem anderen zu bewegen. Man hatte in Bern in Folge des römischen Telegramms nicht nur die schweizerische Regierung, sondern auch den Vertreter Englands in das Geheimniß gezogen und in Anspruch genommen; aber die Angelegenheit stand noch auf demselben Puncte, wie an dem Tage, an welchem Domenico von Rom gegangen war.

Man hatte von den Legationen noch immer nicht die Botschaft und Antwort nach dem Palazzo Castelmarino senden können, welche die beiden Frauen zur Abreise genöthigt haben würde. Man wartete von einem Tage zum anderen; Signora Teresa tröstete sich mit Hoffnungen und mit ihrem Vertrauen in des Himmels Fügung, während sie still und freudig im Hospitale von San Spirito in ihrem neuen Berufe arbeitete und Donna Erminia sah dem, was die Zukunft etwa bringen würde, ohne Ungeduld entgegen. Sie empfing ihre Freunde wie sonst, sie fuhr an jedem Tage um die gewohnte Stunde nach der Passeggiata, aber Graf Massimo begleitete sie nicht mehr wie sonst. Er hatte selbst zu dem Fortsetzen dieser althergebrachten Lebensgewohnheiten die Lust und auch die Energie verloren; er war wieder völlig in seine krankhafte Abspannung und in die Melancholie zurückgesunken, aus welcher

Giuditta's Brief und die Hoffnung, sie wiederzufinden, ihn für kurze Zeit herausgerissen hatten, und sein Zustand machte die Besorgnisse Donna Erminia's auf's Neue rege. Seine traurige Gemüthsverfassung wurde jetzt noch durch die Mißstimmung gegen Domenico erhöht. Der Graf konnte es ihm nicht verzeihen, daß er, ohne ihn zu benachrichtigen, auf seine eigene Hand gehandelt hatte. Er glaubte sich, und nicht ganz ohne Grund, in seinem Vertrauen und in seiner Freundschaft gekränkt, und während er Domenico's Rücksichtslosigkeit sehr bitter tadelte, beneidete er ihn um die Leidenschaft und um die Entschlossenheit, welche ihn gezwungen und es ihm möglich gemacht hatten, sich auf gut Glück in ein so zweifelhaftes Unternehmen zu stürzen. Sein Lebensüberdruß war wieder im vollen Wachsen, und seine Mutter nahm es mit Erschrecken wahr, daß er sich den religiösen Uebungen, zu welchen der Hauscaplan zu überreden wußte, mit einer gewissen Befriedigung zu unterziehen anfing.

Sechsundzwanzigstes Capitel.

Darüber war es allmälig Frühjahr geworden, und Sie wissen, welche Ereignisse mit dem Frühjahre von 1866 über die Welt hereingebrochen sind. In Preußen führte man gegen Oesterreich Krieg, in Italien zogen die Armeen gegen Nordosten, und selbst in Rom, wohin die Neuigkeiten aus der übrigen Welt, sofern sie nicht ein Wunder oder eine Bekehrungsgeschichte betreffen, sich immer nur langsam und in der Form von nicht unbedingt zu glaubenden Gerüchten zu verbreiten pflegen, fing man an, die Köpfe zusammen zu stecken und von dem zu sprechen, was im Königreiche Italien sich regte und sich vorbereitete.

Es war ein bewölkter, sciroccoser Tag und der Kanonenschlag von der Engelsburg hatte eben das Zeichen gegeben, daß es Mittag sei, als Meister Bernardo sich von seinem Schemel erhob, um zu seiner Gevatterin, der Höferin, hinüber zu gehen und sich ein paar gute männliche Finochi und ein paar Köpfe Lattuga für seine Mahlzeit auszusuchen. Er wählte und wählte, obschon er die rechten Stücke längst beisammen hatte; aber es waren noch andere Käufer da, deren Fortgehen er abzuwarten wünschte, weil er etwas auf dem Herzen hatte, das er mit der Nachbarin allein besprechen mußte. Endlich, als die Kunden sich entfernt hatten, sah er sich nach allen Seiten um — denn die Carabinieri sind überall und ein Carabiniero kann oft dicht hinter Einem stehen, ohne daß man es vermuthet — und sagte: Ich habe einen Brief bekommen, Signora Elena!

Vom Sohne? fragte sie.

Er nickte mit dem Kopfe.

Nun, was schreibt er Euch? erkundigte sie sich.

Es ist Alles wahr, gab er ihr zur Antwort. Er — Ihr wißt schon, Er — Er ist von seiner Insel fort, er ist oben im Königreiche, und er ruft die Rothhemden zusammen! meldete der Meister geheimnißvoll. Sie werden von unten gegen Venetien losgehen, von jenseit der Berge aber werden die Prussiani einrücken gegen die Tedeschi. Diesmal wird's zu Ende kommen.

Und Euer Sohn? fragte die Hölerin.

Der Meister sah sich noch einmal um. Er ist schon gegangen — von Bologna, wo er in Arbeit war. Es sind ihrer Viele von Bologna fortgegangen. Es ist eine brave Stadt — und — fügte er mit Stolz hinzu — mein Augusto ist auch ein braver Jüngling, ein sehr braver! Gott segne ihn!

Sie konnten nicht weiter davon sprechen, es kamen wieder Leute an die Oefen. Der Meister nahm sein Gemüse und gab der Freundin ein Zeichen, daß sie schweigen sollte. Sie antwortete mit einem: Zweifelt nicht daran! — und zwischen den beiden alten Freunden war damit die Sache abgethan. Augusto war schon in dem vorigen Feldzuge in den Freischaaren Garibaldi's gewesen und hatte deßhalb nicht in seine Heimath zurückkehren dürfen; aber der Meister nahm sich das weiter nicht zu Herzen. Wer draußen war, war ja besser daran, als die Zurückgebliebenen, und es waren ihrer viele Römer draußen. Auch jetzt rüstete sich wieder heimlich eine Anzahl junger Männer, um zu den Fahnen des Mannes zu stoßen, den das ganze Volk Italiens als seinen eigentlichen geistigen König, als seinen Führer und Wiederhersteller betrachtet, und es war nicht allein in den engen und niederen Wohnungen der Arbeiter und der Armen, in denen der Aufruf Garibaldi's an die Herzen schlug und die Geister entzündete. —

Fast um dieselbe Stunde, in welcher Meister Bernardo den Brief von seinem Sohne empfangen hatte, war der Kammerdiener des Grafen Massimo in das Wohnzimmer seines Herrn getreten, um ihm auf silberner Schale die Briefe zu überbringen, welche von dem Postboten in der Halle des Thürstehers abgeliefert worden waren. Matt und mit der Gleichgültigkeit, welche all sein Thun bezeichnete, hatte er die Briefe abgenommen. Er war seit den letzten Wochen, seit Domenico fortgegangen war, dessen Energie und frische Lebenslust ihn an jedem Tage wieder aus seiner melancholischen Schlaffheit herausgerissen hatten, sichtlich verfallen, und dieses Uebelbefinden, eine Folge seiner Einbildungen, hatte diese letzteren wiederum gesteigert. Obschon er selber nicht daran glaubte, daß ärztliches Wissen ihm zu Hülfe kommen könne, hatte er dem Wunsche seiner Mutter nachgegeben und eine Berathung von Aerzten über sich ergehen lassen, die denn auch, da eine wirkliche Krankheit in dem Organismus des Grafen nicht zu erkennen war, keine andere Weisung zu geben gewußt hatten, als daß er auf Reisen gehen und sich zu zerstreuen suchen solle.

Die Mutter müsse eine hübsche Frau für ihn wählen, eine lebhafte Dame, die ihm nicht Zeit lasse, seinen Phantasieen nachzuhangen! hatte der Weiseste unter den Jüngern des Aeskulap zu Donna Erminia gesagt, und diese wäre herzlich gern bereit gewesen, diesem Rathe nachzukommen, nur daß ihr Sohn mit dem Eigenwillen, der bei allen eingebildeten Leiden eine so wichtige Rolle spielt, jeden Vorschlag, den man machte, um ihn von sich selber abzuziehen, mit noch mehr Gründen zurückzuweisen wußte, als man angewendet hatte, ihn dafür zu gewinnen.

Ich bin krank! wozu denn alle diese Plane, da ich doch nicht leben bleiben werde! — das war schließlich seit längerer Zeit immer wieder seine letzte Antwort gewesen, und so schwer Donna Erminia daran ging, sich oder einem Anderen ihr geheimes Befürchten kundzugeben, konnte sie sich doch in einzelnen Stunden der Angst nicht entschlagen, daß diese Hypochondrie ihres Sohnes bleibend werden und in einen völligen Tiefsinn ausarten oder, was ihr fast nicht weniger schmerzlich gewesen sein würde, ihn in das Kloster führen können.

Es wollte ihr oft das Herz zerreißen, wenn sie es beobachtete, daß die Ereignisse, welche sich in Italien für die Befreiung Venedigs vorbereiteten, kaum seine Aufmerksamkeit zu fesseln vermochten. Von ihrer frühesten Jugend an war sie es gewohnt gewesen, die Männer ihrer väterlichen Familie für das Wohl des Vaterlandes erglühen, für seine Befreiung in die Schranken treten zu sehen, und so sehr sie ihren Sohn auch liebte, so furchtbar ihr der Gedanke war, ihn verlieren zu können, so konnte sie doch über den Schmerz nicht Meister werden, daß ihr einziger Sohn nicht ihr Blut in seinen Adern haben sollte, daß er müßig und in melancholischen Träumen die Tage an sich vorüber ziehen ließ, während unter den verschiedensten Vorwänden die Söhne dieses und jenes edeln Geschlechtes über die Gränzen gegangen waren, um unter den Fahnen Garibaldi's den neuen Feldzug für die Einheit Italiens mitzumachen.

Es war überhaupt zwischen der Mutter und dem

Sohne seit dem Abende, an dem er ihr sein Herz eröffnet hatte, eine unausgesprochene Verstimmung eingetreten. Graf Massimo täuschte sich nicht darüber, wie wenig seine Mutter Giubitta's Rückkehr wünschte, seit man in der Gesellschaft die Entführungsgeschichte zu vergessen begann; er mißtraute der Gräfin, er warf ihr Kälte und Selbstsucht gegenüber seinem berechtigtsten Empfinden vor; und in Donna Erminia wuchs dadurch die Abneigung gegen die arme Giubitta, die freilich, ohne es zu ahnen, der Mutter des Sohnes Herz entzog und die für den Frieden und das Glück des gräflichen Hauses so unheilvoll geworden war.

Die Fremden, welche den Palazzo Castelmarino im Herbste gesehen hatten und jetzt im Frühjahre an ihm vorüber gingen, konnten wohl glauben, daß es noch derselbe Palast sei, denn die Thürflügel standen noch gastlich offen, die Fontainen rauschten noch im Hofe und ihre Wasserstrahlen fielen noch zerstäubend auf den Rasen nieder; die reif gewordenen Orangen prangten goldig zwischen den frischen, duftigen Blüthen, die Camellien und Azaleen strahlten über dem englischen Rasen in stolzer Farbenpracht: aber wer in die Zimmer des Palastes hineinsehen konnte, oder wer wie die schweigende Dienerschaft beobachtend in den Herzen der beiden Personen lesen konnte, die jetzt allein in den vier weiten Flügeln des gewaltigen Baues lebten, der mußte sich sagen, daß es hier früher an-

ders gewesen sei; und der alte Girolamo, der älteste
Diener des Hauses, der schon in die Familie gekom=
men war, als der Großvater des Grafen Massimo
noch am Leben gewesen, hatte er auch schon oftmals
ausgesprochen, daß es mit dem Hause zu Ende gehe.
— Man konnte nicht recht sagen, was es war und
woher es kam, indeß es hatte Niemand in dem Pa=
laste mehr den alten Muth, und vollends an jenem
vorhin erwähnten Tage, an dem der bleierne Scirocco
Rom beherrschte, war es in dem prachtvollen Palaste
Castelmarino auf dem Corso fast so still und öde wie
in den Mauern des alten, verlassenen Palastes, in
welchem einst der enterbte Graf Marco mit den Sei=
nen in Armuth und Noth gehaust hatte.

Don Erminia saß einsam in ihren Gemächern,
der Graf einsam in den seinen. Er hatte die Auf=
schriften der Briefe angesehen, aber es war keiner von
Domenico unter denselben, und das Uebrige schien ihm
wenig Bedeutung zu haben. Selbst ein Brief seiner
beiden Vettern von mütterlicher Seite, welche ihm
meldeten, daß sie von ihrem Gute in der Brianza
aufgebrochen wären, um zu den Freischaaren zu stoßen,
regte ihn nicht an. Sie sind gesund! sagte er sich
mit einem Seufzer und blieb nachlässig auf seinem
Divan liegen, den Kopf müde gegen die Polster ge=
lehnt, in jenem dumpfen Brüten, in dem man vor sich
hinsieht, ohne etwas zu sehen, und Gedanken in sei=
nem Hirn entstehen fühlt, die vorüber ziehen wie

Schatten, ohne bestimmte Gestalt zu gewinnen, ohne
daß man sie festhält und beherrscht. Er hörte nur
das sanfte, gleichmäßige Rauschen der Fontainen, und
er dachte: Sie rauschen und rauschen und wir gehen
dahin! Und dann wieder kam ihm der Einfall: Was
sagen sie mit ihrem immer gleichen Fall? Aber wie
diese Frage in ihm aufgetaucht war, kam es ihm vor,
als gewinne das Fallen der Tropfen einen bestimmte=
ren, tönenderen Klang, als komme aus der Ferne eine
Melodie an sein Ohr, und wie er sich aufrichtete und
horchte, kam die Melodie näher und näher, von der
Höhe des Gartens hinunter nach dem Hause hin, und
— — er kannte diese Melodie. Es war eines der
Lieder, mit denen die Freischaren in Sicilien und
Neapel in den Kampf gezogen waren. Er hatte sie
selber oft mit schlagendem Herzen, mit großer Be=
geisterung und mit Schmerz gesungen, als sein Vater
es ihm, dem Siebenzehnjährigen, vor sieben Jahren
unmöglich gemacht hatte, Rom zu verlassen und zu
dem Heere Garibaldi's zu stoßen. Heute war es der
Sohn des Gärtners, ein kaum dem Knabenalter ent=
wachsener Bursche, der in der Sicherheit der hohen
Gartenmauern jenes „Sono Italiano" angestimmt
hatte und sein freudiges

      Di bandiera, e d'armi, e di sovrano
      Sono Italiano! Sono Italiano!*)

---

*) Mein Banner, meine Waffen, mein König auf dem Thron
   Sie alle sprechen laut, daß ich Italia's Sohn!

in die Lüfte erschallen ließ. — Es tönte wie eine Mahnung in das Herz des kranken Grafen. Er erinnerte sich, von dem Intendanten gehört zu haben, daß der Gärtner diesen Knaben in den nächsten Tagen zur Ausbildung in seinem Fache nach Norden zu schicken beabsichtige, und er verstand jetzt wohl, was das zu bedeuten habe und wohin der Bursche gehen würde.

Der Graf erhob sich von seinem Ruhebette und trat an's Fenster; er wollte sich den Burschen ansehen. Sein Ausdruck, seine Haltung gefielen ihm. Es war eine Lust, zu sehen, wie hoch der Knabe den Kopf trug, wie er den Spaten gegen die Achsel gelehnt hatte, als schultere er schon sein Gewehr, und wie mit elastischem Schritte er die Stufen von der Terrasse herniederstieg. Neben dieser frischen Jugend erschreckte den Grafen sein eigener, siecher Zustand. Er hätte gesund sein mögen wie dieser Knabe, gesund wie er es gewesen war, ehe dieser unselige Zustand über ihn hereingebrochen war. Er hätte sie von sich abwerfen mögen: den Druck, die Entmuthigung, die Hoffnungslosigkeit, die ihn zu Boden drückten. Nur Einmal noch hätte er sich aufrichten mögen, froh und leicht wie dieser Knabe, nur Einmal noch, und dann untergehen, mit Einem Schlage, wenn es sein mußte!

Und wie er das dachte, hob er tiefaufathmend seine Brust empor, und es zuckte ein Gedanke in ihm auf, der sein Blut in eine plötzliche Bewegung brachte.

Was zwang ihn denn, dieses müde, kranke Dasein fortzusetzen, bis es in Erschlaffung sein Ende fand? Es lag in seiner Hand, das Schicksal zu versuchen. Noch schlug ihm ja das Herz bei dem Klange des „Sono Italiano," noch hatte er ja die Kraft im Arme, und sein Auge war noch sicher. So gut wie dieser Bursche konnte auch er in das Feld ziehen für sein Vaterland, und — wenn der Kampf zum Siege führte, wenn Venedig frei ward und die feindliche Kugel ihn verschonte, nun, dann konnte, dann wollte auch er wieder hoffen, dann wollte er glauben, daß ihm noch eine Zukunft, eine glückliche Zukunft beschieden sei.

Er machte das Fenster auf und rief den Knaben zu sich. Nino, sprach er, als der Bursche bei ihm eintrat, sie sagen mir, du wolltest fort von Rom. Wohin willst du gehen?

In's Königreich, Eccellenza, entgegnete der Junge: der Vater schickt mich in die Lehre.

Der Graf sah ihn forschend an; der Bursche verzog keine Miene.

Und wenn ich selber fortginge, fragte Massimo, würdest du mit mir gehen?

Wohin, Eccellenza? erkundigte sich der Knabe, und es zuckte eine Ahnung leuchtend durch sein kluges, offenes Gesicht.

Nach einem Garten, in dem keine Rosen, aber Lorbern wachsen.

O, Eccellenza! rief Nino und warf sich mit leiden=
schaftlicher Empfindung seinem Herrn zu Füßen.

Der Graf hob ihn mit rascher Bewegung in die
Höhe. Laß das den Sclaven, sagte er, und schweige!
Uebermorgen in der Frühe gehen wir zusammen. Auf
übermorgen also! —

Siebenundzwanzigstes Capitel.

An dem Abende, der diesem Tage folgte, saßen Mutter und Sohn bis tief in die Nacht beisammen. Sie sahen, als sie sich dann trennten, beide ernsthaft, ja, feierlich aus; aber der Kammerdiener der Gräfin bemerkte, daß sie sich umarmten, wie sie sich lange nicht umarmt hatten, daß die Gräfin dem Sohne nachging, als er sich schon entfernt hatte, und daß sie ihn noch einmal an ihre Brust zog, daß er noch einmal ihre Hände küßte.

Am folgenden Morgen erfuhr die Dienerschaft, daß Graf Massimo, um die Wirkungen einer frischeren Luft zu erproben, nach den nördlichen Apenninen auf die Güter seines Mutterbruders gehen und daß Donna Erminia ihm in Kurzen folgen werde. Der Graf war sehr beschäftigt an dem Tage. Er ließ den Notar des Hauses kommen, mit dem er lange einsam verhandelte, er hatte Besprechungen mit dem Intendanten, und gegen den Abend hin fuhren Mutter und Sohn zusammen nach San Spirito hinab, Giuditta's

Mutter zu besuchen. Dann befahl der Graf, daß man hinauffahren sollte nach der Passeggiata.

Oben auf der breiten Terrasse war es an dem Tage, wie an jedem anderen. Das Leben ist gleichförmig in Rom, und gerade die sanfte Gleichförmigkeit macht es so wohlthuend für einen gebildeten Sinn. Die Wagen der vornehmen Gesellschaften waren eng zusammengefahren auf der westlichen Terrasse; die Damen saßen in ihren Equipagen, die Männer waren ausgestiegen und gingen zwischen den Fuhrwerken umher oder stiegen bald in diesen, bald in jenen Wagen ein, wenn sich ein leerer Platz in demselben befand, um bequemer plaudern zu können. Es war die allabendliche Conversazione, die sich von den anderen Abendgesellschaften nur dadurch unterscheidet, daß sie im Freien abgehalten wird und daß die Damen in ihren Wagen statt in ihren Sopha's sitzen. Die Militärmusik spielte Quodlibets aus Verdi'schen Opern; man lachte, man scherzte, es traten auch Officiere und Geistliche an die Wagen und an die Frauen in denselben heran, und man freute sich, als man den Grafen Massimo wieder einmal auf der Passeggiata sah. Man hatte ihn in den letzten Wochen stets vermißt, man beglückwünschte Donna Erminia über sein gutes Aussehen: sie und er selber sagten, daß er sich weit besser fühle; man fand es sehr gerathen, daß er Rom verließ. Es war schon heiß in der Stadt; viele Familien hatten es vor, in diesen Tagen ihre Villeggiaturen anzutreten, und es fand sich, daß auch zwei Bekannte des Grafen dieses Mal nach Norden und weiter nach Norden zu gehen beabsichtigten, als es sonst in ihren Familiengewohnheiten lag. Man sprach ganz frei darüber, man nannte die Orte, nach denen man sich verfügen wollte; aber hier und da, wenn kein geistlicher Herr dabei war oder wenn die Officiere von den Wagen zurückgetreten waren, wurde ein flüchtiges Wort, ein flüchtiger Blick, ein rascher, fester Händedruck gewechselt, und das „Auf Wiedersehen", das dem Grafen und den beiden anderen Edelleuten von schönen Lippen zugerufen und mit einem „Hoffentlich" oder „So sei es" beantwortet wurde, klang weich und inbrünstig, als ob es nicht für den morgenden und auch nicht für einen der nächstfolgenden Tage gemeint sein könne.

Früh am andern Morgen fuhr der Jagdwagen des Grafen aus dem Portale des Palazzo Castelmarino hinaus. Bei dem Kutscher saß des Gärtners Sohn, zwei Diener des Grafen, junge, rüstige Leute, hockten hinten rückwärts auf der Carrette. Es war kein Gepäck auf dem Wagen; nur ein paar Nachtsäcke hatte man auf den Boden geworfen und des Grafen Mantel darüber. Sie bedeckten die Büchsen, die darunter lagen. Der Graf hatte sein Gewehr zur Seite neben sich. Nino's Vater stand schweigend im Hofe, die zurückbleibenden Diener hielten sich ehrerbietig an der Treppe, an der der Graf aufgestiegen war. Donna Erminia ließ sich nicht sehen. Es war

Alles wie an anderen Tagen auch, aber es mußte ein Etwas durch die Luft gehen, das auf die Leute wirkte. Sie sahen ernster aus, als sonst, es zuckte ihnen sonderbar um die Lippen, sie hatten Jeder etwas, das sie sagen wollten und nicht sagten, denn sie waren Römer, die es gelernt hatten, ihre Mienen und ihre Zunge zu beherrschen.

Mit Signora Elena, mit der Hökerin, war das ein Anderes. Sie sah auf, als das Fuhrwerk an ihren Defen vorüberkam. Der Graf grüßte sie mit der Hand und rief ihr ein lautes, herzliches „Guten Tag" zu. Sie erwiederte den Gruß und sah mit ihren großen Augen dem Wagen achtsam nach.

Wo gehen die hin? fragte sie den Nachbar.

Chi lo sà (Wer weiß es), entgegnete Signor Bernardo; sie gehen, wohin es ihnen gefällt.

Signora Elena erhob sich langsam von ihrem Rohrstuhle, steckte die Hände in ihre Taschen und ging, mit den schwarzen Pantoffeln, aus denen unter dem kurzen Rocke die weißen Strümpfe blank hervorsahen, festen Schrittes auf das Pflaster klappend, zu dem Arbeitstische des Nachbars hinüber. Das war eine Ehre, die sie ihm nicht häufig anthat. Jetzt ist keine Jagdzeit! sagte sie eindringlich und leise. Wozu hatte der Graf sein Gewehr mit sich?

Es wird ihm wohl Vergnügen machen, meinte der Meister, indem er eifrig auf die Zwecken seines Stiefels hämmerte. Und sich umblickend, ob sein

Bursche ihn nicht hören könne, fügte er leiser hinzu: Ich hab's wohl gesehen; schweigt und laßt ihn gehen! Er thut wohl daran, wenn er geht! —

Um dieselbe Zeit, in welcher Graf Massimo mit seinen drei Gefährten die Gränze des Kirchenstaates überschritt, um auf kürzestem Wege zu den Freischaaren zu stoßen, fuhr und wanderte Domenico halb planlos in der Schweiz umher. Er durfte nicht daran denken, den Feldzug für Venetien mitzumachen, obschon sein Herz ihn dazu antrieb, weil der Schenkelbruch, den er sich in seiner ersten Jugend zugezogen, ihn lang andauerndes Marschiren oder scharfes Reiten verbot; und nach Deutschland oder nach Italien zurückzukehren, konnte er sich nicht entschließen, da er immer noch hoffte, die Geliebte aufzufinden. Allerdings hatte er weder in Bern noch in Luzern eine Auskunft bekommen, an die er sich hätte halten oder auf die er hatte mit einiger Sicherheit weiter bauen können. Selbst wenn sich ihm bisweilen eine Spur zu zeigen schien, hatte sie sich stets wieder als trüglich erwiesen. Einmal war er mit einem englischen Landschafter zusammengetroffen, der im verwichenen Winter verschiedene seiner Aquarelle an den Lord verkauft hatte, und der ganz beiläufig erzählte, wie er neuerdings mit ihm auf einem Dampfschiffe auf dem Genfersee zusammengewesen sei und wie der Lord davon gesprochen habe, daß er nach Aegypten gehen wolle. Auf Domenico's Frage, mit wem der Lord gereist sei, hatte der Maler geantwortet, er sei allein gewesen, sei ohne Gepäck an einer der kleinen Stationen auf das Schiff gekommen und habe es eben so an einer anderen Zwischenstation verlassen, so daß er glaube, für den Augenblick müsse er sich irgendwo an den Ufern des See's aufgehalten haben.

Das bestimmte Domenico, sich nach der französischen Schweiz zu wenden. Er hatte immer die Vermuthung gehegt, daß der Lord die Schweiz nicht verlassen habe; einmal, weil es nirgend leichter war, als eben dort, ein unangefochtenes Asyl in einem der zahlreichen, gesondert daliegenden Landhäuser zu finden, welche völlig für den Bedarf von Fremden eingerichtet, an allen Ecken und Enden in der Schweiz zur Miethe zu haben sind, und zweitens, weil er dem Engländer die Berechnung zutraute, daß man ihn da am wenigsten vermuthen und suchen werde, wo man eben auf seiner Spur gewesen war. Daß er wirklich daran denken könne, im Anbruche der heißesten Jahreszeit nach Aegypten zu reisen, hielt Domenico für unmöglich. Daß er nicht nach England gehen würde, war eben so selbstverständlich, Italien konnte er noch weniger wählen, in Deutschland machte der Krieg das Reisen beinahe unthunlich, und wenn auch mit all diesen Voraussetzungen der Willkür und Wahl eines Reisenden noch ein sehr großer Spielraum gelassen war, so hatte Domenico, seit man jene Kunde von Giuditta selbst erhalten, sich der Hoffnung nicht entschlagen, daß er die Ersehnte finden, ja, daß der Instinct seines Herzens ihn in ihre Nähe führen werde.

Sie lächeln darüber, und ich thue das auch, sagte Signor Cesare; aber was wollen Sie? Domenico war fünfundzwanzig Jahre und er hatte den Glauben der Leidenschaft. Das war ein Glück für ihn, denn es erhielt ihn guten Muthes. Wenn er sich Abends in seinem Nachtquartiere zur Ruhe legte und wieder ein Tag in vergeblichem Bemühen hingeschwunden war, so sagte er sich tröstend: Morgen! Und mit jedem Tage längeren Suchens, längeren Sehnens, längeren Hoffens wurde seine Liebe für Giubitta immer tiefer, weil sein Mitleid mit ihr wuchs. Ihre Versicherung, daß sie standhaft sei, stärkte seine eigene Beharrlichkeit, und wenn ein Mensch mit einem Künstlerauge im schönsten Monate des Jahres die Berge und Thäler des Waadtlandes durchstreift, so kommen auch von außen her die Freude und die Lebenslust ihm in das Herz.

Er hatte sich in Genf, in Lausanne und in Bevay nach den Landhäusern und Schlössern umgefragt, welche am Ufer des See's und tiefer in das Land und in die Berge hinein an Fremde vermiethet zu werden pflegen, und danach seine Wanderungen angetreten. Jedes der Instinct seines Herzens zögerte, sich geltend zu machen, denn Domenico war, ohne einen Erfolg gewonnen zu haben, schon eine hübsche Reihe von Tagen an dem See, als er an einem Nach=

mittage, ohne gerade ein bestimmtes Ziel im Auge zu haben, an einer der Eisenbahnstationen den Wagen verließ und die schöne, breite Fahrstraße einschlug, welche, unmittelbar von dem Bahnhofe in linder Hebung emporsteigend, sich landeinwärts wendet.

Domenico hatte die Schweiz jetzt nach den verschiedensten Richtungen durchstreift und sein Auge war an den Zauber der italienischen Natur gewohnt; dennoch überraschte ihn die sanfte Lieblichkeit des weiten, hügeligen Thales, das sich hier vor ihm erschloß. Rechts zogen sich bis zu dem Fuße des Dorfes, dessen ansehnliche Häuser von einem der Abhänge niederschauten, die wohl gehaltenen Terrassen der Weinberge hinauf; links breiteten sich, von uralten Nußbäumen und von blühenden Kastanien überschattet, Rasenflächen aus, deren saftiges Grün das Auge wohlthuend festhielt. Hier lag auf einer kegelförmigen Höhe ein schweres, massives Schloß, dem man es ansah, daß es einst ein festes Haus gewesen war und daß es weniger friedliche Tage als die jetzigen gesehen hatte; dort sah zwischen Baumgruppen, deren Zusammenstellung die berechnete Parkanlage verriethen, leicht gethürmt, von zierlichen Vorsprüngen und Erkern umgeben, ein prächtiger neuer Herrensitz hernieder, während durch das ganze Thal verstreut, unter dem schützenden Dache der weithin schattenden Nußbäume die hellen Wände und die bräunlichen Fensterläden der Bauernhäuser sichtbar waren, die sich so breit und so behaglich ausdehnen, als sollte man es ihnen schon von fern anmerken, daß sie auf eigenem, freiem Grund und Boden stehen. Wie in ein Zutrauen erweckendes Menschenangesicht sah man in das Thal hinein. Alles war offen, licht und wohlgehalten: von den hohen Brücken, welche das jetzt wasserlose, aber breite und steinige Flußbett überspannten, dessen sorgfältige Eindämmung darauf schließen ließ, mit welchen Gefahren es drohen könne, bis zu den sauber behauenen Steinen, welche die Wege einfaßten. Wohl gekleidete Menschen arbeiteten in den Weinbergen, auf den Matten, in den Gärten; spielende Kinder hatten für den fremden Wanderer einen freundlich zutraulichen Gruß, und je weiter Domenico in das Thal hineinging, desto anmuthender empfing es ihn, desto heimathlicher lockte es ihn vorwärts. Er wanderte um der Lust des Wanderns willen und weil die Schönheit der Natur ihn so entzückte. Ein paar Stunden war er auf diese Weise vorwärts gegangen, als er sich, um eine Weile zu rasten, am Fuße einer leichten Erdaufwellung unter einem großen Nußbaume auf den Boden warf. Die Sonne war schon stark im Sinken, aber es war noch immer so heiß, daß man die Hitze sehen zu können meinte. Ein starker, würziger Geruch stieg von dem Rasen auf, und von Licht und Luft und Duft berauscht, stützte Domenico sich auf den Arm, um in halb träumender Betrachtung, mit müde sinkendem Auge dem Farbenspiele zu folgen, das drüben in verschwimmenden Tönen die lange Kette des Jura in immer volleres Rosenroth zu kleiden begann, während das Blau des See's tiefer und tiefer wurde und breite, goldene Streifen mit blendendem Glanze sich über das Wasser lagerten. Er sah, wie die rothen Lichtflammen auch durch die Aeste der Bäume zu bringen begannen und zuckend über den grünen Rasen flogen; er sah und sah, bis die Augen ihn schmerzten und er sie schließen mußte. Und wie er nun so mit sich allein war, und das Summen der Käfer und das sommerliche Schwirren der Cykaden an sein Ohr klang, während es in allen Zweigen sang und aus der steilen Tiefe der Schlucht das Rauschen des niederfallenden Bergwassers sich vernehmen ließ, kam eine Reihe von Erinnerungen über ihn, die in rascher Folge wechselten und eine die andere überfluteten, bis sie zusammenflossen in ein einziges Empfinden, in eine Sehnsucht nach der Geliebten, die ihm die Seele erweichte. Er sah sie wieder vor sich, wie sie sich am ersten Tage, gleich der schönen Lautenspielerin des Melozzo vom Lichte der untergehenden Sonne umstrahlt, zu ihm herniedergeneigt hatte. Er hörte wieder die Fontaine im Hofe des alten Palastes rauschen, er wanderte wieder durch die kühlen Waldwege am Nemisee, wo der Gedanke zu seiner Arethusa in ihm lebendig geworden war, und saß wieder in seiner stillen Werkstatt zu Rom, versunken in das Glück, sich die Geliebte im Bilde darzustellen; und dann fühlte er wieder, wie ihre Arme ihn mit der Kraft der Liebe an das Herz gedrückt in jener einzigen glückseligen Stunde: und sie fehlte ihm so unaussprechlich, sein Verlangen nach ihr war so gränzenlos, daß er es nicht fassen konnte, wie es denn möglich sei, daß sie nicht bei ihm wäre, daß sie nicht hier, hier in diesem friedensvollen Thale, in dieser heißen, ursprünglichen Natur, in die sie hinein gehörte mit dem Zauber ihrer blühenden Schönheit — daß sie nicht hier an dieser Stelle neben ihm im Grase ruhte. Er konnte dieses Sehnen nicht ertragen, es war vorbei mit seiner Ruhe, die Thränen drängten sich ihm in die hellen, fröhlichen, des Weinens nicht gewohnten Augen. Er sprang empor — und wie geblendet, wie verwirrt, seinen Augen, seinen Sinnen nicht mehr trauend, blieb er an der Stelle gebannt.

Vor ihm, auf dem flammenden, rothen Goldgrunde, der den Raum zwischen den Stämmen der Bäume ausfüllte, keine fünfzig Schritte von ihm, in fast greifbarer Nähe, da stand sie — schöner, als er sie je gesehen, den üppigen, schlanken Leib von weißem Gewande umflossen, einen Strauß von Rosen und Lorberen in der Hand. Sie war es, sie, Giuditta, ganz unwiderleglich! Aber er wagte nicht, näher zu treten, aus Furcht, das Götterbild könne ihm entschwinden. Es war die Lautenspielerin, es war seine

Arethusa, und sie war schöner, als die Beiden — denn sie war Giuditta.

Giuditta! rief er aus der Fülle seines Herzens, Giuditta! rief er und breitete die Arme nach ihr aus — ohne sich von der Stelle zu bewegen.

Und — Domenico, mein Domenico! schallte es ihm entgegen — und sie lagen Brust an Brust, und die alte Sonne, die aufgeht über Böse und Gute, konnte sich an dem Abende, ehe sie hinter dem Jura niederging, berühmen, daß sie auf ein Paar so schöne, glückliche Menschenkinder niedergeleuchtet habe, wie sie eben nicht alle Tage auf dem Erdenrund von ihr beschienen werden! —

Achtundzwanzigstes Capitel.

Kommen Sie, sagte Signor Cesare, sich vergnügt die Hände reibend, darauf wollen wir doch rasch ein Glas von meinem besten vino d'Asti trinken! Das ist ein Wein, wie er für ein solches Paar gebührt: roth, feurig, süß, berauschend, schäumend wie die Jugend — und auch flüchtig wie sie: aber was thut das auch! Irre ich mich nicht, so habe ich von Ihnen einmal die Worte Ihres Dichters anführen hören: „Schuf ich doch," sagte der Gott, „nur das Vergängliche schön!" — Also schnell in den Keller hinunter, Amina, und den vino d'Asti herauf! Der Abend ist so schön, daß er eben auch nicht ewig währen wird. Noch strahlt auch uns das heiße Sonnenlicht durch die Weinblätter der Veranda, während es die Traube schwellen macht und ihren Saft für künftige Trinker zeitigt. Reiche die Gläser her, Louisa, und — er füllte sie uns mit dem schaumperlenden rothen Weine — sie sollen leben, die beiden mit Schönheit und Jugend gesegneten Geschöpfe — Giuditta und Domenico!

Die freudige Erinnerung unseres Gastfreundes wirkte auf uns Alle zurück; es verging eine geraume Zeit in mannigfacher Unterhaltung. Erst später, als wir beim Lampenscheine in dem Zimmer saßen, warf einer von uns die Frage auf, wo denn Giuditta so urplötzlich hergekommen sei.

Wir haben es gerade wie die beiden Liebenden gemacht, gab uns Signor Cesare zur Antwort: wir haben uns erst gefreut und dann gewundert und danach erst ans Fragen gedacht, und das ist in solchen Fällen der natürlichste Verlauf. Domenico hatte, als er seiner Ueberraschung und seiner selber wieder Meister zu werden begann, nur das Verlangen, die Geliebte festzuhalten, sie mit sich von diesem Orte fortzunehmen, sie in Sicherheit zu bringen. Seine erste Frage galt dem Lord, aber er hatte Mühe, eine Antwort von Giuditta zu erhalten. Sie war getheilt zwischen ihrer Liebe, zwischen ihrer Freude, den Geliebten zu umarmen, und der Sehnsucht, endlich eine Nachricht von ihren Eltern zu bekommen, die Domenico sich nicht entschließen konnte, ihr in diesem Augenblicke der Wahrheit nach zu geben. Sie war so schön in ihrem Glücke, wenigstens diese Stunde sollte sie es voll genießen! Erst als sie sich zu beruhigen begann, erfuhr er, was geschehen war und welchen Umständen er es verdankte, daß er die Geliebte hier und sich selber völlig überlassen wiedergefunden hatte.

Giuditta war überzeugt, die heiligste Jungfrau

habe ein Wunder, ein schönes Wunder gethan, um
ihr zu helfen und sie ihren Eltern, ihrer Heimath
und dem Geliebten wiederzugeben. Ist es denn nicht
ein Wunder, sagte sie, daß der Lord gerade an dem
Tage den Brief bekommen mußte, an welchem du
hiehergekommen bist, und•daß ich eben, da du voll
Traurigkeit von dannen gehen wolltest, hinausgetreten
bin, um dich zu sehen und um dich zu finden? — —
Wir waren schon seit mehreren Wochen hier, hob sie
darauf wieder an. Wir hatten das Schloß am See
gleich nach dem Tage verlassen, an welchem ich den
Brief durch den guten Pater Isidoro an meine Eltern
fortgeschickt hatte. Die Kammerfrau war unglücklicher
Weise an das Fenster getreten, als der Pater den
Brief abholte, und hatte es dem Lord verrathen.
Hier in diesem neuen Landhause war es ganz wie
überall. Es war keine Freude, keine gute Stunde
zwischen ihm und mir. Wie sollte es auch? Es war
alle Tage stets dasselbe, und wurde nur mit jedem
Tage schlimmer. Er sagte mir immerfort, daß er
mich liebte, und ich sagte ihm, daß ich ihn nicht liebte
und ihn niemals lieben würde, obschon ich sehen konnte,
daß es ihm zu Herzen ging und obschon ich glaubte,
daß es ihm mit seiner großen Liebe Ernst sei. So
ist es fortgegangen bis auf diesen Morgen. Da hat
man ihm in der Frühe ein Telegramm gebracht. Da=
rauf ist er in meine Stube gekommen, ganz blaß und
ganz verstört, der Aermste! Giuditta mia, hat er

zu mir gesagt, meine Mutter liegt im Sterben, ich muß fort, sie will mich noch einmal sehen vor ihrem Ende! — Geht, Signor, habe ich ihm erwiedert, und Gott gebe, daß Ihr Eure Mutter noch am Leben findet, habe ich hinzugesetzt, weil mir dabei mein armer, kranker Vater einfiel. Das hat dem Lord einen neuen Muth gemacht. Er hat mich bei den Händen genommen, hat sich wieder einmal vor mir niedergeworfen und mich mit allen Namen der Liebe beschworen, nicht etwa von hier fort zu gehen in seiner Abwesenheit, sondern ihn hier zu erwarten, bis er wiederkommen würde. Sieh, Giuditta, hat er zu mir gesprochen, so sehr liebe ich dich, daß dein bloßes, freundliches Trostwort mich hier halten, daß ich meiner Mutter Sterbebett darum vergessen könnte! Ich habe keinen Gedanken, keinen Wunsch als dich! Erwarte mich hier, werde endlich mein Weib, wenn ich wiederkehre, und ich will mit dir zu deinen Eltern und nach Rom gehen, will meinen Glauben abschwören dir zur Liebe, wenn dich das beruhigt und dich mir gewinnt!

Sie sah einen Moment schweigend vor sich nieder, legte die Hand auf ihre Brust und sagte: Es that mir immer weh, wenn er so geredet hat, aber es konnte doch nichts helfen, ich mußte ihm doch sagen wie es war; und ich habe ihm denn heute es noch einmal geschworen, daß ich ihn nie zum Manne nehmen würde, weil ich Niemander lieben könnte, als

nur dich, und weil ich's ihm nie verzeihen würde, wie
er mich betrogen hätte, und ihm niemals irgend etwas
glauben würde. Und weil ich ihm das alles gesagt
habe, so habe ich es ihm denn eben so zugleich gesagt,
daß ich dieser traurigen Gefangenschaft längst satt sei
und daß ich schon oftmals hätte meinem Leben ein
Ende machen mögen, wenn ich nicht gewußt hätte,
daß ich meiner Seele Seligkeit damit verscherze. —
Darüber ist er aufgesprungen vor Entsetzen, hat sich
die Hände vor dem Gesicht zusammengeschlagen und
hat gesagt; Nun denn — so gehe! — Dann ist er
hinausgegangen und ist erst wiedergekommen, als es
schon die Zeit gewesen ist, daß er reisen mußte. Er
hat traurig und ganz anders ausgesehen, als ich ihn
je gekannt hatte. Ich glaube, ich hätte ihn nicht
hassen können, hätte er mir auch sonst dieses Angesicht
gezeigt. Leb' wohl, Giuditta, sagte er und gab mir
die Hand, ich gehe allein! Der Courier und die Parker
bleiben bei dir. Sie haben den Befehl, dich in dei=
ner Eltern Haus zu bringen, wenn du darauf bestehst,
zu ihnen ohne mich zurückzukehren. Ich komme wie=
der hieher, so bald ich kann — laß mich hoffen, daß
dein Sinn sich doch noch wandelt, daß ich dich hier
wiederfinde. Entscheide dich nicht zu schnell, denke,
daß du mein ganzes Leben bist, daß alles, was ich
bin und habe, dein ist! Wenn meine Mutter stirbt,
habe und liebe ich Niemanden auf der Welt, als
dich!

Sie hatte ihm das mit einem gewissen Pathos nachgesprochen, dann brach sie plötzlich ab.

Als Domenico sie bat, sie möge ihm weiter erzählen, hatte sie ihre natürliche Fassung schon wiedergewonnen und sprach in der einfachen Weise, die ihm immer so reizend an ihr erschienen war: Nun, mein Domenico, was ist da weiter noch zu sagen? Liebe läßt sich nicht befehlen, und ein Augenblick von Mitleid macht das lange Unrecht nicht vergessen. Er ist gegangen, und ich habe verlangt, daß wir morgen reisen sollten, weil es eher nicht sein konnte, wie der Courier behauptete.

Sie erzählte darauf noch, daß sie zu verschiedenen Malen in den Gasthöfen Briefe an die Eltern und an Domenico den Leuten zur Besorgung übergeben, aber sie habe mit ihnen nicht gehörig sprechen können, und vermuthlich habe man es im voraus gehindert, daß ihre Briefe zur Post befördert würden. Indessen mitten in allen dem Plaudern und Berichten, zu welchem Domenico sie veranlaßte, weil er sich vor der Mittheilung scheute, die ihr doch nicht verborgen bleiben konnte, kam sie natürlich beständig auf die Frage nach ihren Eltern zurück. Sie wollte wissen, wie es ihrem Vater gehe, ob er ihr zürne, ob die Mutter es dem Vater jetzt gestanden habe, daß sie Donna Erminia und den Grafen Massimo in der Kirche gesprochen hätte. Domenico sollte ihr sagen, wie der Vater den Brief aufgenommen, den sie durch Fre

Isidoro gesendet hatte, und es blieb ihm endlich nichts übrig, als ihr die Wahrheit, wenn auch mit schonender Vorsicht, zu enthüllen. Was konnte er auch anders thun?

Am folgenden Morgen reiste er mit der Geliebten ab. Sie klammerte sich an ihn mit einer furchtsamen Liebe und gehorchte wie ein Kind. Der Schmerz um ihres Vaters Tod, die Nachricht, daß ihre Mutter in das Kloster eingetreten sei, die Aufregungen und Leiden, welche sie erduldet, seit sie das Vaterhaus verlassen hatte, und das überwältigende Entzücken bei dem Wiedersehen des Geliebten waren selbst für Giubitta's starke und gesunde Natur zu viel gewesen. Ich bin zu müde, mich freuen zu können! sagte sie, wenn ihr Schweigen Domenico befremdete, und nachdem er und Giubitta der Mutter schriftlich gemeldet hatten, was geschehen war, und daß er die Tochter in kürzester Zeit nach der Heimath bringen werde, um dort mit ihr vereint, Signora Teresa's Segen zu ihrer Heirath zu erbitten, sah er sich genöthigt, sich auf kleine Tagereisen zu beschränken, weil Giubitta Ruhe nöthig hatte und weil die kriegerischen Ereignisse in Oberitalien auch ein schnelles Vorwärtskommen nicht gestatteten.

Sie waren über die Alpen und über den Lago Maggiore nach Sesto Calende gekommen, um sich von dort nach Mailand und weiter nach dem Süden zu wenden, denn Giubitta scheute die neue Seefahrt, und der zärtliche Domenico mochte ihr nicht zumuthen, was ihr beschwerlich fiel. Aber schon im Beginne ihrer Eisenbahnfahrt hatten sie vielfach auf ihre Weiterbeförderung warten müssen, denn die Bahn war für den Transport von Truppen in Beschlag genommen, und es war Abend und Nacht geworden, ehe die Verlobten nach Mailand gelangten.

Auf dem Bahnhofe in Mailand wogte kriegerisches Leben. Zwischen den Uniformen der regulären Truppen, die zur Abfahrt aufmarschirt auf der großen Weitung des Platzes standen, sah man bei dem hellen Mondlichte hier und da die rothen Blousen geschäftig vorübergehender Freischaaren-Offiziere und Ordonnanzen. An der einen Seite des Bahnhofes waren in Eile Tische und Buden aufgeschlagen, in denen man Lebensmittel für die Soldaten feilbot und unentgeltlich vertheilte; von der anderen Seite fuhren Ambulanzen heran und eilten Krankenträger mit dem weißen Kreuze auf rother Binde nach den Sälen und den Wagen. Hier ging eine Marketenderin mit rüstigem Schritte und lautem Sprechen die Stiege des Bahnhofs hinunter, dort eilten Frauen und Mädchen, den reichen Ständen angehörend, von barmherzigen Schwestern geführt, lautlos und schnell die Marmorstufen hinan, denn es war eben ein Trupp von Verwundeten eingetroffen, von Oesterreichern und Garibaldinern. Sie kamen von den Gefechten, welche nordöstlich von den Seen im Gebirge Statt gefunden, und man hatte sie nach Mailand gebracht, um sie, fern vom eigentlichen Tummelplatze des Kampfes, in Ruhe und Frieden genesen oder sterben zu lassen.

Die prächtigen Säle und Hallen des herrlichen Gebäudes waren geöffnet, das Gaslicht flammte überall und beleuchtete die riesigen Frescogemälde, mit welchen die Wände der Wartesäle dieses schönsten Bahnhofes geziert sind. In erhabener Ruhe sahen die stolze Roma, das blumengekrönte Florenz, die üppig strahlende Parthenope und die meerumflutete Venezia, für welche all dieses theure Blut vergossen ward, von ihren Thronen auf die Schar ihrer bleichen und blutenden Söhne nieder, die eben jetzt sich wieder für die Einigung und Befreiung des gemeinsamen Vaterlandes geopfert hatten. Von allen Ecken drängten, so weit als die Ordnung es gestattete, die Menschen sich heran, um wenigstens aus der Ferne zu erspähen, ob einer von denen, an welche ihr Herz mit besonderer Sorge gefesselt war, sich unter den Verwundeten befände, und fortgezogen von der Menge wie von der eigenen Theilnahme, waren Domenico und Giubitta in die erste Reihe derjenigen gerathen, die hinter dem gezogenen Cordon den Transport der Kranken abzuwarten hatten, ehe ihnen der Ausgang durch die Corridore in das Freie gestattet werden konnte. Unverwandten Auges auf die Züge der Leidenden achtend, hatten sie Arm in Arm schon eine Weile in der Ecke der Thür gestanden, als Giubitta plötzlich zusammenzuckte und mit dem Ausrufe: Barmherziger Gott,

Graf Massimo! — Domenico, da tragen sie den Grafen Massimo! die Reihen zu durchbrechen strebte.

Man hielt sie zurück, weil die Anordnung dies forderte, aber ihr Ausruf war vernommen worden; denn ein kaum dem Knabenalter entwachsener Bursche, der mit verbundenem Arme neben der Tragbahre herging, welche Giuditta's Auge gefesselt hatte, wendete sich nach ihnen um, und Domenico erkennend, rief er: Ja, ja, es ist unser Graf! Kommen Sie, Signor, kommen Sie schnell, ehe es aus mit ihm ist!

Es war der junge Nino, der, obschon selbst verwundet und erschöpft, nicht von seines Herrn Seite gewichen war; und wie Domenico nach der Bahre hinüberschaute, auf welcher man den Grafen nach der Ambulanz hinaustrug, mußte er allerdings besorgen, daß Nino die Wahrheit berichtet hatte; denn die schöne Stirn mit blutigen Tüchern umwunden, der Kopf, trotzdem man ihn mit Kissen zu stützen versucht, weit zurückgesunken, lag Graf Massimo bleich und regungslos wie ein Sterbender da. — Domenico's Vorstellungen, Giuditta's strömende Thränen und der flehende Ruf des jungen Burschen, daß man den Freund seines Herrn zu seinem Herrn lassen sollte, bewogen die Menge, Platz zu machen, und die Aufseher, mit menschlicher Läßlichkeit es nicht zu beachten, wie Domenico und Giuditta aus der Fila hinaus zu kommen suchten, um die Krankenträger einzuholen und zu erfahren, wohin man den Grafen und den armen Nino bringe.

Drei Stunden später, als die Mitternacht herangekommen war, saß Giuditta in einem der hohen und großen Säle des Ospedale maggiore, der zur Aufnahme der Schwerverwundeten hergerichtet worden war, und hörte vorgebeugten Hauptes auf die kaum vernehmbaren Athemzüge des Grafen, dessen Hand sie in der ihren hielt, um sich zu überzeugen, daß sie noch nicht erkalte. Sie hatte die Krankenpfleger-Binde um den Aermel des schwarzen Kleides geknöpft, das sie bei der Kunde von ihres Vaters Tode wieder angelegt, und die Abspannung, von der sie sich ergriffen gefühlt, war wie verschwunden, seit ein Anderer ihres Beistandes bedurfte. Sie war des Krankenwartens und des Wachens am Bette der Leidenden gewohnt. Jahre hindurch hatte sie dem Bruder mit weicher Hand das Lager gebettet, die Kissen zurecht gerückt, die brennende Stirn gefühlt und ihm, selbst fast noch ein Kind, Muth und Trost eingesprochen, wenn der Schmerz über den ihm in so früher Jugend drohenden Tod den armen Claudio überwältigt hatte. Und wie lange war es denn her, daß sie ebenso an des Vaters Bett gesessen, dem sie leider die Hand nicht hatte halten können, als das Leben aus ihr entwichen und sie im Tode erstarrt war? — Mitunter, wenn sie auf Massimo herniederblickte und sie es sich dachte, wie weder er noch irgend einer der Seinen je gekommen war, ihres Bruders Krankenlager mit freundlichem Worte zu erhellen, wie Keiner aus dem reichen Palast die Hand geboten hatte, ihres armen Vaters Leben zu erleichtern oder die kummervollen Falten von ihrer Mutter Stirn fortzuscheuchen; und wie dieses jungen Mannes Leichtsinn die letzten Lebensstunden ihres Vaters mit Verzweiflung und mit Haß erfüllt und ihm einen Tod herbeigeführt hatte, bei dem er aus der Welt gegangen war, unversöhnt mit den Menschen und unversöhnt mit seinem Gotte, da kam ein Zorn über sie, der ihr selber in der Seele weh that. Aber wenn sie die Augen wieder zurückwendete auf dieses bleiche Antlitz, das ihrem Bruder, dem armen Claudio, so ähnlich war, so völlig ähnlich, — und wenn sie die langen, schmalen Hände betrachtete, welche der Kranke gerade so gekreuzt hielt wie ihr armer Vater, und die des Vaters Händen und den feinen Händen ihres geliebten Claudio so glichen, daß selbst das kleine Mal am Daumenansatze der Rechten ihm nicht fehlte — dann dachte sie, wie sie und die Mutter gebetet und gebangt hatten am Bette ihrer hingegangenen Lieben, und sie dachte, daß Massimo nun der Letzte, der Allerletzte sei von dem ganzen, alten Geschlechte, dem auch sie entsprossen war, ihr letzter Anverwandter und Donna Erminia's einziger Sohn — und sie faltete die Hände und betete, daß Gott ihn erhalten, daß er nicht sterben möge wie ihr Bruder und ihr Vater, und daß Donna Erminia bald kommen möge, damit des Sohnes Blick sie finde, wenn die Ma=

donna ihm gnädig ein Erwachen zum Leben gönnen wolle.

Kein Schlaf kam in ihre Augen, je länger sie an seinem Bette saß, um so mehr dachte sie nur an ihn. Sie konnte endlich Alles vergessen, was sie und die Ihren erduldet hatten, sie trug nur noch Sorge um den Grafen, der ja auch um sie gelitten und sich um sie gesorgt, wie Domenico ihr berichtet hatte.

Domenico seinerseits war inzwischen auch nicht müßig gewesen. Noch ehe der Mittag herankam, trat er mit Donna Erminia an das Krankenbett im Hospitale, an dem Giuditta schön und achtsam, wie des Grafen Schutzgeist, Wache hielt.

Lautlos, in Thränen überströmend, lag die Gräfin an des Sohnes Bett auf ihren Knieen. Giuditta konnte das nicht ansehen. Es war ihr, als bräche ihre eigene Mutter noch einmal an dem Sterbelager Claudio's zusammen. Sie umschlang Donna Erminia mit ihren jungen starken Armen, wie sie die Mutter und den Vater einst umschlungen hatte, und hob sie in die Höhe. — Arme Mutter, arme Mutter, sagte sie tröstend, weinet nicht! Die Madonna wird Mitleid mit uns haben, sie wird nicht Alle, nicht Alle, die wir lieben, sterben lassen! — Und wie sie diese Worte aussprach, kam wieder der ganze, frische Jammer über den Verlust des Vaters über sie, und die beiden Frauen sanken einander in dem Gefühle der Familienzusammengehörigkeit, dem Giuditta so unwillkürlich das Wort gegeben hatte, in die Arme, und die stolze Donna Erminia weinte sich satt an der Brust des Mädchens, das ihr bis auf diese Stunde im Innersten ihres Herzens ein Gegenstand der Abneigung gewesen war.

Es vergingen aber danach noch viel sorgenvolle Tage und viel lange Nächte, ehe man hoffen durfte, daß Massimo genesen werde, und das Herz der Gräfin hatte Zeit, erweicht und überwältigt zu werden durch die entsagungsvolle Treue, mit welcher Domenico und Giuditta, der eigenen Wünsche und Hoffnungen nicht gedenkend, bei ihr ausharrten. Endlich an einem hellen Sommermorgen, an dem Domenico die Geliebte in das Freie hinausgefahren hatte, damit sie sich erfrischen sollte, schlug der Graf zum ersten Male mit völlig klaren Sinnen die Augen wieder auf. Er sah um sich, erkannte seine Mutter und fragte sie, wo er sich befinde. Als sie ihm Antwort gegeben hatte, blickte er nach dem Sessel am Fußende des Bettes hin und schien verwundert zu sein, als er ihn leer fand. Er fuhr sich mit der Hand an die Stirn. Die Mutter meinte, daß ihn die Wunde schmerze, daß er irgend etwas wünsche. Er verneinte es. Ich möchte mich nur besinnen, sagte er mit matter Stimme, mein Kopf ist wohl noch verwirrt; ich glaubte, Giuditta sei bei mir.

Die Gräfin war nicht sicher, welche Antwort sie ihm geben sollte, als sich dem Bette gegenüber die

Thür öffnete und Giuditta geräuschlos eintrat. Da ist sie wieder! rief der Graf erschreckend, weil er es für eine Sinnestäuschung hielt. Aber Giuditta hatte die Worte kaum vernommen, als sie, in der Freude über sein wiedergekehrtes Bewußtsein aller Vorsicht vergessend, an sein Lager eilte und mit dem Ausrufe: Gott sei gelobt! Mein theurer Vetter, Ihr kennt uns also endlich! sich vor seinem Bette niederknieete. Er legte die Hand auf ihre Schulter, als wolle er sich ihres wirklichen Daseins versichern, und sah sie lange schweigend an.

Du hassest mich nicht, Giuditta! sagte er endlich.

Ich? rief sie, indem sie sich nach Domenico und nach der Gräfin zurückwendete — Ich? Ach Er weiß es nicht! Sagt es ihm doch, wie wir für ihn gebetet haben, Tag und Nacht, und meine Mutter auch!

Der Graf trocknete sich die Augen, seine Mutter wurde ängstlich, sie mahnte ihn zur Ruhe.

Lassen Sie mich nur, liebe Mutter, sagte der Sohn, es thut mir wohl, sehr wohl! — Er faßte nach Giuditta's Hand, und sie fest in der seinen haltend, schlief er ein, den Ausdruck des sanftesten Friedens über sein Antlitz ausgegossen. —

Neunundzwanzigstes Capitel.

Damit, meinte Signor Cesare, könnte ich eigentlich, als mit einem rührenden Schlußgemälde, meine Darstellung beenden, weil das Folgende sich fast von selbst versteht. Sobald es sich thun ließ, brachte man den Grafen in das Haus seines mütterlichen Oheims, in das dann natürlich Domenico und Giuditta gleichfalls übersiedelten und in welchem ihre Trauung auch vollzogen wurde, als Graf Massimo, der sich dies nicht nehmen lassen wollte, so weit genesen war, daß er die Braut selber dem Freunde am Altare zuführen konnte. In dem Heirathscontracte hatte er, wie es zu lesen stand, seiner Cousine, der Gräfin Giuditta, Marquise von Perola, das Schloß Perola in den Marken mit allem seinem Grundbesitz als Mitgift und Eigenthum zuerkannt. Es war das ein sehr beträchtlicher Besitz, von welchem bis auf den Grafen Marco, den man zu Gunsten seines älteren Bruders beeinträchtigt, die jüngeren Söhne des Hauses den Namen geführt und das Einkommen bezogen hatten. Die jungen Eheleute gingen denn auch, nachdem sie Giuditta's Mutter in San Spirito besucht hatten, wo diese einen ihrem Herzen zusagenden Beruf und eine Beruhigung für ihre Seele gefunden, nach jener Besitzung hinaus, um nun endlich sich selber und ihrem Glücke zu leben, während sich Donna Erminia mit dem Sohne und mit Nino, den Massimo nicht mehr von sich ließ, gen Süden wendete. Die beiden Verwundeten sollten zu ihrer völligen Herstellung die Bäder von Ischia gebrauchen, und man konnte auch nicht daran denken, nach Rom zurückzukehren, so lange die Stirnwunde des Grafen es noch zu deutlich verrieth, von wannen er gekommen war.

Man hatte verabredet, daß Domenico mit seiner Frau der gräflichen Familie im Spätherbste nach der Insel folgen sollte, und es war eine wundersame Empfindung, mit der Giuditta die Stufen zu dem Gasthofe, zu der Piccola Sentinella, emporstieg. Unter derselben Pergola, unter deren grünem Blätterdache Donna Erminia sie und ihren Gatten jetzt erwartete, an derselben Stelle, an welcher der fast ganz genesene Graf Massimo ihnen schön und heiter, wie in seinen glücklichsten Tagen, entgegenkam, war einst jener grausame Fluch auf ihrer Eltern Haupt geschleudert worden; von dieser nämlichen Stelle waren sie fortgewandert in die Verbannung und in ein Leben voll Elend und voll Noth.

Sie konnte ihre Bewegung nicht verbergen, aber

auch Domenico ward, wennschon in anderer Weise, bewegt und überrascht, denn unter der Pergola, an Donna Erminia's Seite, sah er Flora und ihre Eltern sitzen. Das war nicht auffallend in einem Gasthofe; er hatte sich auch keiner eigentlichen Schuld gegen sie zu zeihen, indeß es befremdete ihn dennoch, als sie sich erhob, um ihm und seiner Frau entgegen zu kommen.

Und diese Verwunderung stieg noch, als Graf Massimo Flora zärtlich bei der Hand nahm. Ich hoffe, sagte er zu Domenico, du hast nichts dagegen, mein Freund, daß Flora bei uns ist und bei uns bleibt. Es ist Alles Giuditta's Schuld. Sie hat mich und Donna Erminia so daran gewöhnt, in ein Paar schöne, sanfte Augen zu blicken, daß wir es gar nicht mehr entbehren konnten. Und da du die Giuditta für dich allein behalten willst, ist es ein Glück für mich gewesen, daß wir die schöne Flora hier gefunden haben, die mit mir armen Invaliden ein Mitleiden gefühlt und sich meiner angenommen hat. Ich habe nun mein Ideal, wie du das deinige, und Donna Erminia hat zwei schöne Töchter. —

Das ist jetzt etwas über ein Jahr her, sagte Signor Cesare, und an dem Abende, an welchem Sie mich neulich so vergnügt meine Violine spielen sahen, erhielt ich von Domenico die Nachricht, daß ihm sein erstes Kind, und zwar gleich, wie es sich gebührt, ein Sohn geboren worden sei. Schwester Benedetta —

das ist der Name, unter welchem die Mutter Giuditta's in den Orden der barmherzigen Schwestern getreten ist — war zur Pflege ihrer Tochter im Palast Castelmarino, in welchem Domenico seine Stadtwohnung nun für immer aufgeschlagen hat. Graf Massimo, der mit der Liebe eines Bruders zu ihm und Giuditta hält, hat ihm bei der Geburt dieses Sohnes den Vorschlag gemacht, Giuditta's Namen und Titel auf ihn und seine Kinder übertragen zu lassen, aber — und das machte mich den Abend so vergnügt — Domenico hat gemeint, er habe auch von seinen Eltern einen Namen ererbt, der in der Kunstwelt alten, guten Klang gewonnen und dem er selber Ehre gemacht habe, den könne und wolle er nicht vertauschen, und damit könnten seine Söhne sich es auch genügen lassen. Wolle man ihm und Giuditta aber eine Freude machen, so könne man das thun; sie hätten eine Bitte für eine alte Freundin, an deren Erfüllung ihnen viel gelegen sei, und die Bittstellerin sei eben hier.

Massimo war bereit, ihm zu willfahren, wenn es thunlich sei. Da öffnete Domenico die Thüre, welche aus seiner Werkstatt in die Wohnung führte, und rief: Kommt herein, Padrona, und bringt Euer Anliegen dem Herrn Grafen selber vor!

Sie können denken, daß es unsere alte Bekannte, Signora Elena, war. Sie reichte dem Grafen ohne Weiteres die Hand. Es macht mir Vergnügen, Sie zu sehen, Eccellenza! sagte sie im Tone der Beschützerin, der ihr ein= für allemal natürlich war, weil die ganze Nachbarschaft zu ihr als zu einer Respectsperson emporsah. Es macht mir Vergnügen, Signor Conte, Euch zu sehen, und ich komme, Euch einen Vorschlag zu machen!

Und der wäre? fragte der Graf.

Ich möchte den linken Flügel von Eurem alten Palaste miethen; den linken Flügel des Erdgeschosses und den Hof.

Zu welchem Zwecke? erkundigte sich der Graf.

Das alte Haus hat nun so lange leer gestanden, sagte sie. Ich möchte eine Osteria con Cucina, eine brave Speisewirthschaft, darin errichten, und wenn Sie mit Sich reden lassen wollen, Herr Graf, so möchte am Ende der reiche Don Agostino, der Mercante di Campagna, der hierher gezogen ist, den ganzen alten Palast kaufen, um ihn im Kleinen an kleine Leute zu vermiethen.

Graf Massimo runzelte, ohne daß er sich dessen bewußt war, seine Stirn bei diesem Vorschlage und zögerte mit der Antwort auf denselben.

Seht Ihr! sagte Signora Elena, indem sie, zu Domenico gewendet, mit dem Kopfe eine ihrer ausdrucksvollen Geberden machte. Was habe ich Euch gesagt? Ich kenne sie besser, als Ihr und als die Giuditta! Hungern und Weinen — das störte sie hier in ihrem Palazzo nicht! Aber daß ein redlicher Mann nach seiner Arbeit seinen Mundvoll Brod in dem alten Neste essen, daß durstige Leute dort vergnügt bei ihrer Fogliette sitzen und ehrliche Menschen dort ihr ehrliches Gewerbe treiben — das gefällt ihnen nicht — das ist gegen die Ehre! Laßt mich in Ruhe mit dieser Sorte Ehre!

Sie wollte aufstehen, um von dannen zu gehen, aber Domenico hielt sie zurück. Nur nicht gleich so hitzig, Padrona! sagte er. Der Herr Graf muß es sich doch erst bedenken! — Und Englisch sprechend, bemerkte er gegen den Zögernden: Mein Massimo, die bewegenden Gedanken unserer Zeit anerkennen, für sie eintreten, für sie sogar kämpfen, für sie bluten, und an alten Vorurtheilen hangen — wie reimt sich das zusammen?!

Du hast Recht, entgegnete der Graf, aber es widerstrebt mir, daß Handel und Schacher getrieben, daß, wer weiß was, geschehen soll in dem Hause, aus dem ich stamme und das unseren Namen trägt.

Handel und Schacher? wiederholte Domenico. Arbeite ich, den du deinen Freund nennst, nicht um Bezahlung? Handelt man nicht mit mir um meiner Bilder Preis? Und deiner Flora Vater hat Handel getrieben auf seine Weise, so gut wie diese Frau! Was soll dir und den Deinen jener wüste, todte, melancholische Besitz? Sei froh, daß Andere ihn benutzen, ihn für sich und dich verwerthen wollen! Und der Name — nun, die Padrona wird ihre Wirthschaft wohl nach sich benennen, und....

Dem Grafen schien ein Einfall zu kommen, sein Gesicht hellte sich auf. Und wie wollt Ihr Eure Osteria denn heißen? fragte er nach einer kleinen Pause.

Daran hatte die Padrona noch nicht gedacht.

Nun, wie denn anders, rief Domenico, da er die veränderte Stimmung seines Freundes gewahrte, als Osteria della bella Flora!

Nichts da von Flora! rief der Graf mit Lachen. Osteria dell'Arethusa wollen wir die Wirthschaft nennen, und da Signor Domenico sich so warm dafür verwendet, soll er Euch eine Arethusa malen in dem Eßsaale!

Und: Nichts da von Arethusa! meinte jetzt seinerseits Domenico. Die Arethusa ist mein, und wird nie verkauft und nie copirt, weder im Ernste, noch zum Scherze. Aber ein Bild, Padrona mia! will ich Euch malen in Euren Saal, das versprech' ich Euch hiermit! Lustige Gesellen, die den Anderen Lust zum Trinken machen!

Signora Elena verstand nicht recht, wie sie sich die Reden der beiden Männer auszulegen hatte. Also ich bekomme das Erdgeschoß und Euren Hof? erkundigte sie sich.

Gewiß, versicherte Domenico, Ihr hört es ja! Und da der Graf jetzt mit sich reden läßt, sollt Ihr

noch obenein von mir ein Bild bekommen, das Euch
Gäste in das Haus bringt!

Aber der Preis, Herr Graf? fragte die Pa=
drona, die sich als tüchtige Handelsfrau an die näch=
sten Bedingungen hielt.

Seid ohne Sorge, es wird Euer Untergang nicht
sein! beruhigte sie der Graf, während Domenico seine
und Giuditta's alte Freundin mit sich nahm, ihr die
junge Mutter und seinen Erstgeborenen zu zeigen. —

Wollt Ihr sie sehen? — Da sind sie! rief eine
der Schwestern unseres erzählenden Freundes, indem
sie eine so eben von dem Landpost=Boten gebrachte
kleine Kiste öffnete und eine Skizze herausnahm, de=
ren bevorstehendes Eintreffen Domenico in jenem
Briefe angemeldet, in dem er den Seinen die Geburt
seines Sohnes angezeigt hatte. Es war das Bild
Giuditta's mit dem Knaben an der Brust.

Eine Madonna, wirklich, eine vollkommene Ma=
donna! meinten die beiden alten Tanten, die mit ver=
klärten Gesichtern auf die flüchtige Skizze blickten,
welche freilich die sichere Meisterhand verrieth. Sie
behaupteten, jetzt werde Domenico gewiß bald eine
Madonna mit dem Kinde malen.

Wenigstens wird er nun wohl nicht mehr wie
vor den Seraphim des Melozzo da Forli darüber im
Zweifel sein, meinte der Oheim, wer der Glücklichere
sei, derjenige, welcher ein so schönes Weib sein eigen
nenne, oder jener Andere, der es nur im Geiste er=

schaue. Aber wer sein schönes Weib durch die Kunst zum Ideal erheben kann für späte Zeiten, der ist sicherlich, wie Domenico, ein Sonntagskind, ein Kind des Glücks zu nennen, sagte Signor Cesare, als er seine Erzählung schloß. —

Ende.

www.ingramcontent.com/pod-product-compliance
Lightning Source LLC
Chambersburg PA
CBHW022143300426
44115CB00006B/320